Steuerwissenschaftliche Schriften

Herausgegeben von

Prof. Dr. Lars P. Feld, Walter Eucken Institut, Freiburg i. Br.
Prof. Dr. Ekkehart Reimer, Universität Heidelberg
Prof. Dr. Christian Waldhoff, Humboldt-Universität
zu Berlin

Band 36

Prof. Dr. Dres. h.c. Paul Kirchhof,
Bundesverfassungsrichter a. D. (Hrsg.)

Das Bundessteuergesetzbuch in der Diskussion

 Nomos

C. H. Beck

Die Deutsche Nationalbibliothek verzeichnet diese Publikation in
der Deutschen Nationalbibliografie; detaillierte bibliografische
Daten sind im Internet über http://dnb.d-nb.de abrufbar.

ISBN 978-3-8487-0333-3

1. Auflage 2013
© Nomos Verlagsgesellschaft, Baden-Baden 2013. Printed in Germany. Alle Rechte,
auch die des Nachdrucks von Auszügen, der fotomechanischen Wiedergabe und der
Übersetzung, vorbehalten. Gedruckt auf alterungsbeständigem Papier.

Vorwort

Demokratie fragt immer wieder nach dem besseren Recht. Der Wähler wählt ein neues Parlament, weil er sich von ihm eine Überprüfung des geltenden Rechts erhofft. Jede Gesetzesinitiative sucht das gegenwärtige durch ein gerechteres Gesetz abzulösen. Die Demokratie lebt von dem Erneuerungsinstrument Parlament, stellt dort Bisheriges in Frage und sucht nach der besseren Zukunft.

Diesem Gesetzgeber wollen wir einen Reformvorschlag zur Erneuerung des deutschen Steuerrechts anbieten, der in wissenschaftlicher Unbefangenheit entwickelt, in einer Arbeitsgruppe junger Wissenschaftler kritisch bedacht, diskutiert und formuliert worden ist. Beamte, Richter, Professoren, Steuerberater haben einen Entwurf erarbeitet und immer wieder im Gespräch mit Spitzensteuerbeamten aus den Ländern Baden-Württemberg, Bayern, Nordrhein-Westfalen, Rheinland-Pfalz, Sachsen und Thüringen überprüft.

Wir haben unseren Entwurf in vielen Fällen praktischer Außenprüfung erprobt, den Entwurf des Umsatzsteuerrechts in einem Bundesland in verschiedenen Betrieben getestet, Zwischenergebnisse zur Umsatzsteuer, zur Erbschaft- und Schenkungsteuer sowie zum Bilanzrecht auf Symposien mit Wissenschaftlern und Steuerpraktikern aller Steuerberufe erörtert. Den Vorschlag einer Kommunalen Zuschlagsteuer haben wir in Arbeitsgesprächen mit Vertretern unterschiedlicher Gemeinden und Städte zur Diskussion gestellt, die Verbrauchsteuer mit Steuerpraktikern und mit der Bundesfinanzdirektion Südwest diskutiert. In vielen Vorträgen habe ich die Kritik zu unseren Reformimpulsen gesucht und vielfach Anregung und Zustimmung gefunden.

Unser Entwurf betont die Kontinuität des Reformkonzepts in Übereinstimmung mit dem traditionellen deutschen Steuerrecht, hebt die Belastungsgründe der einzelnen Steuern systematisch hervor, will das Recht fertigen, das nach den Prinzipien unseres Verfassungsstaates gerechtfertigt ist. Dieses Anliegen ist vielfach hervorgehoben und begrüßt worden.

Wir haben daraufhin in der Alten Aula der Universität Heidelberg ein zweitägiges Symposion zu unserem Entwurf veranstaltet, bei dem Wissenschaftler und Praktiker, Finanzrichter, Finanzbeamte und Steuerberater, Entwurfsverfasser und Entwurfsbeobachter in einem intensiven Gespräch den Entwurf in seinem Konzept und seinen ausformulierten Gesetzesvorschlägen vertieft bedacht, in seinen Prinzipien wie in seinen Einzelvorschlägen beurteilt, in Alternativen in Frage gestellt oder bestätigt, in seinem Gesamtsystem oder in Details dem Gesetzgeber empfohlen haben. Überwiegend wurde vorgeschlagen, die Gesamtreform des deutschen Steuerrechts mit der Umsatzsteuer und der Erbschaftsteuer zu beginnen.

Wir legen den Text dieses Entwurfs – das Bundessteuergesetzbuch und die dazu vorgeschlagene Verordnung – sowie unsere Heidelberger Diskussion der wissenschaftlichen und der politischen Öffentlichkeit vor. Wir wollen versuchen, unsere Überlegungen im allgemeinen Disput weiter zu verbessern, dem Gesetzgeber nahezubringen und so das demokratische Ideal zu bestätigen, dass eine allgemeine Debatte einen Reformimpuls zu einem Jedermannanliegen machen kann, ihm damit den Weg in das Gesetzblatt ebnet.

Heidelberg, im Januar 2013 *Paul Kirchhof*

Inhaltsverzeichnis

Einführung

A. Grundanliegen des Reformvorschlags

Unser Vorschlag eines Bundessteuergesetzbuches ist nicht revolutionär, auch nicht provokativ. Der Erneuerungsvorschlag versucht die Elementargedanken, die dem deutschen Steuerrecht traditionell zu eigen sind, deutlicher sichtbar zu machen. Grundsätzlich soll die Steuer nach dem Prinzip der Leistungsfähigkeit konzipiert sein. Die Leistungsfähigkeit wird in Euro gemessen. Dieser Leistungsfähigkeitsgedanke könnte in einem schlichten System verwirklicht werden, das im 18. und 19. Jahrhundert noch geläufig war: Besteuert würde das Vermögen, damals das Gesamtvermögens, das Gewerbekapital, der Grundbesitz. Die Steuer greift – ähnlich dem Gerichtsvollzieher – dort zu, wo Vermögenswerte zu holen sind. Unser Steuerrecht hat sich über diesen schlichten Gedanken hinaus deutlich weiterentwickelt. Es belastet immer dann, wenn ein Mensch unter Nutzung der wirtschaftlichen Infrastruktur in Deutschland seine ökonomischen Verhältnisse wesentlich verbessern konnte, deswegen zur Finanzierung dieser Infrastruktur beitragen soll. Er erzielt Einkommen, weil er seinen Gewerbebetrieb in ein Friedensgebiet stellen kann und nicht in einem Kriegsgebiet erwerbswirtschaftlich tätig sein muss. Dieses ist seit 60 Jahren in Deutschland eine glückliche Selbstverständlichkeit, über die wir kaum noch nachdenken. Sie muss aber finanziert werden. Wir brauchen eine Armee, Polizeibeamte, eine internationale Friedenspolitik. Der Bezieher von Einkommen nutzt das Privatrecht, um Verträge zu schließen, die Währung, um seine Preise zu vereinbaren, seine Güter zu bewerten, Vermögen aufzubewahren. Er stellt Arbeitskräfte ein, die in staatlichen Schulen und Hochschulen gut ausgebildet worden sind. Er trifft auf Kunden, die mit Kredit, Scheck, Internet umgehen können. Diese selbstverständlichen Grundlagen unseres Erwerbs sind für den Staat ein Kostenfaktor. Deshalb verlangt der Staat – das ist das Freiheitliche unseres Steuerrechts – eine Steuer von demjenigen, der sich freiwillig an den Markt begibt, dort Güter und Dienstleistungen gegen Entgelt tauscht, dabei die auf diesen Entgelten ruhende Steuerlast kennt und sich trotzdem für den Tauschvertrag entscheidet. Der Steuerpflichtige muss einen Teil seines Tauscherfolges – Lohn, Kaufpreise, sonstige Leistungsentgelte – an den Staat abgeben, weil die Rechtsgemeinschaft – der Staat – am Entstehen und bei der Durchführung dieser Tauschgeschäfte mitgewirkt hat.

Entsprechendes gilt, wenn der Steuerpflichtige bei einem Umsatz seine Kaufkraft in das von ihm gewünschte Wirtschaftsgut eintauschen konnte. Auch bei diesem Tausch ist nicht selbstverständlich, dass alle Handelshäuser für jedermann offen, alle Schaufenster mit Waren und Dienstleistungsangeboten gefüllt sind. In der ehemaligen DDR war der Staat im Wesentlichen der alleinige Unternehmer. Er herrschte über Löhne und Preise und hätte sich, wenn das System funktioniert hätte, als Staatsunternehmer finanzieren können. Die Steuern in den damaligen Staatshandelsländern waren gering und teilweise gab es nur eine Steuer und der Steuersatz betrug 2%. Das war aber nicht das Steuerparadies auf Erden, sondern hat seine Ursache im Staatsunternehmertum, das im Grunde überhaupt keine Steuern braucht. Nur der freiheitliche Staat, der Berufs- und Eigentümerfreiheit garantiert, deshalb die Produktionsfaktoren Kapital und Arbeit in privater Hand belässt, sich nicht aus Staatsunternehmen finanziert, braucht die Steuern. Auf dieser Grundlage besteuert der Staat den Umsatz. Wer seine Kaufkraft beliebig einsetzen kann, um Waren und Dienstleistungen nach seinen Wünschen zu erwerben, muss durch die Umsatzsteuer zum Erhalt dieses freiheitlichen Systems beitragen. In den Staatshandelsländern genügte allein die Kaufkraft nicht, um das ersehnte Traumauto zu erwerben. Dort brauchte man zum Erwerb dreierlei: Geld, Beziehungen und Geduld. Dann konnte man nach 9 Jahren ein von der staatlichen Planung bestimmtes Fahrzeug erwerben. Wer hingegen in einem freiheitlichen System seine Kaufkraft nach Belieben einsetzen kann, zahlt einen Kaufpreis von 100 plus 19 %, um mit diesen 19% Umsatzsteuer zu gewährleisten, dass dieses freiheitliche System auch in Zukunft weiter existiert. Wer heute einen 100 Euroschein in der Tasche und einen gewaltigen Durst hat, wird sich in der Kombination von Geld und Durst heute Abend hier in Heidelberg ein reines Vergnügen gönnen können. Stünde er in der Wüste, würde er trotz der 100 Euro verdursten. Die Umsatzsteuer allerdings bemisst sich nicht – wie die Einkommensteuer – nach den persönlichen Verhältnissen des Nachfragers. Dieser bleibt in der Anonymität des Marktes, wird gleichermaßen mit 19% Umsatzsteuer belastet, mag er Bettler oder Millionär sein. Die indirekte Steuer ist nur sehr mittelbar nach der Leistungsfähigkeit bemessen. Sie vermutet unwiderleglich, dass der Nachfrager in seiner Kaufkraft leistungsfähig, also steuerlich belastbar ist.

Ein freiheitlicher Staat trifft die verfassungsrechtliche Grundentscheidung, dass im Erbfall nicht der Staat der Erbe ist, der Nachlass vielmehr von privater Hand an private Hand weitergegeben wird. So garantiert das Erbrecht die Stetigkeit des individualnützigen Privateigentums. Wäre der Staat der Erbe, würden die Wirtschaftsgüter nach und nach in staatliche Hand übergehen. Der Mensch stirbt, der Staat stirbt nicht, stünde also bei jedem Erbfall zur Übernahme des Privatvermögens bereit. Der Staat garantiert somit in seinem Erbrecht die private Rechtsnachfolge im Eigentum, gewährleistet auch durch die rechtliche Friedensordnung, dass der Erbe das Ererbte in Frieden genießen kann. Es ist eine Kulturleistung, dass das Erbrecht und der Erblasser mit seinem Testament in der Erbengeneration elementare Verschiedenheiten schaffen darf und die Rechtsgemeinschaft diese anerkennt.

Deshalb fordert der Staat von demjenigen, der durch Erbschaft und Schenkung bereichert worden ist, einen maßvollen Teil dieser Bereicherung, um dieses System der Eigentumsnachfolge an die Zukunft weitergeben zu können.

Die griechische Sage erzählt uns von Prometheus, der auf Menschen traf, die göttergleich ihre eigene Zukunft voraussehen konnten. Da der Mensch seine Zukunft kannte, wusste er auch vom Zeitpunkt seines Todes und wurde in der konkreten Erwartung dieses Todes lethargisch. Die Menschen der Antike lagen in der Sonne. Auf der Agora fanden keine politischen Diskussionen statt. Das Familienleben verkümmerte. Die Wirtschaft stagnierte. Kunst und Wissenschaft zerfielen. Als Prometheus dieses Unglück sah, nahm er den Menschen die Fähigkeit, in die Zukunft vorauszuschauen, und schenkte ihnen stattdessen die Hoffnung. Hoffen zu können ist menschlich, ist Bedingung des Humanen. Die Erfahrung lehrt, dass sich Hoffnung durch Anstrengung verwirklicht. In diesem Elementarbefund des Menschlichen – der Hoffnung – entwerfen wir Reformen. Wir können diesen Gedanken auch demokratisch formulieren. Das Staatsvolk wählt immer wieder neue Parlamente, damit das neue Parlament bessere Gesetze mache. Wir wollen diesen Parlamentarismus unterstützen und konkrete Gesetzgebungsvorschläge machen. Alle Reformanregungen sind soweit zu Ende gedacht, dass sie dem Parlament in Form eines Gesetzesentwurfs Texte unterbreiten. Darüber wird dieses Symposion diskutieren. Wir werden Dialoge führen, im Gespräch aller Beteiligten über das bessere Recht nachdenken, im Ergebnis – da bin ich sicher – diese Alte Aula klüger verlassen, als wir sie betreten haben.

B. Reformanlässe

Ein erneuertes Recht soll staatliches Verwalten erleichtern, wirtschaftliche Initiativen von rechtlichen Barrieren und Bevormundungen befreien, den Rechtsgedanken im Steuerrecht wieder sichtbar machen.

Die Rechtsmaßstäbe der Besteuerung müssen – schon unabhängig vom Problem der Staatsverschuldung – grundlegend vereinfacht, nach den Prinzipien der Folgerichtigkeit und Widerspruchsfreiheit ausgestaltet werden. Dadurch wird die Verwaltung entlastet, zur sachgerechten und allgemein verständlichen Erfüllung ihrer Aufgaben befähigt. Die Steuerpflichtigen werden in ihrem Denken weniger durch Steuerrecht und Gestaltungsmöglichkeiten gebunden, sind auf eigenverantwortlichen Erwerb verwiesen. Dadurch steigt die Produktivität, insoweit auch das Steueraufkommen. Insbesondere aber prägt ein neu strukturiertes Steuerrecht das allgemeine Bewusstsein, dass die staatlich bereitgestellten Lebens- und Erwerbsbedingungen durch Steuern finanziert werden müssen.

1. Steuerlenkung

Deutschland hatte nach dem Zweiten Weltkrieg steuerpolitisch einen schlechten Start. Die Alliierten hatten die deutschen Organe von 1946 bis 1951 gezwungen, Regelsteuersätze von bis zu 95% auf das Einkommen zu erheben. Eine solche Steuerbelastung drückt die Wirtschaft nieder, unterbindet einen Neuanfang bei einer kriegszerstörten Industrie. Deshalb blieb dem deutschen Gesetzgeber keine andere Wahl, als die hohen Steuersätze hinzunehmen, dann aber in der Bemessungsgrundlage so viele Ausnahmen und Ausweichtatbestände vorzusehen, dass nur noch das halbe Einkommen besteuert werden musste, aus dem Spitzensteuersatz von 95% also 47,5% wurden. Von diesem Fehlkonzept – überhöhte Steuersätze und löchrige Bemessungsgrundlage – hat sich das deutsche Steuerrecht bis heute nicht erholt. Als 1951 der Alliiertenvorbehalt entfiel, entdeckte der Steuergesetzgeber, dass man durch Steuern steuern kann. Er traute dem freiheitsberechtigten Erwerbstätigen immer weniger zu, dass er selbst wisse, was er mit dem von ihm erzielten Einkommen zu tun habe. Ein Steuerlenkungstatbestand folgte dem anderen. Der Steuerpflichtige gewöhnte sich daran, bei seinen Erwerbsdispositionen die Steuern als Gestaltungsmittel in seine Entscheidungsgrundlage einzuberechnen. Aus der unausweichlichen Steuerlast wird eine vermeidbare, teilweise eine begünstigende Steuer.

Die Steuer baut darauf, dass der Mensch eigenverantwortlich und eigennützig wirtschaftet, seine Arbeitskraft und sein Kapital möglichst ertragbringend einsetzt und seine so erworbenen Finanzmittel für seinen selbstbestimmten Bedarf nutzt. Dieses freie Wirtschaften ist die Grundlage individuellen Wohlergehens und allgemeiner Prosperität. Das Steuerrecht setzt auf die Fähigkeit und Bereitschaft des Steuerpflichtigen zur Freiheit.

Doch dieses Freiheitsvertrauen ist seit langem im Schwinden. Der Staat traut dem Steuerpflichtigen nicht hinreichend Freiheitsbereitschaft und Urteilskraft zu, um sein selbstverdientes Einkommen privatnützig – und damit prosperitätssteigernd – einzusetzen. Das Steuerrecht drängt in Begünstigungstatbeständen den Pflichtigen, in staatlich erwünschte Strukturmaßnahmen, Sozialprojekte, Kulturinstitutionen oder Umweltvorhaben zu investieren. Es warnt durch steuerliche Sonderlasten vor Umweltschädigungen, Modernisierungszögern, städtebaulichem Beharrungswillen, übermäßigem Genuss.

Diese Steuerlenkung gewöhnt den Bürger, den Staat als Mitfinanzier und Risikoversicherer in Pflicht zu nehmen, wirtschaftlichen Erfolg nicht allein auf eigenes Wirtschaften zu stützen, sondern einen Teil seines Erfolges vom Staat abzuleiten. Im Denken verwischen sich die Grenzen zwischen freiheitsverpflichtetem Staat und freiheitsberechtigter Gesellschaft. Privatnütziger Erwerb erscheint als gemeinwohldienliches Handeln. Wer Arbeitnehmer einstellt, damit Produktivität, Umsatz und Gewinn seines Unternehmens steigert, deutet diesen Zuwachs an Mitarbeitern im Dienst des Unternehmers als Gemeinnutzen: er schafft Arbeitsplätze. Wenn sich ein Unternehmen in einem Gewerbegebiet ansiedelt, um dort privatnützig eine neue Erwerbseinheit zu begründen, erwartet es für diese Mehrung seiner Erwerbsgrundlagen Steuervergünstigungen, weil die Neugründung die Infrastruktur der Region verbessere. Und wenn jemand für sich und seine Familie ein Haus baut, ein Auto vorzeitig „abwrackt", seine Energieversorgung kostenwirksam modernisiert, fordert er eine steuerliche Prämie, weil er Werte schaffe oder Wirtschaftsentwicklungen befördere, die zwar ihm nutzen, zugleich aber dem Gemeinwohl dienen. So schwindet die freiheitsnotwendige Distanz zwischen freiheitsberechtigtem Bürger und freiheitsverpflichtetem Staat. Die Verschränkung zwischen staatlicher Steuerpolitik und individueller Erwerbs- und Konsumtätigkeit lässt die Grenze zwischen treuhänderisch gemeinwohlverpflichtetem Staat und individualnützig handelndem Grundrechtsberechtigten verschwimmen. Der Weg, immer mehr Staatsleistungen und immer weniger Steuern zu erwarten, der Weg in die Staatsverschuldung ist gebahnt.

Die strukturelle Vereinfachung des Steuerrechts gewährleistet Gleichheit vor dem Gesetz, Verständlichkeit und Planbarkeit des Rechts. Sie macht die Steuerlast allein vom Gesetz abhängig und löst sie vom Gestaltungsgeschick. Doch der moderne Verfassungsstaat wird sich selbstverständlich das Handlungsinstrument der Subvention nicht aus der Hand nehmen lassen. Hier empfiehlt unser Entwurf die Leistungssubvention statt der Steuersubvention. Bei der Leistungssubvention muss der Budgetgesetzgeber jährlich das Subventionsvolumen ausweisen und beschließen, welcher Betrag für das Subventionsprogramm zur Verfügung stehen soll. Er verantwortet also jährlich neu die Haushaltsmittel, die für ein Subventionsprogramm eingesetzt und dort einen nachweisbaren Erfolg bewirken sollen. Bei der Steuersubvention hingegen weiß der Gesetzgeber nicht, was er tut. Die Gesamtkosten der Steuerverschonung sind nicht bekannt. Der Steuerpflichtige erfüllt den Entlastungstatbestand, benennt ihn in seiner Steuererklärung und bedient sich selbst.

Die Leistungssubvention muss jeder Gesetzgeber zu Lasten seines Staatshaushaltes anbieten. Die Steuern hingegen regelt grundsätzlich der Bundesgesetzgeber. Die Lasten der Subvention aber tragen auch die Länder, vollständig insbesondere bei der Erbschaftsteuer, etwa zur Hälfte bei den Gemeinschaftssteuern Einkommensteuer, Körperschaftsteuer, Umsatzsteuer. Eine Subvention zu Lasten fremder Kassen aber schwächt parlamentarische Transparenz und Verantwortlichkeit, erschwert die Rationalität staatlichen Finanzgebarens, verschleiert die Belastungswirkung der gewährten Gunst.

Eine Steuersubvention, die durch Abzug von der Bemessungsgrundlage einer progressiven Steuer gewährt wird, schafft offensichtliche Ungleichheit. Wenn bei einem progressiven Steuersatz von 14 bis 45 % der Subventionsempfänger den im Subventionsprogramm eingesetzten Betrag von der Bemessungsgrundlage abziehen darf, spart der Großverdiener pro eingesetztem Euro 45%, der Mittelverdiener 25% und der Kleinverdiener 0%. Die Subvention steigt mit sinkendem Subventionsbedarf. Dieses Ergebnis ist abwegig, wird allenfalls von einer kritikunwilligen Öffentlichkeit noch hingenommen.

2. Die Ausweichlichkeit der Steuerlast

Jenseits der steuerlichen Lenkung, die vom Staat bewusst als Verwaltungsmittel eingesetzt wird, um das Verhalten der Menschen zu steuern, weniger um Erträge zu erzielen, bietet das geltende Recht eine Fülle von Ausweichmöglichkeiten, die es dem Steuerpflichtigen erlauben, zwar das gesetzlich besteuerte Einkommen zu erzielen oder die umsatzsteuerpflichtige Leistung zu erbringen, den Sachverhalt rechtlich jedoch so zu gestalten, dass er den steuerlichen Belastungstatbestand formal vermeidet. Die Vermeidbarkeit der Steuer durch steuerbewusste Sachverhaltsgestaltung ist gegenwärtig die größte Schwäche des Besteuerungswesens.

Das Verfassungsrecht fordert die unausweichliche Steuerlast, die gleichheitsgerechte Ausgestaltung der Steuerpflicht, die jeden Pflichtigen nach seiner Leistungsfähigkeit gleich zur Finanzierung der Staatsaufgaben heranzieht. Der Steuerpflichtige plant bei seinen wirtschaftlichen Vorhaben die Steuern nicht nur als Kostenfaktor ein, sondern sucht durch steuerbewusste Gestaltung seines Wirtschaftens die ihn legitimerweise treffende Steuerlast zu verringern oder zu vermeiden[1]. Der „Schlagbaum des Steuertatbestandes" wird „an dem Normalwege, auf welchem der Verkehr ein bestimmtes wirtschaftliches Ziel in der Regel zu erreichen strebt", errichtet; der Steuerpflichtige hingegen verlegt durch zivilrechtliche Gestaltungen sein Wirtschaften auf Nebenwege, sucht deshalb die am Normalweg aufgestellten Kassenhäuschen des Steuerstaates zu vermeiden[2]. Der Steuerpflichtige wählt für sein Unternehmen die Organisationsform der GmbH & Co. KG – der Personengesellschaft mit beschränkter Haftung[3] –, um die Vorteile eines Personenunternehmens mit denen einer Kapitalgesellschaft zu vereinen. Eine inländische Gesellschaft gründet in einem Niedrigsteuerland eine Basisgesellschaft, auf die sie durch Verrechnungspreise oder Konzernumlagen inländische Gewinne verlagert, damit die höhere Steuer im Inland vermeidet[4]. Das Bewertungsrecht eröffnet Beurteilungs-, Einschätzungs- und Prognoseräume, die erhebliche Steuer-

---

1 *Johanna Hey,* Steuerplanungssicherheit als Rechtsproblem, 2002, S. 9 f, 11 f.
2 *Albert Hensel,* Steuerrecht, 3. Aufl. 1993, S. 95.
3 Anerkannt durch das Bayerische Oberlandesgericht, BayObLGZ 13, 69, sowie später (1922) durch das Reichsgericht, RGZ 105, 101; zum Problem *Markus Groh,* BB 1984, S. 304 (305 f.).
4 Zur judiziellen Gegenwehr vgl. BFH, BStBl. II, 1977, S. 265; BStBl. II, 1993, S. 84.

entlastungen zur Folge haben. Eltern überlassen ihrem Kind Wertpapiere, damit dieses die Erträge unter Nutzung seiner Freibeträge und seines Progressionssatzes als Einkommen versteuern kann.

Diese Steuergestaltungen schaffen ein Rechtsbewusstsein, das die Steuerlast nicht als notwendige, gleichheitsgerecht zu erfüllende Bedingung eines freiheitlichen Systems versteht, das den auf Staatsunternehmen und Staatsdomänen verzichtenden Staat durch gleiche Teilhabe am individuellen wirtschaftlichen Erfolg finanziert. Der Steuerpflichtige empfindet die Steuerlast vielmehr als intellektuellen Selbstvorwurf, weil er bei hinreichend steuertaktischem Geschick die Steuerschuld weiter hätte mindern können. Der Steuerstaat erscheint nicht mehr als die Autorität, die das ihm Gehörende verlangt, sondern als Anbieter eines Besteuerungsvorschlags, den der Steuerpflichtige erst nach deutlicher Minderung der Forderung annimmt. Auch hier verlieren Staat und Bürger die Distanz, streiten in den steuerlichen Dauerschuldverhältnissen ständig um die Grenzen der Steuergestaltung, um den „Missbrauch von Gestaltungsmöglichkeiten des Rechts" (§ 42 AO). So wird der Staat zum Gestaltungsgegner, dem der Steuerpflichtige in der Überzeugung begegnet, der Staat fordere zu viel, müsse durch immer intensivere Gestaltungsfantasie in seinen Ansprüchen zurückgedrängt werden. Begehrlichkeiten auf weitere staatliche Entlastung, weitere staatliche Wohltaten, weitere Staatsschulden wachsen.

Viele Verträge haben die ausschließliche Funktion, Steuerlasten zu vermindern oder zu vermeiden. In diesen Fällen muss die Rechtsordnung die Frage beantworten, ob Verträge, die ausschließlich der Steuerersparnis dienen, als Verträge zu Lasten Dritter grundsätzlich unwirksam sind. Der Bundesgerichtshof hat bei familienrechtlichen Gestaltungen zum Nachteil Dritter – des Sozialstaats – anerkannt, dass diese Verträge sittenwidrig und nichtig sind.[5]

3. Verspätete Besteuerung

Das Steuerrecht fordert in Jahresperioden Geldzahlungen, um daraus den Jahreshaushalt des Staates zu finanzieren. Die Steuer rechtfertigt sich in der Belastbarkeit des Steuerpflichtigen in der Gegenwart. Der Steuerpflichtige ist finanziell leistungsfähig, wenn er Einkommen erzielt, Vermögensgüter als Erbschaft oder Schenkung erwirbt, individuelle Kaufkraft im Umsatz einsetzt. Je länger der Erwerbsvorgang zurückliegt, das Erworbene dem grundrechtlich geschützten Bereich individuellen Eigentums zugeordnet ist, umso weniger lässt sich eine Steuer recht-

---

5 Vgl. insoweit BGH 86, 82 (90) – Eheunterhalt; FamRZ 2007, 197 (198 f.) – eheliche Familienlasten; Urteil vom 5.11.2008 XII ZR 157/06, Rz. 35 ff.: Vertragliche Gestaltung zum Nachteil Dritter (des Sozialstaats) ist sittenwidrig.

fertigen. Der Steuerpflichtige braucht die Sicherheit, dass seine heute erzielte Finanzkraft gegenwärtig belastet wird, danach aber dieser Steuertatbestand in gleicher Weise erledigt ist, wie der Staatshaushalt am Jahresende ausgegeben ist. Die Gleichheit in der Zeit fordert eine gegenwartsnahe Besteuerung.

Auch dieses Belastungsprinzip ist gegenwärtig gefährdet, weil die Steuergestaltung Gewinne und Verluste insbesondere bei einer progressiven Steuer so verschiebt, dass die Steuerbelastung möglichst gering ist, außerdem die Liquidität möglichst lange beim Steuerpflichtigen bleibt. Zudem gibt es derzeit kaum bestandskräftige Verwaltungsakte, die einen Sachverhalt gegenwartsnah bestandskräftig regeln; die Fülle von Vorbehalten setzt den Steuerpflichtigen der Gefahr aus, dass er unerwartet auch noch für längst vergangene Veranlagungsperioden berichtigend in Anspruch genommen wird, er deshalb aus gegenwärtigem Einkommen die Steuer für das laufende Kalenderjahr, zugleich aber auch für vergangene Perioden zu bezahlen hat. Diese Lastenkumulation führt zu einem Besteuerungsübermaß. Durch diese Verletzung einer Gleichheit in der Zeit droht das steuerrechtliche Dauerschuldverhältnis ständig mit rückwirkenden Zusatzforderungen, die das Prinzip der Rechtssicherheit gefährden, das Bewusstsein in die Verlässlichkeit des Rechts stören, das Vertrauen in vertrautes Recht mindern. Der Steuerpflichtige argwöhnt, der Staat nehme zu viel und gebe zu wenig. Diese Grundeinstellung überfordert den Rechtsstaat, drängt ihn letztlich in die Staatsverschuldung. Regelt das Steuerrecht hingegen die Normalität, dass staatliche Leistungen aus Steuern in demselben Haushalts- und Steuerjahr zu finanzieren sind, sichert das Steuerrecht die Gleichheit in der Zeit in seinen Belastungstatbeständen und ebenso für die haushaltsrechtlichen Ausgabeentscheidungen.

C. Elementarvereinfachung des Steuerrechts

1. Finanzierung der gemeinsamen Lebens- und Erwerbsbedingungen

Das Steuerrecht hat in seinen Dauerrechtsverhältnissen dem Steuerpflichtigen alltäglich zu vermitteln, dass der Staat der Allgemeinheit nur das geben kann, was er vorher steuerlich genommen hat. Er muss das Bewusstsein wecken, dass der Bürger nur höhere Staatsleistungen fordern darf, wenn er vorher höhere Steuerlasten anerkennt. Einfache Steuertatbestände müssen für die – von einer individuellen Gegenleistung unabhängige – Steuerschuld klar stellen, dass der Staat in einem modernen, freiheitsgeprägten Steuerrecht den Bürger immer dann belastet, wenn er durch Nutzung der von der Rechtsgemeinschaft bereitgestellten Infrastruktur (Frieden, Vertragsrecht, Währung, Ausbildung der Arbeitnehmer, Markterfahrung und Kaufkraft der Nachfrager) seine Einkommens- und Vermögensverhältnisse verbessern konnte, die Rechtsgemeinschaft also dazu beigetragen hat, dass der einzelne Steuerpflichtige erwerbswirtschaftlich zu privatem Nutzen erfolgreich gewesen ist. Das Steuerrecht macht den Zusammenhang zwischen staatlichem Geben und Nehmen bewusst. Dies stärkt die Steuermoral, warnt vor der Staatsverschuldung, drängt auf den jährlichen Ausgleich des Staatshaushaltes in Einnahmen und Ausgaben ohne Staatskredite.

2. Die Einkommensteuer

Eine strukturelle, die Belastungsgründe der Steuern aktuell sichtbar machende Vereinfachung des geltenden Steuerrechts[6] wird für die Einkommensteuer zunächst den rechtfertigenden Ausgangstatbestand in Einfachheit und Klarheit neu definieren: Die Einkommensteuer belastet die Vermögensmehrung, die der Steuerpflichtige durch Nutzung seiner Erwerbsgrundlage erzielt hat. Tatbestandsvoraussetzung ist also eine Erwerbsgrundlage, wie der Gewerbebetrieb oder der Arbeitsplatz (Zustandstatbestand), die Nutzung dieser Erwerbsgrundlage, das Bewirtschaften des Gewerbebetriebes und das Arbeiten am Arbeitsplatz (Nutzungstatbestand), und der Erfolg dieser Tätigkeit, der Gewinn und Überschuss (Erfolgstatbestand).

Der in diesem Grundtatbestand erzielte Zuwachs an Leistungsfähigkeit wird in Euro gemessen. Das Geld aber vergisst seine Herkunft. Deswegen ist es unerheblich, in welcher der sieben Einkunftsarten – Land- und Forstwirtschaft, Gewerbebetrieb, selbständige Arbeit, unselbständige Arbeit, Kapitalvermögen, Vermietung und Verpachtung, sonstige Erwerbseinkommen – das Einkommen erzielt worden ist. Die im Einkommen ersichtliche Leistungsfähigkeit ist in allen Einkunftsarten gleich. Deshalb sollte auf die Unterscheidung von sieben Einkunftsarten und die darin angelegten Belastungsunterschiede verzichtet werden. Der Einkommensteuer unterliegen alle Einkünfte aus Erwerbshandeln. Sondertatbestände wie die Ermittlung der landwirtschaftlichen Einkünfte nach Durchschnittssätzen, die Gewerbesteuer oder Arbeitnehmerfreibeträge, entfallen ersatzlos. Tatbestandsunterschiede, etwa bei der Unterscheidung zwischen Gewinnermittlung und Überschussermittlung, beim Quellenabzug oder bei den Auslandseinkünften, greifen erst dort, wo sie für die spezielle Rechtsfolge gebraucht werden.

Wenn das geltende Recht den Gewinn der Personengesellschaft bei den Gesellschaftern mit Einkommensteuer belastet, die juristischen Personen hingegen der Körperschaftsteuer unterwirft, so muss diese Ungleichbehandlung beendet werden. Jede Erwerbsgemeinschaft – von der personengeprägten Gesellschaft des Bürger-

---

6 *Paul Kirchhof,* Bundessteuergesetzbuch, 2011, passim.

lichen Rechts bis zur anonymen Kapitalgesellschaft – wird als steuerjuristische Person zu einem Steuersubjekt verselbständigt, in dem die Steuer erklärt, selbst veranlagt, gezahlt und auch vollstreckt wird. Wie der Steuerpflichtige sich unter diesem Dach der steuerjuristischen Person organisiert – ob er die persönliche Haftung sucht oder vermeidet, sein Unternehmen auf persönliche oder anonyme Beteiligung anlegt, Familie und Kapitalgeber nahe an das Unternehmen heranholt oder fernhält, Eigen- oder Fremdkapital bevorzugt, wie er die Leitungs- und Kontrollfunktion organisiert –, bleibt Gegenstand seiner verfassungsrechtlich garantierten Vereinigungsfreiheit, die nicht an den Toren des Steuerrechts abgegeben werden darf. Wenn dann der Gewinn bei der steuerjuristischen Person besteuert worden ist, ist die Weitergabe des versteuerten Gewinns – des Vermögens – steuerlich unerheblich. Darin liegt ein gewaltiger Fortschritt für den Industrie- und Finanzstandort Deutschland. Der Gewinn wird jeweils nur einmal besteuert – bei der Gewinnausschüttung beim ausschüttenden Unternehmen, beim Lohn beim empfangenden Arbeitnehmer. Die Gesamtbelastung bleibt stets gleich. Die steuerjuristische Person ist für persönliche Freibeträge oder Verluste durchlässig, wenn Gesellschaft und Gesellschafter dies übereinstimmend – für fünf Jahre bindend – erklären; sie bleibt undurchlässig, wenn einer der Beteiligten diese Erklärung verweigert. Die Körperschaftsteuer entfällt.

Das neue Einkommensteuerrecht soll gänzlich auf Lenkungs-, Subventions- und Befreiungsnormen verzichten. Will der Staat fördernd leisten, stehen ihm dafür besondere Leistungssubventionen zur Verfügung, die voraussetzen, dass die Finanzmittel offen im Haushalt ausgewiesen, damit jährlich parlamentarisch kontrolliert, werden, der Leistungsbescheid auch ihre konkreten Bedingungen und Auflagen regelt. Das durch den Verzicht auf Ausnahmetatbestände erzielte erhebliche Mehraufkommen wird durch höhere Freibeträge und durch Absenkung der Steuersätze an die Allgemeinheit der Steuerpflichtigen zurückgegeben. Dabei sollte die Steuer aufkommensneutral konzipiert werden: Angesichts der gegenwärtigen Staatsverschuldung sind niedrigere Steuern nicht zu rechtfertigen. Höhere Steuern können ebenfalls nicht empfohlen werden, solange der deutsche Staat in der Europäischen Union nicht Herr seines Haushalts ist, ersichtliche staatliche Mehreinnahmen also Begehrlichkeiten anderer Staaten wecken. Etwas anderes gilt, wenn die Steuervereinfachung die Wirtschaft belebt, der daraus erwachsende Prosperitätszuwachs das Steueraufkommen steigert, dieser Ertragszuwachs aber – europarechtlich wirksam – für die Tilgung deutscher Schulden reserviert bleibt.

Bei einer aufkommensneutralen Gestaltung kann das Einkommensteuerrecht Grundfreibeträge für Erwachsene von 10.000 Euro, für Kinder von 8.000 Euro anbieten, sodass eine Familie mit zwei Kindern von vornherein einen Freibetrag von 36.000 Euro beanspruchen darf. Oberhalb dieser Freibeträge beginnt eine progressive Steuer von 15, 20 und dann ein Spitzensteuersatz von 25 Prozent. Dieser genügt, um den staatlichen Finanzbedarf zu finanzieren. Dabei ist weniger der Steuersatz als die einprägsame Formel wichtig: Das Prinzip „Ein Viertel für den Staat, drei Viertel für den Steuerpflichtigen" prägt ein Rechtsbewusstsein, das dem ehrbaren Kaufmann, dem redlichen Bürger sagt, was sich gehört. Wer diese einfache Regel nicht beachtet, verliert die Ehrbarkeit, den Anstand. Im übrigen genügt schon nach geltendem Recht durch die Abgeltungsteuer ein Spitzensteuersatz von 25 Prozent für Einkünfte aus Kapitalvermögen. Wenn aber diese Einkünfte allenfalls mit einem Viertel belastet werden, können Einkünfte aus Arbeit nicht in der Spitze mit 45 Prozent belastet sein. Auch hier fordert der Gleichheitssatz ein Belastungsmaß, das nach den Finanzbedürfnissen des Staates, aber auch den Gepflogenheiten des internationalen Finanzmarktes bei 25 Prozent liegt. In einer Körperschaft kann der Gewinn derzeit für nur 15 % KSt thesauriert werden.

Unser Entwurf fordert – seit jeher – für die Einkommensteuer eine – allerdings verdeckt erhoben – progressive Steuer, die nach einem Freibetrag von 10.000 Euro pro Person und Jahr bei 15% beginnt und bei 25% endet. Dadurch ist auch die Gleichbelastung von Arbeit und Kapital gewährleistet.

Der Spitzensteuersatz von 25 % belastet Bezieher von Großeinkommen nach Wegfall aller Ausnahmetatbestände höher. Die Bundeszentrale für Politische Bildung hat für das Jahr 2007 festgestellt, dass das reichste Zehntel der Einkommensteuerpflichtigen im Durchschnitt nur 23,8 % seines Bruttoeinkommens als Einkommensteuer abführt. Der Grund für diese Lücke zwischen dem Spitzensteuersatz in Höhe von 45 % (§ 32 Abs. 1 S. 2 Nr. 5 EStG) und dem realen Durchschnittssteuersatz von 23,8 % sind die Möglichkeiten des deutschen Einkommensteuerrechts, das zu versteuernde Einkommen durch Steuerbefreiungen, Freibeträge, Abzugsbeträge und andere Steuervergünstigungen zu mindern.[7]

Das Einkommensteuerrecht könnte die Notwendigkeit haushaltsangemessener Steuern deutlicher bewusst machen, das Selbstbewusstsein der Steuerpflichtigen wegen ihres steuerlich erbrachten Beitrags für die Rechtsgemeinschaft steigern, wenn es langfristig gelänge, die großen, verdienstvollen Steuerzahler der Allgemeinheit vorzustellen. Eine allgemeine Bekanntgabe der Steuerleistungen durch Steuerlisten ist seit Zeiten der Weimarer Reichsverfassung ein aktueller rechtspolitischer Gedanke[8]. Im Deutschen Bundestag ist 1950 ein Antrag gescheitert, Steuerlisten offenzulegen. Die Parlamentsmehrheit war von der Sorge bestimmt, die Veröffentlichung von Einkommen würde Neid, Missgunst, Gehässigkeit, Intrigen,

---

7 Homepage der Bundeszentrale für Politische Bildung unter http://www.bpb.de/wissen/I1WQ 8G0,0, Einkommensteueranteile; als Datenquelle werden angegeben das Bundesministerium für Arbeit und Soziales, Lebenslagen in Deutschland, Simulationsrechnung RWI FiSo 2008; Bundesministerium der Finanzen, Datensammlung zur Steuerpolitik; Deutsches Institut für Wirtschaftsforschung, Pressemitteilung.
8 Der Reichsminister der Finanzen legte bereits am 11.11.1931 auf Ersuchen des Reichstags eine „Denkschrift über die Offenlegung der Steuerlisten im Ausland" vor, RT-Drs. V/1234.

Verleumdungen, Kriminalität, Denunziation und Kapitalflucht anregen[9]. Wenn heute der Bürgerstolz auf die gemeindienlich erbrachte Steuerleistung noch nicht hinreichend ausgeprägt ist, die öffentliche Anerkennung dieser Teilhabe der Allgemeinheit am individuellen wirtschaftlichen Erfolg noch nicht allgemein gesichert erscheint, sollte jedenfalls erwogen werden, dass der Staat – der Bundespräsident, die Ministerpräsidenten, die Oberbürgermeister – jeweils in ihrem Verantwortungsbereich den 30 besten Steuerzahlern – in Anlehnung an den Dax – in geeigneter Form öffentlich danken. Im abendlichen Fernsehen könnte ein Steuer-Dax einmal im Monat einen höheren Informationswert gewinnen als der tägliche Börsen-Dax. Dabei sollte es jedem – dem Unternehmen und dem Unternehmer – unbenommen bleiben, einer Veröffentlichung zu widersprechen.

3. Die Umsatzsteuer

Die Umsatzsteuer belastet die am Markt eingesetzte Kaufkraft, die Vermögensverwendung, die in einem freiheitlichen Markt Güter und Dienstleistungen beliebig wählen, den Vertragspartner nach eigenem Gutdünken suchen, ihre Nachfrage in vollen Schaufenstern und offenen Handelshäusern anregen lassen kann. Der beim Umsatz gezahlte Preis belegt in einem grob typisierenden Maßstab die vermutete Leistungsfähigkeit des Verbrauchers. Allerdings zahlen der Bettler und der Millionär bei gleichem Kauf die gleiche Steuer. Der Steuerträger bleibt in der Anonymität des Marktes, seine Belastung kann nicht individuell zugemessen werden. Diese allgemeine Steuer ist nicht sozial differenziert, begründet aber Inländerpflichten, individuelle Mitverantwortlichkeiten zur Finanzierung des Allgemeinwohls von größtmöglicher Allgemeinheit.

Die Umsatzsteuer ist als indirekte Steuer eine wenig merkliche Last, die der Konsument im Preis an den leistenden Unternehmer bezahlt, der diese Steuer an das Finanzamt weiterreicht. Dennoch kann auch eine in ihrer Struktur vereinfachte Umsatzsteuer dazu beitragen, dass der umsatzsteuerliche Beitrag zur Staatsfinanzierung für jedermann wieder einsichtig ist, diese Finanzierungsgrundlage des Staates deswegen allgemein vertraut wird, Vertrauen genießt.

Eine grundlegende Erneuerung der Mehrwertsteuer sollte diese Steuer als Verbrauchsteuer ausgestalten, ersichtlich nur den Endverbraucher belasten. Wenn das geltende Recht entgegen diesem Prinzip alle Umsätze – auch die zwischen Unternehmern – belastet, diese zwischenunternehmerischen Belastungen aber durch einen Vorsteuerabzug wieder zurücknimmt, so führt ein aufwendiges Verfahren zu

---

9 Der Antrag der SPD-Fraktion, öffentliche Steuerlisten einzuführen (BT-Drs. I/602 Ziff. 7), wurde abgelehnt, BT-Plenarprot. I/42, S. 1420 D; ein zweiter Versuch im folgenden Jahr hatte keinen Erfolg, BT-Plenarprot. I/43, S. 5644 D ff.; I/145, S. 5740 C ff.

Verwaltungskosten, Zahlungsvorgängen, Kontrollpflichten, Haftungsverantwortlichkeiten, Liquiditätsverzerrungen und einer Betrugsanfälligkeit, die im Ergebnis dem Staat aber keinen Steuerertrag zuführt, also ein bloßes „Nullsummenspiel" bleibt[10]. Deshalb empfiehlt es sich, allein die Kaufkraft des Endverbrauchers zu belasten, die im Leistungstausch sichtbar, im Entgelt zählbar wird. Tatbestandsmerkmal eines steuerbaren Umsatzes ist die „Leistung an den Verbraucher". Zwischenunternehmerische Leistungen sind grundsätzlich nicht steuerbar. Der Tatbestand der zwischenunternehmerischen Leistung wird durch eine elektronisch abrufbare Identifikationsnummer des Unternehmens nachgewiesen, die staatlich zugeteilt wird und dann den Rechtsschein ihrer Richtigkeit genießt. Gezahlt wird von und auf Gewährleistungskonten, die für die Finanzbehörde einsehbar sind.

Wenn die Rechnung mit dem Ausweis der Umsatzsteuer den Unternehmer nicht mehr zum Vorsteuerabzug berechtigt, sie also dem Staat gegenüber kein Wertpapier mehr ist, das Forderungen verbrieft, braucht die Steuer nicht schon mit der Rechnungstellung, sondern erst nach Bezahlung durch den Letztverbraucher entrichtet zu werden. Das System kann von der Soll- zur Istbesteuerung übergehen. Dies ist für den Unternehmer insbesondere in wirtschaftsschwachen Zeiten wesentlich, in denen er mit seiner Rechnung auf zögernde oder säumige Schuldner trifft, bisher aber dennoch schon mit Rechnungstellung die Steuer abführen muss, auch wenn er als unentgeltliches Inkassobüro für den Staat diesen Steuerbetrag über den Preis noch nicht eingenommen hat.

Eine wesentliche Strukturbereinigung vermeidet auch, den Staat als Steuergläubiger zum Steuerträger zu machen. Das geltende Recht behandelt die öffentliche Hand, wenn sie von einem Unternehmer eine Leistung empfängt, wie einen Verbraucher. Sie wird grundsätzlich der Umsatzsteuer unterworfen. Die Besteuerung von Leistungen an die öffentliche Hand schafft jedoch kein Steueraufkommen, weil der Staat diese Leistungen aus Steuererträgen finanzieren muss. Die Umsatzsteuerzahlung einer Gebietskörperschaft, z. B. des Bundes, wirkt wie ein Finanzausgleich, weil ihr Ertrag zu einem Teil an den Bund zurückfließt, zum anderen Teil Ländern und Gemeinden zusteht (Art. 106 Abs. 3 GG). Die Steuer stärkt nicht den Staatshaushalt, sondern belastet ihn. Deswegen sind Leistungen an die öffentliche Hand grundsätzlich nicht steuerbar. Dieses Prinzip wird technisch dadurch vollzogen, dass der Staat in der Rechnung als Schuldner genannt wird und sich wiederum mit einer elektronisch abrufbaren Identifikationsnummer als staatlicher Leistungsträger ausweist. Soweit der Staat Leistungen an Endverbraucher überbringt, soll der Endverbraucher mit der Umsatzsteuer belastet werden. Insoweit vermittelt der Staat die Umsatzsteuerforderung; er ist erhebungstechnisch Steuer-

---

10 *Gernot Mittler,* Einführung von Vorsteuerbefreiungen als Mittel zur Umsatzsteuer-Betrugsbekämpfung. Der rheinland-pfälzische Finanzminister Gernot Mittler schlägt Systemänderungen bei der Mehrwertsteuer vor, UR 2001, S. 385.

schuldner, der die Steuerlast auf den Verbraucher und seine Nachfragekraft überwälzt.

Schließlich kennt die neue Umsatzsteuer nur noch einen Steuersatz. Medizinische Leistungen, Überlassung und Übertragung von Wohnraum, Versicherungen zur persönlichen Zukunftssicherung, Finanzdienstleistungen und gemeinnützige Umsätze sind steuerbefreit. Im übrigen aber soll ein einheitlicher, einprägsamer Steuersatz der Allgemeinheit bewusst machen, dass jeder in seiner täglichen Nachfrage durch die Umsatzsteuer zur Finanzierung dieses Gemeinwesens beiträgt, allgemeine Menschen- und Bürgerrechte in diesem Staat ergänzt werden durch die allgemeine Bürger- und Menschenpflicht der Umsatzsteuer und der Verbrauchsteuer. Die Finanzmittel des Staates fallen nicht vom Himmel, werden auch nicht durch Staatsschulden mit nicht erfüllbaren Rückzahlungspflichten bereitgestellt, sondern müssen von den Inländern im Alltagsleben aufgebracht werden. Die Umsatzsteuer verteuert den Preis auf dem deutschen Markt um 19 Prozent. Jeder Gütertausch trägt so zur Finanzierung des Staates bei.

4. Die Erbschaftsteuer

Die Erbschaftsteuer rechtfertigt sich aus dem von der Rechtsordnung ermöglichten und gesicherten Zuwachs an Leistungsfähigkeit der dem Erben zugewachsenen Bereicherung. Der Vermögenszuwachs und dessen spätere Nutzung stützen sich auf die vom Grundgesetz und vom Bürgerlichen Gesetzbuch gewährleistete Schenkungs- und Testierfreiheit, auf das gesetzliche Erb- und Pflichtteilsrecht, auf den Rechtsschutz durch die staatlichen Gerichte, auf die staatliche Garantie von Sicherheit und Ordnung, die den Empfang auch größerer Erbschaften und die darin angelegte Ungleichheit gefahrlos möglich macht. Auch das spätere Nutzen und Genießen des Erbes wird durch die staatliche Friedens- und Marktordnung gestützt und erleichtert.

Die Erbschaftsteuer erbringt nur geringe Erträge. Sie betrifft nur größere Erbschaften, belastet also nicht die alltäglichen Erbfälle in der Generationenfolge des durchschnittlichen Familiengutes. Dennoch ist eine Strukturbereinigung der Erbschaftsteuer für das Gesamtsystem der Staatsfinanzierung in der Generationenfolge erheblich, weil die Erbschaftsteuer ein wichtiger Beitrag zur Generationengerechtigkeit ist[11]. Die Friedensgemeinschaft des Rechts anerkennt die Testierfreiheit des Erblassers, auch das Pflichtteilsrecht des Erben trotz der damit verbundenen, oft elementar unterschiedlichen Vermögensausstattung der nachfolgenden Generati-

---

11 Zu den verschiedenen Rechtfertigungen der Erbschaft- und Schenkungsteuer vgl. *Klaus Tipke,* Die Steuerrechtsordnung, 2. Aufl. 2003, S. 869 f.

on, soll dann aber über die Erbschaftsteuer an der zugewachsenen Bereicherung teilhaben.

Im deutschen Steuerrecht sind Zuwendungen unter Ehegatten grundsätzlich steuerpflichtig. Die Ehe ist jedoch eine Erwerbsgemeinschaft, in der beide Ehepartner durch ihre Leistungen gemeinsam ihr Vermögen mehren, bewahren und individualgerecht ausgestalten. Das Ehegut bleibt beim Tod eines Ehegatten in der Ehe. Der überlebende Ehepartner soll so viel Lebenskontinuität bewahren, wie das Recht ihm zu gewähren vermag. Deshalb sollen Zuwendungen unter Ehegatten – wie in vielen anderen Ländern – auch in Deutschland steuerfrei bleiben.

Das Erbschaftsteuerrecht wird sodann wesentlich dadurch vereinfacht, dass die Steuerbefreiungen – jenseits der Gemeinnützigkeit, der Zuwendungen an Gebietskörperschaften, des Hausrats und der üblichen Gelegenheitsgeschenke – entfallen, die Steuerklassen durch Freibeträge in Höhe von 400.000 Euro für jedes Kind beim Erbanfall des Familiengutes nach einem Elternteil bei niedrigen Steuersätzen ersetzt werden. Zuwendungen an alle übrigen Bedachten bleiben bis zu einem Betrag von 50.000 Euro als Bagatellfälle von der Besteuerung befreit. Sodann wird auf den realitätsgerechten Verkehrswert der Bereicherung ein einheitlicher Steuersatz von 10 Prozent erhoben. Das Aufkommen aus dieser Steuer wird das gegenwärtige Aufkommen aus der Erbschaftsteuer deutlich übersteigen.

Allerdings wirkt die Erbschaftsteuer je nach ererbtem Gegenstand sehr unterschiedlich. Wer Geldvermögen oder Finanzwerte erbt, kann aus dieser Erbschaft die 10 Prozent Erbschaftsteuer bezahlen und erlebt die verbleibenden 90 Prozent als individualnützige Bereicherung. Wer hingegen ein Unternehmen erbt, das als Erwerbseinheit gebunden ist, könnte bei Zahlung von 10 Prozent auf die Betriebssubstanz dessen Fortbestehen gefährden. Der eine erbt Liquidität, der andere nicht frei verfügbares Vermögen, das zudem durch das Wirtschaftsverwaltungsrecht, das Arbeitsrecht, das Umweltrecht schon stark gemeinwohlverpflichtet ist, im Rahmen der Sozialpflichtigkeit des Eigentums (Art. 14 Abs. 2 GG) deshalb weniger für eine Besteuerung zur Verfügung steht. Gerade die betriebliche Gebundenheit verschiedener Wirtschaftsgüter machen ihren Wert aus. Betriebliches Vermögen wird als Gesamtheit bewertet, nicht als Summe einzelner, derzeit frei verfügbarer Werte.

Das geltende Recht sucht diesem Anliegen durch Steuerbefreiung bei langfristiger Bindung von Lohnsumme und Betriebsvermögen Rechnung zu tragen. Einfacher und einsichtiger ist es, die Steuer beim Erben eines wertvollen, aber nicht Liquidität vermittelnden Vermögens auf zehn Jahre zinsfrei zu stunden. Der Steuerpflichtige hat dann jährlich ein Prozent Erbschaftsteuer zu bezahlen. Dieses beeinträchtigt die Existenz und Liquidität eines gebundenen Vermögens nicht.

D. Strukturbereinigung in der Finanzkrise

Eine strukturelle Steuerreform soll somit weniger das Steueraufkommen mehren, um dadurch Schulden abzutragen. Eine elementare Vereinfachung und Sichtbarkeit der steuerlichen Belastungsgründe trägt vielmehr dazu bei, die allgemeine Einsicht in die Notwendigkeit eines steuerfinanzierten, nicht auf die Verschuldung zurückgreifenden Finanzstaates zu festigen und zu mehren. Wenn jedem Inländer bewusst ist, dass er steuerlich geben muss, wenn er in Zukunft ähnliche Lebens- und Erwerbsbedingungen von der Rechtsgemeinschaft erwartet, dann steigt auch das Bewusstsein, dass der heutige Staat vom gegenwärtigen Steuerzahler finanziert werden muss, er nicht über die Staatsverschuldung auf die Zahlungsfähigkeit zukünftiger Steuerzahler vorgreifen darf. Die steuerlichen Belastungsgründe pflegen die Gleichheit in der Zeit, machen das finanzielle Übermaßverbot bewusst, das ein Ausweichen in die Verschuldung unterbindet, begrenzen die finanzerheblichen Staatsaufgaben im Steueraufkommen. Das finanzstaatliche Autonomieprinzip, wonach der Staat nur die Finanzierungsaufgaben erfüllen kann, zu denen ihn der Steuerzahler befähigt, bietet eine wesentliche Gegenwehr gegen übermäßige Staatsausgaben, die in überhöhte Steuerlasten und in die Staatsverschuldung treiben.

Gegenwärtig wird gelegentlich eingewandt, die Zeit einer staatlichen Verschuldungskrise und einer Finanzmarktkrise sei nicht die Stunde großer Steuerreformen. Doch die Finanzkrise lehrt, dass der Gesetzgeber sich der Steuerpolitik, der Ausgabenpolitik und der Verschuldungspolitik gleichzeitig widmen muss. Wenn das gegenwärtige Steuerrecht dazu einlädt, durch Steuergestaltungen und die Annahme von Steuersubventionsangeboten den Staat zur Mitfinanzierung privater Unternehmungen heranzuziehen, liegt in dieser Vermengung von Privat- und Staatsfinanzierung eine Ursache für die Finanzkrise. Unternehmer und Anleger haben sich daran gewöhnt, ihre Erwerbschancen nicht freiheitlich – auf eigene Rechnung in Gewinn und Verlust – zu nutzen, sondern in finanzieller Bedrängnis auf den Staat zu setzen und auf die Staatskasse zuzugreifen. Während der ehrbare Kaufmann früher seinen Unternehmerstolz so definierte, dass er seinen Gewinn persönlich verdient, seine Verluste aber persönlich zu verantworten habe, ist nunmehr der Ruf nach staatlicher Finanzhilfe in Unternehmenskrisen, oft auch schon bei Unternehmensgründungen Selbstverständlichkeit. Deswegen bietet die Finanzkrise einen besonderen Anlass, die Lenkungs- und Ausweichtatbestände des Steuerrechts aufzuheben, die unausweichliche Steuerlast wieder zur Regel zu machen.

Der Verfassungsstaat stützt seine Finanzkraft auf historisch gewachsene, inzwischen verfassungsrechtlich verfestigte Steuerquellen, die insbesondere auf das Einkommen und den Umsatz zugreifen. Unternehmen und Staat sind gleichermaßen auf Markt und Marktbedingungen angewiesen. Der Unternehmer erzielt Gewinne, der Staat finanziert sich durch Teilhabe an diesem Gewinn. Der Konsument setzt seine Kaufkraft am Markt ein, der Staat nimmt über die Umsatzsteuer an dem Gütertausch teil. Diese Elementarstruktur individualdienlicher Privatwirtschaft und staatlicher Finanzierung macht in einfachen Rechtsstrukturen bewusst, dass der Staat nur das geben kann, was er vorher steuerlich genommen hat. Diese Rahmenbedingungen der Staatsfinanzierung, auch die rechtlichen und institutionellen Finanzverantwortlichkeiten des Staates sind in einem einfachen, einsichtigen, für jedermann verständlichen, langfristig planbaren Steuerrecht bewusst zu machen.

Schließlich bietet ein vereinfachtes, deshalb unausweichliches Steuerrecht einen Impuls für neue Unternehmerinitiativen, die nicht mehr steuerlich verfremdet sind. Ein einfaches Steuerrecht wird zu einem Befreiungsschlag für Unternehmerinitiative und Unternehmermut. Wenn der Erwerbstätige sich nicht mehr vor dem modernen Geßlerhut des Steuerrechts verbiegen und verbeugen muss, er sich unmittelbar – nicht durch Steuergestaltungsmodelle vermittelt – seinem Produkt, seinem Kunden, seinem Markt widmen kann, werden wirtschaftliche Kräfte frei, die Gewinne und Umsätze steigern, damit auch das Steueraufkommen erhöhen. Die Finanzkrise fordert ein konzeptionelles Sparen, also nicht eine formale Minderung der Staatsaufgaben und eine formale Erhöhung der Steuereinnahmen, sondern eine strukturierende Überprüfung von Steuerrecht und Budgetrecht. Dabei wird sich zeigen, dass mit weniger Steuerarten und weniger Steuerparagrafen ein Mehr an Steuereinnahmen und an Steuergerechtigkeit erreicht werden kann. Durch den völligen Verzicht auf Steuersubventionen werden die parlamentarischen Budgetentscheidungen transparenter, weil die in der Steuersubvention angelegte anonyme Ertragseinbuße entfällt, an deren Stelle allenfalls die vom Parlament beschlossene, individuell zugemessene Leistungssubvention tritt. Zudem werden die Finanzverantwortlichkeiten klargestellt, wenn bei der Leistungssubvention – anders als bei der Steuersubvention – jeder Gesetzgeber die gewährte Zuwendung in seinem Haushalt ausweisen und verantworten muss.

Vor allem aber muss gerade in der Finanzkrise der steuerliche Belastungsgrund wieder allgemein bewusst werden. Das Steuerrecht braucht einfache Regeln, die unausweichliche Steuerlasten begründen. Wer diese Steuerpflichten nicht erfüllt, ist kein ehrbarer Kaufmann, kein anständiger Bürger. Die Finanzkrise leidet ganz wesentlich unter einem Verlust von Rechtsverständnis und Rechtsgedanken. Der Sinn für Recht und seine Verbindlichkeit ist – auch durch die Steuerreform – wieder herzustellen.

Podium 1: Reform der Besteuerung des Einkommens

Professor Dr. Joachim Lang, Universität Köln
Professor Dr. Rudolf Mellinghoff, Präsident, Bundesfinanzhof München
Professor Dr. Ekkehart Reimer, Universität Heidelberg
Professor Dr. Christoph Spengel, Universität Mannheim

Kirchhof: Die steuerliche Leistungsfähigkeit wird in Euro gemessen. Dem Geld sehen wir seine Herkunft nicht an, mag es erarbeitet, an der Börse mitgenommen, beim Banküberfall erbeutet sein. Euro ist Euro. Das Geld verleugnet seine Herkunft. Deshalb kommt es auch für die Einkünfte nicht auf ihre Herkunft an. Dies vorausgeschickt, freue ich mich, Ihnen die Teilnehmer des 1. Podiums vorstellen zu dürfen. Herrn Professor Joachim Lang, einer der herausragenden Köpfe eines systematischen Steuerrechts und auch der Steuerreform. Den Präsidenten des Bundesfinanzhofs, Herrn Professor Rudolf Mellinghoff, bis vor wenigen Wochen Bundesverfassungsrichter, der über unmittelbare Erfahrung mit dem Steuerrecht und dem Verfassungsrecht verfügt. Herrn Professor Ekkehart Reimer, mein Kollege und Mitveranstalter dieses Symposions, der uns vor allem die Perspektiven des internationalen Steuerrechts vermittelt. Wir brauchen sodann zu allem den ökonomischen Sachverstand, wir brauchen Aussagen zur Steuerwirkungslehre. Deswegen freue ich mich, dass Herr Professor Spengel von der Mannheimer Universität, einer ersten Adresse seiner Disziplin, mit bei uns am Podium sitzt. Herr Lang, darf ich Sie zu unserem ersten Thema bitten.

A. Erforderlichkeit von sieben Einkunftsarten

Lang: Zunächst möchte ich Ihnen herzlich gratulieren, Herr Kirchhof. Das Bundessteuergesetzbuch beweist, welches Vereinfachungspotenzial der Verzicht auf eine progressive Besteuerung birgt. Ich meine, dass gerade diese Botschaft in einer Zeit wichtig ist, in der die Weichen für eine Verschärfung der Progression gestellt sind, nicht zuletzt angestoßen durch die Aussage der OECD, in Deutschland würden Arm und Reich immer weiter auseinander driften. Die Beschlüsse der SPD und der Grünen brauche ich hier nicht zu zitieren. Diese Beschlüsse sind allgemein bekannt.

So denke ich, es ist heutzutage besonders wichtig, sich die Wirkungen der Verkomplizierung einer Progression und des Widerstands gegen ein progressives Einkommensteuerrecht zu vergegenwärtigen. Eine sog. „flat tax" würde die Entscheidungsneutralität der Ertragsbesteuerung bedeutend erhöhen und die Steuerplanung zum Beispiel von Abschreibungen erheblich erleichtern. Fraglich ist indessen, ob der Verzicht auf einen progressiven Einkommensteuertarif politisch in einem Sozialstaat durchgesetzt werden kann. Auch in den freiheitlich orientierten USA ist dieses nicht geglückt.

Ich möchte mich zunächst der ersten Grundfrage einer Einkommensteuerreform zuwenden, die uns beide seit vielen Jahren beschäftigt. Es handelt sich um die Neuordnung der Einkunftsarten. In der von mir geleiteten Kommission „Steuergesetzbuch" haben wir diese Grundfrage sehr ausführlich diskutiert. Es muss einen für alle Einkunftsarten geltenden Grundtatbestand geben, den wir übereinstimmend markteinkommenstheoretisch verstehen: Einkommensteuerbare Einkünfte werden durch eine mit Gewinn- oder Überschusserzielungsabsicht ausgeübte Erwerbstätigkeit erwirtschaftet. Dieser Grundtatbestand hat die grundlegenden Abgrenzungen, z. B. von der sog. Liebhaberei, Schenkungen, ehrenamtlichen Betätigungen etc., zu leisten.

Allerdings kommt man ohne Einkunftsarten nicht aus. Es gibt grundlegende Unterschiede, unterschiedliche Ermittlungstechniken, den Betriebsvermögensvergleich, die unternehmerische und die nichtunternehmerische Überschussrechnung, die besondere Ermittlung von Veräußerungseinkünften, bei den Einkünften aus Zukunftssicherung die nachgelagerte Besteuerung, die Besteuerung an der Quelle, die besonders die Einkünfte aus nichtselbständiger Arbeit und die Kapitaleinkünfte prägt. Bei den Kapitaleinkünften gibt es einen internationalen Steuerwettbewerb, der eine Abgeltungsteuer veranlasst hat. Hier zeigt sich deutlich das Bedürfnis nach einer sog. flat tax. In einem progressiven Steuersystem werden Kapitaleinkünfte schedularisiert. Nach unserer Überzeugung brauchen wir im Einkommensteuergesetz (Verordnungsrecht genügt u. E. nicht) einen Basiskatalog, der die unterschiedlichen Besteuerungsformen zu berücksichtigen vermag.

Einen solchen Basiskatalog benötigen wir vor allem für das internationale Steuerrecht. Die Doppelbesteuerungsabkommen enthalten eine international entwickelte Struktur von Einkunftsarten, an welche spezifische Rechtsfolgen für die Vermeidung der steuerlichen Mehrbelastung anknüpfen. Wir haben dieses Thema bei der Gestaltung unseres Einkünftekatalogs sehr intensiv diskutiert. Wenn das nationale Steuerrecht mit der Einkünftestruktur der Doppelbesteuerungsabkommen nicht kompatibel ist, dann besteht die Gefahr von bilateralen Streitfragen, die mit verschiedenen Ländern verhandelt und geklärt werden müssen. Dies hat uns bewogen, von vornehrein einen Einkünftekatalog zu formulieren, der mit der international in Musterabkommen festgelegten Struktur von Doppelbesteuerungsabkommen übereinstimmt.

Kirchhof: Vielen Dank. Ich glaube, wir haben eine Übereinstimmung im Prinzip, dass Einkommen jeder Art gleich besteuert werden soll, wir aber bei der Ermittlung und Erhebung Unterscheidungen brauchen. Bei der Abgeltungssteuer ist die zentrale Frage, ob wir die 25% für alle Einkommen schaffen. Wir haben das Problem der DBAs bedacht, die eigene, von der nationalen Qualifikation unabhängige Kategorien kennen, dabei teilweise selbst Einkunftsarten reduziert haben. Es ist ein Problem, das man lösen kann, das dann die direkte Besteuerung zwischen den Staaten wesentlich erleichtert. Wenn man vereinfacht, haben wir Übergangsprobleme. Aber wir haben eine so gute Beraterschaft - und das sage ich jetzt nicht leicht dahin -, die im Zusammenwirken mit dem Gesetzgeber diese Probleme bewältigen wird. Herr Mellinghoff bitte.

Mellinghoff: Erstens, allein die Definition des Einkommens in § 43 Abs. 2 führt dazu, dass man die Gleichheitsprüfung sehr viel intensiver und prägnanter durchführen kann. Das Bundesteuergesetzbuch zeigt sich auch in einem weiteren Punkt flexibel, obwohl es dann auf Unterscheidungen ankommt.

Das Bundessteuergesetzbuch geht von Erwerbsgrundlagen aus, die bei der Konkretisierung der Besteuerung eine fundamentale Bedeutung erlangen werden. Die Bestimmung der Erwerbsgrundlage spielt zum Beispiel eine große Rolle bei der Verlustberücksichtigung. Der Reformentwurf schlägt vor, dass Verlustvorträge nur innerhalb einer Erwerbsgrundlage möglich sind; ein Verlustausgleich über alle Erwerbsgrundlagen soll nicht stattfinden. Das wird sicherlich ein Bereich sein, der für die Finanzgerichtsbarkeit spannend und interessant wird. Da stellen sich viele Fragen: wie definiere ich eine Erwerbsgrundlage, wie werden diese Erwerbsgrundlagen gegeneinander abgegrenzt und in welchem Bereich kann ich Verluste vortragen und nicht vortragen. Der Vorteil ist eine gewisse Flexibilität: Ich bin nicht gebunden an sieben Einkunftsarten und habe keine gesetzestechnisch vorgegebene Strukturierung, sondern den offenen Begriff der Erwerbsgrundlage, der dann allerdings noch näher konkretisiert werden muss. Da würde mich besonders interessieren, wie intensiv diese Frage in einer Verordnung vorstrukturiert wird.

Der zweite Punkt, den Sie angesprochen haben, ist die Frage des Ersatzes der Gewerbesteuer, wie in § 65 des Bundessteuergesetzbuches vorgesehen: der Kommunalen Zuschlagsteuer. Hier ist ein Mindesthebesatz beabsichtigt. Das Bundesverfassungsgericht hat einen solchen Mindesthebesatz gebilligt, so dass die Untergrenze der Besteuerung festgelegt werden kann. Ich sehe aber ein anderes Problem. Die örtlichen Verbrauch- und Aufwandsteuern, die Grundsteuer, die Grunderwerbsteuer und ähnliches werden entfallen. Wir sehen momentan eine Entwicklung, in der gerade bei der Grunderwerbsteuer ein großer Aufbruch gelungen ist, alle Ausnahmen abzuschaffen, einen niedrigen Steuersatz einzuführen. Das ist der Beleg dafür, dass eine Reform gelingen kann. Wir müssen aber in jüngerer Zeit auch feststellen, dass die ehemals niedrigen Steuersätze immer öfter angehoben werden. Das ist etwas Beunruhigendes, weil keine Begrenzung nach oben gilt. Ich würde anregen, darüber zu diskutieren, ob man da bei der Kommunalen Zuschlagsteuer zumindest eine Obergrenze festsetzt. Sonst fühlen sich die Gemeinden möglicherweise gezwungen, weiter nach oben zu gehen, sprich 15% Zuschlagsteuer. Dann sind wir schnell nicht bei 25%, sondern dann sind wir sehr schnell bei 30, 40 und mehr Prozent Belastung des Einkommens. Die fehlende Begrenzung kann dann zu einer steuerlichen Gesamtbelastung führen, die das ganze Projekt beeinträchtigen kann. Auch verfassungsrechtlich ist eine Obergrenze der Besteuerung geboten.

Kirchhof: Danke. In der Tat: Wenn wir keine Einkunftsarten mehr haben, haben wir keine Sonderbereiche, in denen man Verluste einsperren kann. Die örtlichen Verbrauch- und Aufwandsteuern, etwa die Vergnügungsteuer, die Hundesteuer, die haben wir thematisch ausgeblendet. Unser Vorschlag richtet sich an den Bundessteuergesetzgeber. Das Schicksal der Grunderwerbsteuer beunruhigt uns sehr. Hier ist in Deutschland eine systematische Reform gelungen, die auf alle Ausnahmen verzichtet und dementsprechend die Steuersätze senkt. Diese Steuersenkung ist nun gänzlich verloren gegangen. Ähnliche Erfahrungen sind in den USA mit der Reaganschen Steuerreform bekannt, die alle Ausnahmen abgeschafft und einen Spitzensteuersatz von 28% eingeführt hat. Heute ist dieses Recht wieder höchst kompliziert und widersprüchlich. Deswegen schlägt unser Entwurf vor, das Gesetz, wenn es im Bundesgesetzblatt steht, die nächsten 10 Jahre nicht zu ändern. Das ist natürlich keine rechtlich verbindliche Aussage, weil der Gesetzgeber von heute nicht den Gesetzgeber von morgen binden kann. Aber es ist ein politisch-pragmatischer Anspruch. Wenn es gelingt, ein Gesetz 10 Jahre in seiner Schlichtheit und Einfachheit wirken zu lassen, dann kommt keiner mehr auf die Idee, das wieder zu ändern. Herr Reimer, bitte.

Reimer: In Fortentwicklung des Karlsruher Entwurfs eines „Einkommensteuergesetzbuchs" von 2003 konzipiert das Zweite Buch des Bundessteuergesetzbuchs (§§ 42-72 BStGB) die Einkommensteuer, in die nicht nur die bisherige Einkommensteuer und die Körperschaftsteuer, sondern mit der Kommunalen Zuschlagsteuer auch ein Surrogat für die bisherige Gewerbesteuer und den kommunalen Anteil an der Lohn- und Einkommensteuer integriert ist.

Das Vereinfachungspotenzial des neuen einheitlichen Einkommensteuerrechts liegt indes nicht allein in dieser mehrfachen Integrationsleistung. Es liegt ebenso, vielleicht sogar primär im Innenleben des bisherigen Einkommensteuerrechts: im Verzicht auf Differenzierungen zwischen den bisher sieben Einkunftsarten, in der Bewältigung der vielfältigen Probleme, die sich aus der Existenz stiller Reserven und stiller Lasten ergeben (programmatische Ausrichtung auf eine fair-value-Bewertung), und in der Anwendung eines einheitlichen, auch über die Zeit stabilen Steuersatzes auf alle Einkünfte. Jedes dieser zentralen Merkmale des nun vorliegenden Entwurfs verdient nähere Analyse und Würdigung. Die nachfolgenden Überlegungen reflektieren einzelne dieser zentralen Merkmale

– einerseits am Maßstab ihrer Systemrationalität, für die ich exemplarisch die normtheoretischen Mikrostrukturen und die staatsrechtlich-demokratischen Makrostrukturen behandle;
– andererseits mit Blick auf die Funktionsfähigkeit des Bundessteuergesetzbuchs im offenen, auf internationale Zusammenarbeit angelegten und angewiesenen Finanz- und Steuerstaat.

B. Rationalität

Reimer:

1. Tatbestandsaufbau

Die normative Beschränkung auf eine Einkunftsart macht die qualitative Unterscheidung zwischen den Einkunftsarten im Grundsatz entbehrlich. Allerdings bedeutet die Einzigart der Einkunftsart nicht den Verzicht auf jede interne Strukturierung. Auch das Bundessteuergesetzbuch kennt auf der Ebene der Einkunftsermittlung einen Dualismus der Einkünfte (§ 44 BStGB) und greift im Übrigen vielfältig auf Parameter der einzelnen Vermögensmehrungen oder Aufwendungen zurück – sei es, um ihre Steuerbarkeit zu begründen, sei es, um ihre personale, territoriale oder temporale Zuordnung zu fixieren oder um die Veranlassungszusammenhänge zu bestimmen, die für die Abgrenzung der steuerlich relevanten (Erwerbs- oder Privat-)Sphäre von der steuerlich irrelevanten (Privat-)Sphäre vorgreiflich sind.

Bemerkenswert sind dabei die Ansätze, die das Bundessteuergesetzbuch für diesen Zugriff auf Parameter der Vermögensmehrungen wählt. Weil Vermögensmehrungen zumeist einen diffusen, äußerlich neutralen Charakter haben (ihr sichtbarer Ausdruck sind die Mehrung des Geldvermögens, u.a. im Fall der geldwerten Vorteile[12] und bei bilanzierenden Steuerpflichtigen, aber u.U. auch die Mehrung des Sachvermögens), muss die Steuernorm die hinter der Vermögensmehrung liegenden Umstände in Betracht ziehen.

Welche Anknüpfungen für eine Dogmatik der modernen Einkommensteuer dienlich sein können, hat Paul Kirchhof in einer wegweisenden Kommentierung des geltenden Rechts erläutert[13]: Hinter dem Erfolgstatbestand wird ein Handlungstatbestand erkennbar, dem wiederum ein Zustandstatbestand zugrunde liegt. Diese Trias prägt als zentrale Vorstrukturierung auch das Bundessteuergesetzbuch,

---

12 § 44 Abs. 3 BStGB.
13 *Kirchhof,* in: Kirchhof/Söhn/Mellinghoff, EStG, § 2 Rn. A 75ff.

wenn es das Einkommen (§ 43 Abs. 1 BStGB) auf ein Erwerbshandeln (§ 43 Abs. 2 BStGB), dieses wiederum auf eine Erwerbsgrundlage zurückführt (§ 43 Abs. 3 BStGB).

In diesem Dreischritt trägt die Beschränkung auf eine Einkunftsart der Indifferenz und der vollen Kommensurabilität des Erfolgstatbestands Rechnung: „Euro ist Euro". Im Tatbestandsaufbau der Einkommensteuer kommt dem Erfolgstatbestand eine zentrale Bündelungsfunktion zu: Hier laufen die Fäden der unterschiedlichen Quellen, Orte und Zeiten zusammen; und von hier aus verzweigt sich später die weitere Prüfung im Dualismus der Einkunftsarten auf der Ebene der Bemessungsgrundlage. In der gedachten Einheitlichkeit des Erfolgstatbestands liegt damit auch der eigentliche Grund für die Beschränkung auf eine Einkunftsart.

Für die oben genannten qualitativen Zuordnungen bedarf es aber notwendig des Rückgriffs auf den Handlungs- oder sogar den Zustandstatbestand. Diese beiden Anknüpfungspunkte stehen zueinander nicht in einem strengen und symmetrischen Stufenverhältnis. Vielmehr ist das Element eines menschlichen Handelns bei den Kapitaleinkünften notwendig schwächer ausgeprägt als bei den Arbeitseinkünften; für die Erwerbsgrundlage ist es umgekehrt. Arbeitseinkünfte lassen sich regelmäßig durch das Erwerbshandeln – dem zentralen Merkmal des Handlungstatbestands – einer Person, einer Quelle, einem Ort und einer Periode zuordnen. Alle Vermögensmehrungen aus der Nutzung eines Wirtschaftsguts (Fruchtziehung) oder aus einer Verfügung über dieses Wirtschaftsgut (Veräußerung, Umstrukturierung) sind demgegenüber fundierte, primär auf dem Kapitaleinsatz beruhende Einkünfte; ihre Zuordnung bedarf eines verstärkten Durchgriffs auf die Erwerbsgrundlage als Zustandstatbestand.

Aber sind es allein die Vermögensmehrungen, die durch den dreistufigen Aufbau des sachlichen Einkommensteuertatbestands in dieser Weise Konturen gewinnen? Intuitiv vermutet man in einem rationalen, der Symmetrie von Erwerbserlösen[14] und Erwerbskosten[15] verpflichteten Gesetzentwurf, dass sich die Trias aus Erfolgs-, Handlungs- und Zustandstatbestand auch auf der Aufwandsseite spiegelt.

In der Tat ist die Erwerbsaufwendung (§ 44 Abs. 2 Satz 2 BStGB) für sich genommen das Korrelat zu dem unspezifischen Erfolgstatbestand; dieser ist – nun mit umgekehrtem Vorzeichen – die notwendige Durchgangsstation zu der anschließenden Quantifizierung, aus der sich die Bemessungsgrundlage ergibt. Die steuerliche Qualifizierung der Erwerbsaufwendungen (bei den Überschusseinkünften: Erwerbsausgaben) wird ebenfalls erst durch die ergänzende Berücksichtigung bestimmter Parameter der Vermögensminderung möglich. Bei den Ge-

---

14 Oberbegriff zu Erwerbserträgen und Erwerbseinnahmen; siehe §§ 43 Abs. 3, 44 Abs. 1 BStGB.
15 Oberbegriff zu Erwerbsaufwand und Erwerbsausgaben; auch hierzu §§ 43 Abs. 3, 44 Abs. 1 BStGB.

winneinkünften folgt das für den Handlungstatbestand unmittelbar aus der Definition des § 44 Abs. 2 Satz 2 BStGB, nach der „Erwerbsaufwendungen" diejenigen Vermögensminderungen sind, die der Steuerpflichtige durch sein Erwerbshandeln veranlasst. Im Bereich der Quelleneinkünfte (Überschusseinkünfte) nimmt die Definition des Ausdrucks „Erwerbsausgaben" § 44 Abs. 3 Satz 3 BStGB dagegen konstruktiv den Umweg über das „Erzielen von Erwerbseinnahmen"; im Begriff der Erwerbseinnahmen ist dann aber das Merkmal des Erwerbshandelns enthalten (§ 44 Abs. 3 Satz 1 BStGB).

Allein der Zustandstatbestand taucht hier nicht auf. Als Humus des Erwerbs wird er als Aktivposten gedacht; schon begrifflich ist ihm eine ausschließlich positive Funktion eigen: Erwerbsgrundlage ist „eine zur Vermögensmehrung bestimmte und geeignete Einkunftsquelle"[16]. Damit erlangt der Zustandstatbestand eine die Erwerbserlöse und Erwerbskosten verklammernde Funktion. In einer pyramidalen Vorstellung des sachlichen Einkommensteuertatbestands bildet der Zustandstatbestand die noch ungeteilte, jeder Verzweigung in Plus und Minus vorausliegende Spitze der Pyramide. Frühestens mit dem Handlungstatbestand kommt es zu einer Gabelung zwischen Erwerbserlösen und Erwerbskosten – wobei selbst dies nicht als zwingend erscheint: Fasst man den Handlungstatbestand (das „Erwerbshandeln" als „Nutzung von Erwerbsgrundlagen, um Einkünfte am Markt zu erzielen": § 43 Abs. 3 Satz 2 BStGB) makroskopisch weit, bezieht ihn also abstrakt auf den Inbegriff aller beruflichen oder betrieblichen Handlungen und nicht – gleichsam mikroskopisch – auf einzelne Handgriffe oder Transaktionen, so ist auch der Handlungstatbestand noch ein ungeteiltes Ganzes, dem eine ausschließlich positive Funktion eignet. In der Tat liegt dem Bundessteuergesetzbuch dieses weite und abstrakte Verständnis des Ausdrucks „Erwerbshandeln" zugrunde. Das zeigt sich – außer in §§ 43, 44 BStGB – sehr deutlich auch in den Vorschriften zur internationalen Abgrenzung in § 62 BStGB, auf die gleich noch zurückzukommen ist (unten 2.).

2. Demokratische Rationalität

Reimer:
Die demokratische Rationalität des Bundessteuergesetzbuchs zeigt sich – soweit die Einkommensteuer betroffen ist – vor allem auf dem Feld der Kommunalen Zuschlagsteuer. Es ist mutig und richtig, die Bürger einer Gemeinde selber entscheiden zu lassen, wie hoch die Steuern in der Gemeinde sein sollen. Heute geschieht dies allein bei der Grundsteuer, der Gewerbesteuer und den örtlichen Ver-

---

16 § 43 Abs. 3 Satz 3 BStGB.

brauch- und Aufwandsteuern – und auch hier nur in Grenzen. Im Hinblick auf die Einkommensteuer schienen die Kommunen die demokratische Partizipation zu fürchten wie der Teufel das Weihwasser. Politökonomisch gesprochen: Unter Anleitung der kommunalen Spitzenverbände formen sie ein wohlorganisiertes Kartell, lassen im Verbund mit den Ländern alle wichtigen Steuergesetzgebungskompetenzen konzentriert beim Bund und machen damit den für das Gelingen der Demokratie, aber auch die Nachhaltigkeit der Haushaltswirtschaft zentralen Konnex einer Globaläquivalenz von kommunalen Leistungen und Gewährleistungen und deren Preis – der Steuer – unkenntlich.

Das Bundessteuergesetzbuch setzt dem Freiheit und demokratische Verantwortung der Bürger entgegen. Dieses Gegenmodell wirkt zugleich mäßigend. Vielleicht ergeben sich die interessanteren Begrenzungseffekte und auch Begrenzungspotentiale künftig nicht mehr aus grundrechtlichen oder gesetzlichen Begrenzungen, etwa absoluten Belastungsobergrenzen, sondern aus der Rationalität des demokratischen Gemeinwesens mit einem aufgeklärten, für Fragen der Nachhaltigkeit sensibilisierten Souverän. Rat und Verwaltung werden sich stärker als bisher in ihrem Finanzgebaren verantworten müssen, sobald die Bürger künftig – gemeinsam mit der Lohnsteuer – monatlich einen individuellen, von Kommune zu Kommune divergierenden Steuerzuschlag an die Betriebsgemeinde zu entrichten haben (§ 67 BStGB). Zugleich werden durch die Verbreiterung der kommunalen Finanzierungsbasis die hohen Volatilitäten des Gewerbesteueraufkommens der Vergangenheit angehören. Mit der Zuschlagsteuer erlangen die Kommunen – wiederum im Interesse einer nachhaltigen Haushaltswirtschaft – eine deutlich höhere Stetigkeit ihrer Steuereinnahmen als im geltenden Recht.

3. Internationalität

Reimer:

Hervorzuheben ist aber auch die internationale Offenheit des Bundessteuergesetzbuchs. Keine staatliche Steuerrechtsordnung ist schon für sich genommen so anschlussfähig an jede (reale) andere, dass Friktionen in der Behandlung grenzüberschreitender Fälle ausbleiben: Stets drohen Doppelbesteuerung und Doppelnichtbesteuerung, die Doppelberücksichtigung von Aufwendungen und ihre Doppelnichtberücksichtigung, Entstrickung und Verstrickung, ferner Disparitäten in der Subjekt- oder Objektqualifikation, Konflikte bei der räumlichen oder zeitlichen Zuordnung von Einkünften, schließlich ungerechtfertigte Vorteile des Steuerpflichtigen auf Ebene des Tarifs und ungerechtfertigte Nachteile bei der Auferlegung steuerlicher Nebenpflichten.

Die immanente Leistungsfähigkeit eines (Außen-)Steuerrechts ist aber auch nicht das entscheidende Kriterium für die Beurteilung seiner Qualität. Bedeutsam erscheint vielmehr die Anpassungsfähigkeit, die die staatliche Steuerrechtsordnung in ihrem Zusammenspiel mit den völkerrechtlichen Regeln der Doppelbesteuerungsabkommen (DBA) zeigt. Zwar fällt in der Tat auf, dass die DBA andere Kategorisierungen treffen als das Bundessteuergesetzbuchs. Das ist indes keine Besonderheit des Bundessteuergesetzbuchs. Auch im geltenden Einkommensteuerrecht gibt es Einkunftsarten, die den DBA fremd sind – etwa die Einkünfte aus selbständiger Arbeit: Die OECD hat den alten Art. 14 bereits im Jahr 2000 aus ihrem Musterabkommen gestrichen. Insofern haben die DBA längst gezeigt, dass eine Reduktion von Einkunftsarten möglich, ja tunlich ist; in diesem Punkt vollzieht das Bundessteuergesetzbuch also nach, was die OECD vorgezeichnet hat. Viel bedeutender als diese – eher feuilletonistische – Beobachtung erscheint mir der theoretische Maßstab: Gibt es ein Desiderat der internationalen Einkunftsartenkongruenz? Innerhalb der Abkommensanwendung mag man die einheitliche Qualifikation ein und derselben Vermögensmehrung durch beide Vertragsstaaten im Sinne einer Entscheidungsharmonie in der Tat für hilfreich, vielleicht sogar für geboten erachten. Für das Zusammenspiel von innerstaatlichem Recht und Abkommensrecht ist indes die Einheitlichkeit der Qualifizierung von Einkünften ihrer Art nach gänzlich irrelevant. Die DBA folgen ohnehin einer eigenen Kategorisierung; ihrer Funktion nach sind sie nicht darauf angewiesen, dass die beiden Vertragsstaaten (oder auch nur einer von ihnen) die abkommensrechtliche Qualifikation auch in seinem innerstaatlichen Recht vornimmt oder nachvollzieht. Es ist also unproblematisch, dass die DBA Einkunftsarten und Demarkationslinien verwenden, die dem innerstaatlichen (auch: dem heute bereits geltenden) Recht ganz oder teilweise fremd sind. Wer einen grenzüberschreitenden Raum betritt, muss eben Übersetzungsleistungen erbringen.

Weiteres Potenzial weist das Bundessteuergesetzbuch in dem Nebeneinander seiner Regeln über die internationale und die interkommunale Einkunftsabgrenzung auf. Für die internationale Abgrenzung kommen Annäherungen seiner Regeln an die DBA und an die Musterabkommen der OECD und der Vereinten Nationen in Betracht. Diese Annäherungen können bis hin zur Verwendung dynamischer Verweise gehen – etwa für basale Konzepte wie die Betriebsstätte[17]. Mit derartigen Verweisungen würden Besteuerungslücken ausgeschlossen, die sich im geltenden Recht (und auch unter Geltung des § 40 BStVO) ergeben, sobald ein DBA in Inbound-Fällen einem gebietsfremden Unternehmen eine inländische Betriebsstätte zuschreibt, während das innerstaatliche Recht (gegenwärtig § 12 AO) die Schwelle zur Annahme einer inländischen Betriebsstätte noch nicht als überschritten ansieht.

---

17 Derzeit § 40 BStVO („jede feste Geschäftseinrichtung, die der Erwerbstätigkeit eines Unternehmens dient").

Lässt sich ein in dieser Weise dem Völkerrecht geöffneter Abschnitt über die internationale Abgrenzung – in Überwindung der bislang bestehenden Unterschiede – mit dem Abschnitt des Bundessteuergesetzbuchs über die interkommunale Einkunftsabgrenzung zusammen führen? Beide Abschnitte lassen sich in ihren Anliegen sehr klar auf gemeinsame Grundgedanken zurückführen. Immerhin immunisiert das Bundessteuergesetzbuch durch eine formale Trennung der beiden Regelwerke die interkommunale Abgrenzung gegen Überwirkungen aus Doppelbesteuerungsabkommen. Weil und soweit die Kommunale Zuschlagsteuer keine die Staatsgrenzen überschreitenden Bezüge aufweist, fehlt es zudem an einem anwendbaren DBA; anzuknüpfen wäre dann etwa an das OECD-MA. Dann verblieben zwar (minimale) Disparitäten, sobald ein bilaterales DBA (auf das es für die internationale Einkunftsabgrenzung ankommt) von dem OECD-MA (auf das es für die interkommunale Abgrenzung ankäme) abweicht. Diese Disparitäten sind indes unschädlich. Das heute drängende Problem, dass Deutschland eine ihm abkommensrechtlich überlassene Besteuerung nicht realisiert, wäre wirksam gelöst.

Die Rationalität des Zweiten Teils des Bundessteuergesetzbuchs ist in der Klarheit seiner normtheoretischen Mikrostrukturen ebenso zu beobachten wie in der Stärkung der demokratischen Transparenz namentlich der kommunalen Finanzhoheit. Hier verbinden sich legistische Qualität mit einem Mehr an bürgerlicher Partizipation. In seinen Auslandsbezügen sind die Neuerungen, die das Einkommensteuerrecht des Bundessteuergesetzbuchs transportiert, weniger spektakulär. Seine hier – notwendig nur exemplarisch – beleuchteten Rechtsinstitute fügen sich aber passgenau in den völkerrechtlichen Rechtsrahmen ein.

4. Erwerbsgrundlage

Kirchhof: Herzlichen Dank, insbesondere auch für Ihre Überlegungen zum Internationalen Steuerrecht. Bei unseren Diskussionen mit den Gemeinden sagen die Bürgermeister, die Höhe der Zuschlagsteuer wird in unseren Gemeinderäten und unter den Bürgern eine lebhafte Debatte auslösen. So soll es sein. Auch der Bürger vor Ort erlebt seine Demokratie, weiß, das Geld fällt nicht als Manna vom Himmel, sondern der Staat kann als Wohltäter nur geben, was er vorher steuerlich genommen hat. Man erfährt, wenn die Bürger bessere Schulen, bessere Straßen, ein Stadion, ein Theater haben wollen, kostet das zwei Punkte mehr. Wenn sie zwei Punkte sparen wollen, gibt es kein Stadion, kein Theater, vielleicht auch keine besseren Schulen. Wenn dieses Erlebnis vor Ort eingeübt wird, kann das Steuerrecht einen elementaren Beitrag zur Demokratie leisten. Das ist gewollt. Das haben wir in unserer Arbeitsgruppe diskutiert, in der alle Typen von Städten, große und kleine, im Finanzausgleich zahlende und nichtzahlende, Wohnstädte, Industriestädte, Mittelpunktstädte vertreten waren. Die Steuer ist nicht irgendeine formale Finanzie-rungstechnik, sondern die Steuer ist das Gesicht dieses Staates, wenn es um den Pflichtenstatus geht.

Herr Spengel, uns verbindet die Frage nach den Steuerwirkungen. Der Jurist fragt immer wieder nach den Wirkungen, hat aber mehr den Grundrechtsträger, die einzelne Person, den Betroffenen im Blick. Sie als Betriebswirt haben die gesamt-wirtschaftlichen Wirkungen, die Wirkungen für Wachstum und Prosperität im Blick. Deswegen ist es besonders interessant, jetzt von ihnen im ersten Schritt zu hören, was sie über unsere eine Einkunftsart statt der sieben Einkunftsarten denken.

Spengel: Zunächst möchte ich Ihnen, lieber Herr Kirchhof, zu dem Entwurf eines Bundessteuergesetzbuches gratulieren. Ihn zu studieren, hat mich einiges an Zeit gekostet. Ich möchte nicht behaupten, dass ich die Einkommens- und Unter-nehmensbesteuerung bis in das letzte Detail durchdrungen habe, aber die wesens-begründeten Grundlagen sollten mir klargeworden sein.

Durch die Abschaffung der sieben Einkunftsarten soll die Einkommensbesteue-rung vereinfacht, transparenter und fairer werden. Ich bin skeptisch, ob dies gelin-gen kann. Zunächst ist festzustellen, dass die derzeitigen Einkunftsarten durch nicht abschließend aufgezählte Erwerbsgrundlagen ersetzt werden. Eine Erwerbsgrund-lage ist eine zur Vermögensmehrung bestimmte und geeignete Einkunftsquelle. Als Beispiele nennt das Bundessteuergesetzbuch eine Landwirtschaft, eine Forst-wirtschaft, einen Gewerbebetrieb, Finanzkapital, eine freiberufliche Praxis, einen Arbeitsplatz oder ein Mietgrundstück. Vermutlich ist diese Aufzählung nicht ab-schließend.

Ich befürchte, dass die Einkommensbesteuerung aufgrund der vorgesehenen Differenzierung nach Einkunftsquellen eher komplizierter als einfacher wird. Dies soll anhand eines einfachen Beispiels für den Fall privater Kapitalanlagen ver-deutlicht werden. In Zeiten der anhaltenden Finanz- und Schuldenkrise sollte man sein Kapital möglichst sicher anlegen. In Betracht kommen etwa Anlagen in Roh-stoffe und Immobilien sowie bestimmte (sichere) Staatsanleihen. Erwirbt ein In-vestor hierzu Anteile eines Fonds, also ein Wertpapier, das genau diese drei An-lageformen abbildet, verfügt er über eine Erwerbsquelle, nämlich die Fondsanteile. Bevorzugt ein Investor hingegen unmittelbare Anlagen, etwa um Provisionen zu sparen, und erwirbt Gold, eine Eigentumswohnung sowie Bundesschatzbriefe, verfügt er demgegenüber über drei Erwerbsquellen. Wirtschaftlich gesehen, be-stehen zwischen beiden Anlageformen keine Unterschiede. Deswegen sollten auch die gleichen Besteuerungsfolgen eintreten, was allerdings nicht der Fall ist. Stellen wir uns zur Veranschaulichung vor, dass die Wertentwicklung der Kapitalanlagen unterschiedlich ist: Der Goldpreis möge fallen, die Immobilie im Wert steigen und die Bundesschatzbriefe werfen Zinserträge ab. Verfügt der Investor über eine ein-zige Erwerbsquelle, also die Fondsanteile, können die Erträge und Aufwendungen oder die erlittenen Verluste auch über die Zeit stets miteinander verrechnet werden. Hingegen ist bei unterschiedlichen Erwerbsquellen kein Verlustabzug vorgesehen. Vielmehr können nicht ausgeglichene Verluste nur mit positiven Einkünften künftiger Veranlagungszeiträume derselben Erwerbsquelle oder Erwerbsgrundlage verrechnet werden. Als Konsequenz hiervon sind Verluste für jede Erwerbsgrundlage separat festzustellen und fortzuschreiben.

Mit Blick auf die Verlustverrechnung begünstigt die Besteuerung somit Steuerpflichtige, deren Einkünfte ausschließlich in einer Erwerbsgrundlage entstehen, gegenüber Steuerpflichtigen, deren vergleichbare Einkünfte in unterschiedlichen Erwerbsgrundlagen entstehen. Eine solche Besteuerung empfinde ich als unfair und, technisch gesprochen, nicht folgerichtig.

Auffällig ist weiterhin, dass Grundstücke durchweg eine spezielle Erwerbsquelle darstellen. Für Grundstückserträge ist eine Pauschalbesteuerung vorgesehen. Stets sind 40 Prozent der Kaltmiete steuerpflichtig. Finanzierungskosten sowie weitere Erwerbsaufwendungen sind nicht abzugsfähig. Bei näherem Studieren der Bilanzordnung stellt man fest, dass ein Grundstück sogar innerhalb eines Unternehmens, einer steuerjuristischen Person, eine eigenständige Erwerbsquelle bildet. Es ist somit nicht auszuschließen, dass in steuerjuristischen Personen undefiniert viele Erwerbsquellen vorhanden sein können. Man muss nicht ausschließlich multinationale Konzerne als Beispiel anführen um festzustellen, dass eine Besteuerung von Unternehmen auf der Grundlage einer solch zersplitterten Bemessungsgrundlage nicht praktikabel ist.

Zusammengefasst ist festzuhalten, dass der Ersatz der derzeit sieben Einkunftsarten durch eine nicht abschließend umschriebene Anzahl unterschiedlicher Erwerbsgrundlagen im Hinblick auf die diesbezüglich differenzierende Einkünfteermittlung, den Verlustabzug sowie den Abzug von Kosten eine zunehmende Schedularisierung der Einkommensteuer mit sich bringt. Damit wird die beabsichtigte umfassende Vereinfachung der Besteuerung konterkariert und es kommt zu zahlreichen Verstößen gegen das objektive Nettoprinzip.

Kirchhof: Schönen Dank. Das Kernanliegen unseres Entwurfs ist die gleiche Belastung aller Einkünfte. Dieses Ziel wird vor allem durch den Verzicht auf sieben Einkunftsarten erreicht. Wenn wir dann insbesondere bei der Ermittlung von Gewinn und Überschuss und beim Quellenabzug Unterscheidungen brauchen, rechtfertigen sich diese jeweils aus der dort geregelten Rechtsfolge. Die Erwerbsgrundlage führt nicht Einkunftsarten wieder ein, bezeichnet für die von ihnen vor allem beobachteten Betriebe grundsätzlich das gesamte, nach Gesellschaftsrecht zuzurechnende Betriebsvermögen eines Betriebes. Bei den Verlusten kann jede natürliche Person ihre Einkünfte miteinander verrechnen. Die juristische Person hat eine Erwerbsgrundlage. Besonderheiten gelten dann auf einer nächsten Stufe der Differenzierung für den Finanzmarkt, bei dem Anleger hochspekulative Risiken eingeht, die der Staat nicht mitträgt, weil er in seinem Finanzgebaren nicht auf Spekulation angelegt ist und sein darf. Bei Grundstücken findet das Steuerrecht die Besonderheit vor, dass die Aufwendungen in das Grundstück in der Regel sowohl den Substanzerhalt als auch den Erträgen dienen, ohne dass diese Aufwendungen sach- und periodengerecht zugeordnet werden können. Hier schafft eine Typisierung ähnlich wie die Abschreibungssätze oder der Steuertarif mehr Steuergleichheit, als eine individualisierende Ermittlung der jeweiligen individuellen Leistungsfähigkeit erreichen könnte.

Zur Verlustverrechnung darf ich noch folgendes ergänzen: Der Verlustvortrag ist der Höhe und der Zeit nach unbegrenzt. Wir kennen keinen Verlustrücktrag, weil wir sehr dafür streiten, wieder einen bestandskräftigen Verwaltungsakt zu haben. Gegenwärtig gibt es praktisch keine bestandskräftigen Bescheide. Es kann dem Unternehmer von heute eine Steuernachforderung für das Jahr 2001 erreichen, weil sein Bescheid immer irgendeinen Vorbehalt enthält. Bei uns gilt das Prinzip der Selbstveranlagung und diese Veranlagung wird, wenn das Finanzamt innerhalb eines Monats nicht widerspricht, zum bestandskräftigen Bescheid. Das ganze Bemühen geht dahin, die Rechtskultur eines bestandskräftigen Verwaltungsakts wiederherzustellen. Deswegen haben wir keinen Verlustrücktrag.

C. Die steuerjuristische Person

Kirchhof: Ich würde gerne einen weiteren Punkt ansprechen, die steuerjuristischen Person. Das Grundgesetz, Art. 9 GG, garantiert die Vereinigungsfreiheit. Die Verfassung bietet an, eine OHG, eine GmbH, eine Aktiengesellschaft zu wählen, wie es beliebt. Diese Freiheit geben wir gegenwärtig an den Toren des Steuerrechts ab. Wenn ein Firmengründer zum Steuerberater käme, um eine KG zu gründen, dann würde der Berater einwenden, diese Organisationsform sei viel zu teuer. Dann wählt der Mandant eine GmbH, erhält aber die Antwort, auch dies kommt nicht in Frage, eine GmbH sei viel zu teuer. So gründet er eine GmbH & Co. KG, die Personengesellschaft mit beschränkter Haftung, die es nach dem Zivilrecht nicht gibt, aber im Steuerrecht seit 1912 durchaus eingeführte Praxis ist. Wir wollen dem Bürger die Vereinigungsfreiheit auch im Steuerrecht zurückgeben, verselbstständigen deshalb jede Personenmehrheit, die erwirbt. Wenn zwei Brüder ein Taxi fahren, der eine tagsüber, der andere in der Nacht, bilden sie eine BGB-Gesellschaft und damit eine steuerjuristischen Person. Gleiches gilt für die anonyme Publikumskapitalgesellschaft, die Aktiengesellschaft mit 10.000, 100.000 Aktionären, die sich nicht kennen. Jede Erwerbsgemeinschaft ist für sich genommen zu einem Subjekt, zu einer steuerjuristischen Person verselbstständigt. Dort wird die Steuer erklärt, dort wird sie berechnet, dort wird sie selbst veranlagt, dort wird sie bezahlt und, wenn es sein muss, auch vollstreckt. So kann sich jeder organisieren, wie er es mag. Das Steuerrecht hindert ihn nicht.

Wir haben die Körperschaftsteuer voll in die Einkommensteuer integriert. Der Mensch ist ein Einkommensteuersubjekt und die steuerjuristische Person ist ein Einkommensteuersubjekt. Wir haben damit eine fundamentale Vereinfachung erreicht. Wenn dann der Gewinn bei der steuerjuristischen Person besteuert ist und an den Aktionär weitergegeben wird, an den Gesellschafter, Kapitalgeber, ist das die Weitergabe von schon versteuertem Gewinn, von Vermögen, also steuerlich unerheblich. Das geltende Recht wird fundamental versachlicht. Probleme der Doppelbelastung – Gesellschaft und Kapitalgeber – entfallen. Wir besteuern dort, wo die Experten sitzen, wo der Vorstand nach dem Vielaugenprinzip verantwortet, wo der Berater, der Wirtschaftsprüfer tätig ist. So gelingt auch für das Verhältnis von Inland und Ausland eine gewaltige Vereinfachung, wenn wir bei der juristischen Person besteuern. Die Weitergabe ins Ausland interessiert den Staat nicht mehr, weil er seine Rechnung bereits beglichen hat. Auch das ist eine elementare Erleichterung, die in der Struktur unseres Systems angelegt ist und die Verselbstständigung von Einkommensteuer und Körperschaftsteuer in Frage stellt. Diese wollen wir erübrigen. Ich darf die Runde eröffnen.

Mellinghoff: Für mich ist das vielleicht der mutigste und auch der innovativste Schritt, der gegangen wird. Er ist ein wenig angelegt in der geltenden Rechtsentwicklung, die auch darauf zielt, dass die BGB-Gesellschaft im Zivilrecht verselbstständigt wird. Der Entwurf ist in diesem Bereich sehr konsequent und setzt auf eine Loslösung von Vorgaben des Zivilrechts. Es gibt aber zwei Fragen, die mich in diesem Zusammenhang beschäftigen: Die erste Frage ist die des Übergangs. Wie wird dieses Problem bewältigt? Die herkömmlichen Strukturen müssen in das neue Besteuerungssystem eingepasst werden. Der Entwurf zeigt auch, dass man natürlich den kleinen Inhaber eines Zeitungskiosks nicht mit dem Siemenskonzern gleichbehandeln kann. Deswegen enthält der Entwurf in zahlreichen Bereichen Sonderregelungen: z.B. bei der Veräußerung von Anteilen einer Beteiligung, bei der Bilanzordnung oder bei der Gewinnermittlung. Das Ganze ist abhängig davon, dass es einen einheitlichen Steuersatz zwischen der steuerjuristischen Person und der natürlichen Person gibt. Ich persönlich würde sagen, wir sollen dieses Experiment wagen und mit Begierde darauf schauen, wie es funktioniert.

Lang: Im Hinblick auf das internationale Steuerrecht bin ich skeptisch, ob eine Einkommensteuer für „steuerjuristische Personen" sinnvoll ist. In den Doppelbesteuerungsabkommen ist ein Dualismus von Einkommensteuer und Körperschaftsteuer festgelegt mit den unterschiedlichen Rechtsfolgen der transparenten Besteuerung von Personenunternehmen nach Art. 7 OECD-Musterabkommen und der Dividendenbesteuerung nach dem Trennungsprinzip (Art. 10 DBA-Musterabkommen). Wir haben in der Kommission „Steuergesetzbuch" eine allgemeine Unternehmensteuer entwickelt, die als Ersatz für die Gewerbesteuer doppelbesteuerungsrechtlich akzeptabel ist, weil ihr als Objektsteuer nur inländische Betriebe unterworfen sind. Gleichwohl bereitet auch eine lokale allgemeine Unternehmensteuer große doppelbesteuerungsrechtliche Probleme, wie ich bei meinem letzten Aufenthalt in Brasilien erfahren habe, wo die allgemeine Unternehmensteuer praktiziert wird.

Der zweite Punkt ist die internationale Wettbewerbsfähigkeit der deutschen Unternehmensbesteuerung. Die Steuerbelastung von steuerjuristischen Personen durch die Einkommensteuer und die kommunale Zuschlagsteuer dürfte deutlich mehr als 30 Prozent betragen und somit die internationale Wettbewerbsfähigkeit der Besteuerung von Kapitalgesellschaften spürbar verschlechtern. Die in dem Bundessteuergesetzbuch nicht mehr vorgesehenen örtlichen Verbrauch- und Aufwandsteuern machen nur 1,3 Prozent des Haushalts einer Kommune aus. Fiskalisch unverzichtbar ist meines Erachtens die Grundsteuer. Ihr Ersatz würde Kommunalzuschläge von etwa 10 Prozent erfordern. Die Unternehmensteuerbelastung läge dann bei international nicht mehr wettbewerbsfähigen 35 Prozent. Im Übrigen wäre das Kommunalsteueraufkommen sehr volatil, weil die Einkommen konjunkturell stark schwanken, abgesehen von der Benachteiligung der großen Städte mit sozialen Brennpunkten, wo zu wenige Einkommen erwirtschaftet werden, um die den Gemeinden aufgebürdeten Soziallasten finanzieren zu können. Die Gemeinden sind dann zu abhängig vom kommunalen Finanzausgleich.

Das früher befürchtete Race-to-the-Bottom ist nicht eingetreten. Gleichwohl muss ein Steuersystem Unternehmensteuerbelastungen von unter 20 Prozent realisieren können. Dies geht nur mit einem Dualismus von klassischer Körperschaftsteuer und progressiver Einkommensteuer. In diesem Dualismus können Gewinne auf der Ebene der Körperschaftsteuer mit einem sehr niedrigen Steuersatz belastet werden, wenn sie bei der Ausschüttung ohne Anrechnung der Körperschaftsteuer mit Einkommensteuer belastet werden. Das deutsche Steuersystem mit einem Körperschaftsteuersatz von 15 Prozent entwickelt sich in diese Richtung. Dies ist mit einem Einheitssteuersatz nicht zu erreichen.

Kirchhof: Danke, Herr Lang. Wir haben uns bei den Überlegungen zum Doppelbesteuerungsabkommen bewusst gemacht, dass die Personengesellschaft in dieser Bedeutung und Stärke in Deutschland, – rund 80% der Erwerbsgemeinschaften sind jedenfalls formal als GmbH & Co KG Personengesellschaften – im Internationalen eher eine Besonderheit ist. Insofern hätten wir eine deutliche Vereinfachung. Wir beobachten sodann beim Europäischen Gerichtshof und beim Verfassungsgericht die Selbstverständlichkeit, mit der die Personengesellschaft als eine juristische Person im Sinne dieses Europa- und Verfassungsrechts verstanden wird.

Lang: Die Personengesellschaft sollte in die Körperschaftsteuer integriert werden, denn sie ist ein rechtlich verselbstständigtes Gebilde. Wenn ich von dem Dualismus der Einkommensteuer und Körperschaftsteuer spreche, dann ordne ich die Personengesellschaft den Körperschaftsteuersubjekten zu.

Kirchhof: Dieses Steuersubjekt muss wegen der persönlichen Bezüge und wegen der Verluste durchlässig bleiben. Dazu schlagen wir ein ganz einfaches System vor. Nicht Beteiligungsgrenzen von 25, 10, 5 oder 1%, damit haben wir schlechte Erfahrungen gemacht. Unser Prinzip ist der Konsens. Wenn die Gesellschaft und der Gesellschafter übereinstimmend erklären, sie wollen durchlässig sein, dann sind sie durchlässig. Diese Erklärung wird die Zwei-Mann-GmbH abgeben, die Publikumskapitalgesellschaft wird sich gegen eine solche Erklärung entscheiden. Wir setzen auf den Konsens und binden dann die Beteiligten fünf Jahre an ihre Erklärungen.

Zur kommunalen Zuschlagsteuer meinen wir, Herr Lang, dass wir mit einem Zuschlag – bei der bereinigten Bemessungsgrundlage – von zwei bis vier Prozent auskommen. Darüber werden wir gleich noch sprechen. Herr Spengel, was würden Sie sagen?

Spengel: Die Integration der Körperschaftsteuer in die Einkommensteuer wird vor allem durch den proportionalen Steuersatz erreicht, der insoweit Rechtsformneutralität und Finanzierungsneutralität sicherstellen kann. Gewinne der steuerjuristischen Person werden abschließend besteuert und Gewinnausschüttungen können steuerfrei bleiben. Es spielt deswegen keine Rolle, ob das Unternehmen als steuerjuristische Person oder als Einzelunternehmen betrieben wird, eine Finanzierung mit Eigen- oder Fremdkapital erfolgt oder etwa eine Gehaltszahlung des Gesellschafter-Geschäftsführers zu Lasten des Gewinns erhöht wird. Der einheitliche Steuersatz gewährleistet insoweit stets Belastungsgleichheit.

Die Integration der Unternehmensbesteuerung in die persönliche Einkommensteuer setzt allerdings auch voraus, dass im Verlustfall ebenfalls eine Belastungsgleichheit der Unternehmensrechtsformen erreicht wird. Im derzeitigen System der Unternehmensbesteuerung ist die Verlustverrechnung an die Haftung gebunden. So können Verluste einer Kapitalgesellschaft im Grundsatz (Ausnahme: Organschaft, bei der die Haftung allerdings ebenfalls systemprägend ist) nicht an den Anteilseigner weitergereicht werden. Bei Kommanditgesellschaften ist die Verlustübernahme des Kommanditisten auf sein steuerliches Kapitalkonto oder die höhere Haftungsübernahme beschränkt.

Das Bundessteuergesetzbuch möchte eine Belastungsgleichheit im Verlustfall durch ein System von Verlustübernahmen und Verlustübergaben sicherstellen. Allerdings misslingt dieses Vorhaben. So sind Verlustübernahmen durch den Beteiligten bei steuerjuristischen Personen nur entsprechend dem Beteiligungsverhältnis möglich. Zur Veranschaulichung soll wiederum ein kleines Beispiel dienen.

Stellen wir uns vor, dass eine natürliche Person unternehmerisch tätig ist, z.B. als Taxifahrer, und in einem Jahr einen Gewinn von 100.000 Euro erwirtschaftet. Aus einer anderen Erwerbsgrundlage soll ein Verlust von 100.000 Euro entstanden sein. Das verfügbare Einkommen, die steuerliche Leistungsfähigkeit, im betrachteten Jahr beläuft sich also auf null. Erfolgt das unternehmerische Engagement in einem Einzelunternehmen, kann der Verlust aus der anderen Erwerbsgrundlage in voller Höhe mit dem Unternehmensgewinn verrechnet werden. Die Besteuerung ist insoweit folgerichtig. Handelt es sich bei der unternehmerischen Tätigkeit dagegen um einen 50%-igen Anteil an einer OHG, betreiben etwa zwei Brüder in dieser Rechtsform ein Taxiunternehmen, kann die OHG nur 50% des Verlustes, also 50.000 Euro, steuermindernd übernehmen. Die natürliche Person kann 50.000 Euro Verlust vortragen. Noch gravierender sind die Besteuerungsunterschiede, falls es sich bei dem Unternehmen um einen tausendstel Anteil am Nennkapital einer AG handelt. Die AG kann ein Tausendstel des Verlusts übernehmen und die natürliche Person kann 99.900 Euro Verlust vortragen. Wir können also feststellen, dass es bei der Verlustübernahme auf die Beteiligungsquoten ankommt.

Im umgekehrten Fall der Verlustübergaben durch Unternehmen und steuerjuristische Personen auf den Beteiligten kommt es wie im geltenden Recht auf die Haftung an. Allerdings sind die Voraussetzungen hierzu strenger als im geltenden Recht. Eine vollständige Verlustübergabe gelingt nur beim Einzelunternehmen. Verluste einer Kommanditgesellschaft können nur auf den Komplementär entsprechend seiner Beteiligungsquote übergegeben werden. Im Gegensatz zum geltenden Recht können Kommanditisten überhaupt keine Verluste mehr geltend machen, nicht einmal mehr in Höhe ihres steuerlichen Kapitalkontos. Eine Kapitalgesellschaft kann Verluste – wie nach bisherigem Recht – nicht auf die Beteiligten übertragen.

Im Ergebnis zeigt sich, dass keine Gleichstellung der Rechtsformen erreicht wird. Vielmehr kommt es nur zu einer Verschiebung der derzeitigen Trennlinie zwischen Transparenz- und Trennungsprinzip auf eine neue Sollbruchstelle zwischen Einzel- und Mitunternehmer. Die bewährte Unterscheidung zwischen natürlichen und juristischen Personen könnte deswegen beibehalten werden, einer steuerjuristischen Person bedarf es insoweit nicht. Hinzu kommen Regelungen hinsichtlich der Besteuerung von Veräußerungserfolgen und der Abzugsfähigkeit von Beteiligungsaufwendungen, welche einer vollständigen Integration der Unternehmens- in die Einkommensteuer und damit einer rechtsformneutralen Besteuerung entgegen stehen. Aus Zeitgründen kann ich darauf leider nicht näher eingehen.

Kirchhof: Viele Kollegen sagen mir, das System von Verlustübernahme und Verlustübergabe sei in unserem Entwurf besonders gelungen. Die Verselbständigung der steuerjuristischen Person wird für die personenbezogenen Abzugsbeträge und die Verluste durch die Möglichkeit der Verlustübernahme und Verlustübergabe wechselseitig transparent, soweit die Beteiligten dieses wollen. Dabei ist selbstverständlich, dass ein Verlust nur jemandem zugeschrieben werden darf, den diesen Verlust tatsächlich treffen kann, der also für den Verlust haftet. Erst der Haftungstatbestand macht den fremden Verlust zu einem eigenen. Insoweit sind der Einzelkaufmann, die Personenmehrheit (einschließlich des Kommanditisten) und die Kapitalgesellschaft je nach Wahrnehmung ihrer Vereinigungsfreiheit gleichgestellt. Beteiligungsquoten sind unerheblich, rechtliche Zurechnungstatbestände selbstverständlich erheblich.

Zur Verlustberücksichtigung geht unser Entwurf davon aus, dass eine natürliche Person ihre Verluste mit positiven Einkünften desselben Veranlagungszeitraums ausgleichen kann (§ 49 Abs. 1), dass bei der steuerjuristischen Person das Unternehmen eine Erwerbsgrundlage bildet. Für die Erwerbsgrundlage wird mit dem zivilrechtlichen Rechtsakt der Gesellschaftsgründung ein Steuersubjekt errichtet (§ 12). Insoweit kommen wir zu anderen Ergebnissen.

Reimer: Vielleicht lässt sich der Gedanke der steuerjuristischen Person als ein Kronjuwel aus dem Gesamtkonzept des Bundessteuergesetzbuchs herauslösen und vorweg verwirklichen? Die steuerjuristische Person könnte insbesondere eine treffende, leistungsfähigkeitsgerechte Behandlung des Einzelunternehmens ermöglichen. Dann verliefe die Sollbruchstelle jedenfalls nicht mehr so, wie Herr Spengel sie gerade beschrieben hat.

Wichtig erscheint mir daneben die Ausbaufähigkeit des Konzepts der steuerjuristischen Person für den Bereich des Internationalen Steuerrechts. Hier tritt die steuerjuristische Person – unscharf formuliert – in Interaktion mit dem Recht der Doppelbesteuerungsabkommen. Nach dem Vorbild der Art. 1, 3 Abs. 1 lit. a und 4 Abs. 1 OECD-MA sehen die DBA als abkommensberechtigt jeden Rechtsträger an, der nach Maßgabe des innerstaatlichen Rechts seines Ansässigkeitsstaats dort kraft territorialer Radizierung einer unbeschränkten Steuerpflicht unterliegt. Exakt diese territoriale Verortung leistet § 4 Abs. 1 Satz 3 BStGB. Damit erhielten steuerjuristische Personen schon nach den geltenden deutschen DBA eine eigene Abkommensberechtigung.

Soweit der andere Vertragsstaat – entsprechend seinem innerstaatlichen Steuerpersonenrecht – nicht die steuerjuristische Person als solche, sondern den oder die hinter ihr stehenden Rechtsträger als Steuerpflichtigen behandelt, kommt es zu einem sog. Subjektqualifikationskonflikt. Er schreckt uns nicht: Derartige Qualifikationskonflikte sind im Bereich von Personengesellschaften, aber auch von Trusts und anderen (teil-)verselbständigten Vermögensmassen ohnehin häufig anzutreffen; mit Hilfe u.a. des OECD-Partnership-Report von 1999 lassen sie sich auf Rechtsanwendungsebene lösen, ohne dass es einer Nachverhandlung der deutschen DBA bedürfte. Insofern fügt sich das Konzept der steuerjuristischen Person nahtlos in das bestehende Netz der deutschen Doppelbesteuerungsabkommen ein.

D. Wegfall von Ausnahmetatbeständen und Steuertarif

Kirchhof: Dankeschön! Ich schlage vor, dass wir die nächsten beiden Punkte zusammenführen. Unser Vorschlag ist, dass wir alle Privilegien-, Lenkungs- und sonstigen Ausnahmetatbestände radikal auf einen Schlag – ansonsten geht es nicht – aus dem Einkommensteuerrecht herausnehmen. Wir brauchen keine Lenkung, weil der Mensch selbst weiß, wie er sein Einkommen und seine Kaufkraft einsetzen soll. Wenn schon Lenkungen, dann sollten Leistungssubventionen, keine Steuersubventionen gewählt werden. Bei der Steuersubvention weiß das Parlament nicht, was sie kostet. Bei der Leistungssubvention ist die Ausgabeermächtigung ausgewiesen. Eine Steuersubvention ist oft eine Subvention zu Lasten fremder Kassen. Bei Gemeinschaftsteuern tragen die Länder die bundesgesetzlich angebotene Subvention zu rund der Hälfte, bei der Erbschaftsteuer zu 100 Prozent. Die meisten Steuersubventionen werden in der progressiven Einkommensteuer ausgereicht: Je höher das Einkommen, desto höher die Subvention. Wer 45 Prozent zahlt, spart pro Euro 45 Cent, der Mittlere 25 Cent und der Kleine null Cent. Das ist offensichtlich absurd und ein fundamentales Gleichheitsproblem. Die Steuerpraxis hat sich auf diese Subventionsbemessung fast gedankenlos eingelassen, sie nicht genug reflektiert.

Wenn wir alle Ausnahmen und Privilegien wegnehmen, können wir die Bemessungsgrundlage gewaltig erweitern, haben dann ein deutlich erhöhtes Steueraufkommen, das wir durch Erhöhung der Steuerfreibeträge und Senkung der Steuersätze in Gänze an die Allgemeinheit der Steuerpflichtigen zurückgeben. Wir haben einen Grundfreibetrag von 10.000 Euro für Erwachsene und 8.000 Euro für Kinder. Eine Familie mit zwei Kindern hätte demnach 36.000 Euro steuerfrei. So sozial war das Einkommensteuerrecht noch nie. Dann haben wir eine Progression von 15 Prozent, 20 Prozent sowie 25 Prozent. Wir kommen mit einem Spitzensteuersatz von 25 Prozent aus. Die Höhe des Steuersatzes ist nicht der Mittelpunkt der Reform. Wenn ich ein Beispiel geben darf: Wir bauen ein neues Auto. Der Tempomat ist auf vorsichtige 80 Stundenkilometer eingestellt und wir fahren behutsam durch deutsche Lande. Wenn die Politik sagt, es müssen 100 Stundenkilometer sein, weil wir schneller fahren wollen – niedrigere Freibeträge und höhere Steuersätze – dann reicht ein Griff an den Tempomat und wir fahren 100 Stundenkilometer. Wenn es 60 Stundenkilometer sein sollen, dann reicht auch ein Griff.

Doch unser Tarifvorschlag verfolgt rechtspolitisch elementare Anliegen. Das erste Anliegen: Wenn wir – was der internationale Finanzmarkt erfordert, wie Herr

Lang gesagt hat – bei den Kapitaleinkünften (Abgeltungsteuer) einen Spitzensteuersatz von 25 Prozent haben, sind es 25 Prozent unabhängig, ob jemand 100.000 Euro, eine Million Euro oder eine Milliarde Euro verdient. Wenn 25 Prozent bei Kapitaleinkünften genügen, kann der Staat bei Arbeitseinkommen nicht bis zu 45 Prozent nehmen. Das geltende Recht ist insoweit nicht vertretbar. Wir müssen Belastungsgleichheit herstellen. Die Frage, ob diese Gleichheit bei 25 oder 45 Prozent erreicht wird, ist durch den Finanzmarkt entschieden.

Das zweite Anliegen: Wir brauchen eine klare Wertung, die sich in die Köpfe der Menschen einprägt: Ein Viertel für den Staat, drei Viertel für den Erwerbenden. Ich hätte gerne den biblischen Zehnten, aber der reicht nicht. Es muss eine einfache Wertung sein und wer diese nicht beachtet, ist kein ehrbarer Kaufmann, kein anständiger Bürger. Sie müssen von den Feststellungen wissen, die das Bundesamt für Bildung ermittelt hat. Im gegenwärtigen Recht zahlen die 10 Prozent mit den höchsten Einkommen 51 Prozent des Gesamtsteueraufkommens, aber zu einem Durchschnittssteuersatz von 23 Prozent. Diese Gruppe der sogenannten Spitzenverdiener beginnt bei 88.000 Euro Jahreseinkommen, wächst dann progressiv, sinkt später durch die Gestaltungsmöglichkeiten regressiv in der Belastungswirkung. Wenn wir die Anfangseinkommen bis zu 25 Prozent entlasten, wird ersichtlich, wir bleiben, wie auch immer Sie die Statistiken malen, sozial unter der jetzigen Last in den kleinen und mittleren Einkommensbereichen. Der Vorwurf, es sei ein Konzept, das mit dem Sozialstaat nicht vereinbar wäre, ist nicht richtig. Man muss sich mit der Sache auseinandersetzen. Mit der Sache meine ich einmal die Realität, also das geltende Recht, und zum anderen unseren Alternativvorschlag. Ich betone das so, weil ich einmal bei meinem vermeintlichen kurzen Ausflug in die Politik als Exponent der Flat-Tax stand und diese soziale Frage dort karikiert worden ist. Heute haben wir eine wissenschaftliche Diskussion. Also wer möchte sich als erstes hierzu äußern?

Reimer: Der Entwurf verlangt, dass Umverteilungen – wo immer sie stattfinden – künftig transparenter gemacht werden als bisher. Darin liegt die Privilegienfeindlichkeit der Bemessungsgrundlage; sie ist die Kehrseite des einheitlichen Steuersatzes. Der einheitliche Steuersatz wird vollständig plausibel, sobald man ihn ins Verhältnis zu anderen Zahlungsströmen im Staat-Bürger-Verhältnis setzt.

Zwei Schlaglichter: Als großes Transfersystem verdient erstens das Sozialversicherungsrecht Berücksichtigung. Bei der gesetzlichen Renten-, Kranken- und Pflegeversicherung ist oberhalb der Beitragsbemessungsgrenze ein Effekt zu beobachten, der – verkürzt gesagt – einer Kopfsteuer für die Bestverdienenden gleichkommt. Gleich, ob die jährlichen Einkünfte 70.000 Euro, 100.000 Euro oder 1.000.000 Euro betragen: jeder dieser Arbeitnehmer schuldet den gleichen Betrag. Mit dem Versicherungsgedanken ist das zu rechtfertigen; soweit die Zahlungen dagegen der solidarischen Erfüllung öffentlicher Aufgaben dienen, macht es nachdenklich. Zweitens lohnt ein Blick auf die Vergütungen für die Staatsschuld, zu der neben Staatsanleihen etwa auch Zahlungen im Rahmen von sale-and-lease-back-Konstruktionen gehören. Auch hier kommt es zu steuerfinanzierten Umverteilungen in beträchtlicher Höhe.

Natürlich sind Sozialversicherungsbeiträge keine Steuern, Zinsen keine Steuererstattungen; ihnen liegen je andere Rationalitäten und auch verfassungsrechtliche Vorgaben zugrunde. Sowohl haushaltswirtschaftlich als auch in ihren ökonomischen Wirkungen im Staat-Bürger-Verhältnis ist die progressive Einkommensteuer heute aber in erheblichem Umfang das Kompensat degressiv ausgestalteter Belastungen (Sozialversicherungsbeiträge) oder sogar gegenläufiger Umverteilungen (Zinsen etc.). Diese Gesamtschau ist es, die am Ende zählt. Die Einführung einer proportionalen Einkommensteuer, wie der Entwurf sie vorzeichnet, könnte im Verbund mit Veränderungen auf diesen beiden anderen Schauplätzen – Sozialversicherung einerseits, Staatsverschuldung andererseits – die sozialstaatlichen Erwartungen an die Ausgewogenheit des Einkommensteuerrechts meines Erachtens sogar besser erfüllen als das geltende Recht.

Mellinghoff: Ich glaube, dass in dieser Frage die Steuerrechtswissenschaft einig ist. Alle hier im Raum sitzenden Steuerrechtler, die Reformentwürfe vorgelegt haben, sind gegen Privilegien, wollen Ausnahmen-, Lenkungs- und Privilegientatbestände abschaffen. Die gleiche Besteuerung von Arbeitseinkommen und Kapitalerträgen halte ich für ebenfalls eminent wichtig. Das Problem beginnt jedoch bei der konkreten Umsetzung und auch da scheut der Entwurf nicht die Offenheit, die aber zugleich auch Kritik hervorruft: Wenn man die gemischten Kosten und den Entwurf einer Bundessteuerverordnung sieht, dann sind elementare Kosten, die die Bürger dieses Landes beschäftigen, vom Abzug ausgenommen. Ich benenne nur die Fahrten zwischen Wohnung und Arbeitsstätte. Das ist eine Frage, die schon lange diskutiert wird und ich will darauf nicht eingehen. Aber es sind auch andere Kosten betroffen, wie z.B. die Umzugskosten und Reisekosten. Da können Probleme entstehen, denen man sich doch vertieft widmen muss. Nehmen wir an, wir haben jemanden, der von Karlsruhe nach München umziehen muss, einen nicht unerheblichen Aufwand hat und diese Umzugskosten erstattet bekommt. Es ist natürlich schön, dass er die Kosten erstattet bekommt. Der Reformentwurf schreibt aber vor, dass diese Kosten nicht berücksichtigungsfähig sind. Dann stellt sich die Frage, ob die Erstattung der Umzugskosten, die ja aus dem Arbeitsverhältnis resultieren, nicht steuerbar ist. Das Gleiche gilt, wenn man die Reisekosten zu dieser Veranstaltung sieht. Wenn diese Reisekosten mit 50 Prozent abzugsfähig sind, müssen die weiteren 50 Prozent, die aus einer Erstattung resultieren, natürlich versteuert werden oder aber der Steuerpflichtige kann nur 50 Prozent der Aufwendungen geltend machen. Diese Wirkung muss man beachten und ich denke, dass in diesen Fällen noch der ein oder andere Punkt diskussionswürdig ist. In einer mobilen Gesellschaft ist dies ein besonders sensibles Thema. Im Grundsatz bin ich völlig einverstanden, aber in Einzelpunkten würde man doch diskutieren müssen.

Kirchhof: Fahrtkosten sind – nach unserem Verständnis – gemischte Aufwendungen. Nach geltendem Recht fahre ich von zuhause in meinen Betrieb und zurück. Täte ich das nicht, würde ich nicht erwerben. Deswegen erscheinen die Kosten offensichtlich betrieblicher Aufwand, erwerbsbedingt veranlasst. Der Amerikaner fährt genau entgegengesetzt. Er fährt vom Betrieb nach Hause und zurück. Er will seine Frau sehen. Seine Kosten sind also offensichtlich privat veranlasst. Es kommt manchmal im Rechtsleben auf die Perspektive an. Die Regeln zu den gemischten Aufwendungen haben wir in die Verordnung verlegt um zu zeigen, das betrifft flexible Fragen jenseits des Systems. Dort mag man auch die Kosten von Computern, Auto und Telefon regeln. Das ist nicht systembestimmend. Tendenziell wollen wir gemischte Aufwendungen nicht abziehen. Wir haben wegen des Kilometergeldes rund 2,1 Millionen Veranlagungsfälle. Aber wenn die Öffentlichkeit sich beim Kilometergeld aufregt und den Abzug der Subventionen von der Bemessungsgrundlage oder die Abgeltungssteuer von 25% bei Steuersätzen im übrigen von 42% und 45% nicht zur Kenntnis nimmt, brauchen wir eine neue Kultur der öffentlichen Debatte. Beim Kilometergeld bin ich etwas gelassener und meine, wir können es so oder anders regeln. Wünschenswert ist der Quellenabzug, nicht die Veranlagung, bei der Menschen 8 km angeben, obwohl sie nur 6 gefahren sind. Diese Einladung in die Grauzone des Rechts und dann in die Illegalität muss ja nicht sein. Aber nun Herr Lang.

Lang: Herr Mellinghoff hat es schon gesagt: keine Steuersubventionen! Dieser Meinung bin ich auch. Alle Besitzstände sollten gestrichen werden. In dem Bundessteuergesetzbuch gibt es allerdings Subventionen für gemeinnützige Körperschaften, die europarechtlich als Beihilfen gelten. Ich halte das für richtig, aber man muss klar erkennen, dass das Bundesteuergesetzbuch einen Kernbestand von Steuersubventionen enthält, der durchaus zu unserer Steuerkultur gehört. Aber es handelt sich um Steuersubventionen, die in Deutschland großzügiger gehandhabt werden als in anderen Ländern. In der Schweiz beispielsweise ist der Sportverein (vgl. § 28 Nr. 2 BStGB) steuerlich nicht privilegiert, z. B. nicht spendenberechtigt.

Die größten Bedenken habe ich bei den Restriktionen des Nettoprinzips. Es geht um Normen, die das Leistungsfähigkeitsprinzip verletzen. Für eine gerechte Einkommensteuer ist es unerlässlich, dass Erwerbsaufwendungen abziehbar sind. Bei den gemischten Kosten ist die Abgrenzungsproblematik klar. Herr Mellinghoff hat schon Einiges dazu gesagt. In Deutschland hat das Nettoprinzip einen relativ hohen Stellenwert, hingegen in den USA einen sehr viel niedrigeren Stellenwert, so dass dort die Tendenz besteht, gemischte Kosten ganz vom Steuerabzug auszuschließen. Ich bin der Meinung, dass wir schon im Hinblick auf die Rechtsprechung des Bundesverfassungsgerichts den hohen Stellenwert des Nettoprinzips in Deutschland bewahren sollten.

Nach meiner Einschätzung wird die Streitanfälligkeit der Abzugsfähigkeit von Aufwendungen bleiben. Es geht dann darum, ob eine Erwerbsaufwendung überhaupt den gemischten Kosten im Sinne des § 45 BStGB zuzuordnen ist. Das Abgrenzungsproblem wird nicht gelöst. Es wird lediglich die Grenze der Abgrenzung verschoben, was zu Gestaltungen veranlasst. Ich nenne nur ein Beispiel: Die Kosten für ein Arbeitszimmer in der Wohnung sind nicht mehr absetzbar. Mietet sich jemand außerhalb der Wohnung ein Büro, dann kann er die Kosten voll absetzen. Bei einem Einfamilienhaus wird darüber gestritten, ob eine als Büro genutzte Einliegerwohnung vielleicht doch Teil der Privatwohnung ist, wenn sie bestimmte bauliche Bedingungen nicht erfüllt.

Kirchhof: Wir sind uns in der Frage des Nettoprinzips in der Konzeption einig. Das Gemeinnützigkeitsrecht schafft keine Subvention. Wenn jemand von seinem Euro 100 % für staatsähnliche Zwecke gibt, dann soll der Staat diesen Euro, den der Steuerpflichtige nicht mehr hat, nicht auch noch besteuern. Die Entlastung des gemeinnützigen Aufwands ist weder Subvention noch Lenkung, sondern anerkennt, dass der Steuerpflichtige altruistisch seine Leistungsfähigkeit im Dienst einer staatlich anerkannten Aufgabe des Gemeinwohls gemindert hat. Wenn erwerbsdienlicher Aufwand die Leistungsfähigkeit mindert, wird für gemeindienlichen kaum anderes gelten. Wir machen keine Ausnahme von unserem Subventionsverbot, sondern bestätigen die Regel. Die Fahrten zu dieser Veranstaltung, da hätten wir kein Problem, sind als Erwerbsausgaben absetzbar. Problematisch waren nur die gemischten Aufwendungen, die Fahrten zwischen der Wohnung und der Arbeitsstätte. Herr Spengel, bitte.

Spengel: Der zentrale Vorzug des Bundessteuergesetzbuchs, den ich noch einmal betonen möchte, ist der einheitliche, proportionale Steuersatz. Ein proportionaler Steuersatz macht im Grunde genommen das Ausnutzen von Steuerlücken unmöglich. Soweit die Progression entfällt, entspricht die Steuerentlastung von Abzugsbeträgen stets einer korrespondierenden Steuerbelastung der Erträge. Außerdem wird der Streit entschärft, ob die Berücksichtigung des subjektiven Nettoprinzips über Freibeträge, Abzüge von der Steuerschuld oder Transferzahlungen erfolgen sollte. Bei einem einheitlichen Steuersatz entfalten alle Alternativen stets die gleiche Entlastungswirkung. Von daher wird die Besteuerung deutlich einfacher, transparenter und fairer.

Nimmt man diese Konsequenzen der korrespondierenden Besteuerung zur Kenntnis, lassen sich keinerlei Rechtfertigungsgründe finden, gemischt genutzte Aufwendungen, Verluste und vor allem bestimmte Finanzierungskosten, die materiell bedeutsam sind, vom Abzug auszuschließen. Wieso, so frage ich mich, sind bei Grundstücksinvestitionen und Beteiligungen an steuerjuristische Personen keine Finanzierungskosten abzugsfähig? Die Zinserträge sind doch beim Empfänger in Höhe des proportionalen Steuersatzes steuerpflichtig. Der proportionale Steuersatz schließt Arbitrage grundsätzlich aus! Deswegen gehen mir zahlreiche Typisierungen im Bundessteuergesetzbuch zu Lasten des objektiven Nettoprinzips deutlich zu weit.

Kirchhof: Nun möchte ich alle Teilnehmer um Äußerungen bitte. Wer möchte beginnen? Thema ist das Einkommensteuerrecht und das Körperschaftsteuerrecht.

E. Systemwirkungen des Reformkonzepts

Schürgers: Ich bin Ministerialdirektor a.D. und berate u.a. die Union mittelständischer Unternehmer, die aus vielen Gründen für Ihren Vorschlag sind. Es gibt sehr viele Elemente in Ihrem Entwurf, die man voll unterschreiben kann, die die Politik auch versucht hat. Ich denke etwa an die Gewerbesteuerreform, bei der ich leider damals vor allem am Widerstand des Parlaments gescheitert bin. Das Parlament hat unter dem Einfluss der kommunalen Interessenvertreter alles abgelehnt, aus den Gründen, die hier auch schon genannt worden sind. Ich will mich eigentlich nur zu einem Punkt äußern, weil dieser meines Erachtens hier doch ein bisschen sehr leger behandelt wird, und das ist die Verteilungsproblematik. Ich sehe auch einen Zusammenhang zu unserem Sozialabgabensystem. Als Volkswirt, der ich von zu Hause aus bin, sehe ich in der Wirtschaftspolitik eine Tendenz, die sachlich sehr richtig ist, nämlich unser Sozialversicherungssystem möglichst von Verteilungsfragen frei zu halten. Wir sehen in der Krankenversicherung, welche Komplikationen und Irrwege es da gibt. Wir brauchen eigentlich unser Steuersystem und die Einkommensteuer vor allen Dingen noch stärker, um verteilungspolitische Lenkungsaufgaben zu übernehmen, wenn wir sie aus dem Sozialversicherungssystem herausnehmen. Herr Lang hat hier betont, dass die OECD sehr darauf hinweist, dass Deutschland – noch mehr als viele andere Industrieländer – die Einkommensverteilung geändert hat, der Gini-Koeffizient größer geworden ist. Wenn Sie das Beispiel bringen, Herr Kirchhof, das höchste Dezil der Einkommensempfänger zahlt faktisch 23 Prozent Einkommensteuer, dann ist das offensichtlich so richtig, wie es auch das DIW untersucht hat. Aber wenn man in die anderen Dezile geht, dann zahlen die noch weniger. Wenn Sie jetzt mit Ihrem Vorschlag kommen, zahlen die unteren Dezile wie das obere 25 Prozent. Auch hier wird eine Verschiebung der Verteilung sichtbar.

Die Freistellung, die Bereinigung oder die Beseitigung des Steuersystems von Subventionstatbeständen ist völlig richtig, Sie können mit Ausgabesubventionen natürlich viel besser steuern als mit Steuersubventionen. Da bin ich sofort auf Ihrer Seite. Ich bin auch bei den Fahrtkosten auf Ihrer Seite. Warum sollen wir eigentlich den, der auf dem Dorf sehr geringe Ausgaben für sein Haus hat, auch noch für die Konsequenz steuerlich entlasten, die in den höheren Fahrkosten liegen. Aber wir haben natürlich das Problem der Feiertags- und Sonntagszuschläge, auch etwas, was eigentlich nicht in das System passt. Sie wollen viele Steuersubventionen abschaffen, die gerade den Kreis der nicht so starken Einkommensempfänger betreffen. Wenn ich mich dann frage, was ist eigentlich das, was den Reichen zugute kommt, dann sehe ich bei Ihnen immer den Hinweis auf die Schiffsbeteiligungen. Das Thema ist ja schon lange erledigt. Mir fehlt da die Transparenz der Verteilungswirkungen. Nur dann hätte ich in der Politik eine Chance, mit dem Vorschlag auch überzukommen. So werden Sie immer den Vorwurf hören, Sie marschieren verteilungspolitisch ganz in die falsche Richtung. Mich fasziniert, dass man auf die Körperschaftsteuer durch die Flat-Rate verzichten könnte. Aber der Preis ist sehr hoch, weil dann mit dem Vorschlag alle anderen Vorschläge – die sehr gut sind – mit desavouiert werden über die verteilungspolitische Argumentation.

Kirchhof: Bei den Schiffen haben wir schon noch die Tonnagesteuer, die erhebliche Subventionstatbestände enthält. Was die Sonntags- und Nachtzuschläge angeht, stellt sich die systematische Frage, wer bestimmt den gerechten Lohn? Sind das die Tarifvertragsparteien oder vereinbaren die Tarifvertragsparteien einen falschen Lohn und der Steuerzahler muss nachbessern, damit es ein richtiger Lohn wird. Wer zahlt den gesetzlichen Lohn, der Arbeitgeber oder der Steuerzahler, der die Aufkommensausfälle durch den Abzug der Zuschläge ausgleichen will. Wir müssen auch hier systematisch mit Blick auf das Gesamtsystem denken.

Desens: Zunächst einmal möchte ich sagen, welche Freude es macht, sich wissenschaftlich näher mit dem Bundessteuergesetzbuch zu beschäftigen. Vor allem ist es spannend, einfach einmal davon auszugehen, dass das Bundessteuergesetzbuch bereits unser geltendes Steuerrecht wäre. Wäre das so, dann hätte ich eine Frage zu den gemischten Aufwendungen und Kosten, die in § 45 des Bundessteuergesetzbuchs und konkreter in § 15 in der Bundesteuerverordnung geregelt sind. Die Grundaussage ist klar: Gemischte Kosten sind nicht abziehbar (§ 45 Satz 2 BStG). Das entspricht – dort indes mit einer weniger präzisen Formulierung – der gegenwärtigen Regelung in § 12 Nr. 1 EStG. Ich stimme dem grundsätzlich zu. Wenn wir nicht eindeutig erkennen können, ob ein Aufwand beruflich oder privat veranlasst ist, dann liegt die Klärung, ob ein Aufwand abziehbar ist oder nicht, auch verfassungsrechtlich (Art. 3 Abs. 1 GG) im gesetzgeberischen Entscheidungsspielraum. Problematisch ist jedoch, dass die schwierigen Abgrenzungsfälle erst in einer Rechtsverordnung geregelt werden.

So enthält etwa § 15 Abs. 1 BStV ein striktes Abzugsverbot bei Aufwendungen für Wohnungen, die teilweise zu Erwerbszwecken genutzt werden – also für häusliche Arbeitszimmer –, für Fahrten zwischen Wohnung und Arbeitsstätte oder für beruflich bedingte Umzüge. Um diese Regelung wird es richtig Streit geben. Es wird zahlreiche Stimmen geben, die hier eine Durchbrechung des objektiven Nettoprinzips, des Leistungsfähigkeitsprinzips und damit einen Verstoß gegen den Gleichheitssatz (Art. 3 Abs. 1 GG) sehen werden.

Nehmen wir nun einmal an, ein Lehrer will sein häusliches Arbeitszimmer wie bisher absetzen und klagt das ein, etwa vor dem Niedersächsischen Finanzgericht. Nehmen wir ferner an, das Finanzgericht sieht in der Regelung des § 15 BStV einen Verstoß gegen den Gleichheitssatz (Art. 3 Abs. 1 GG). Da das Abzugsverbot nur in einer Rechtsverordnung und nicht in einem Parlamentsgesetz geregelt ist, entfällt die Vorlagepflicht zum Bundesverfassungsgericht nach Art. 100 GG. Das Finanzgericht kann also entscheiden und § 15 BStV einfach nicht anwenden. Würde der Bundesfinanzhof diese Auffassung nun bestätigen, wäre nach § 9 Abs. 5 Satz 6 BStGB sogar die Finanzverwaltung an diese Auffassung gebunden. § 15 BStV wäre dann faktisch außer Kraft gesetzt, ohne dass es eine klärende Entscheidung des Bundesverfassungsgerichts gegeben hätte. Das wird zu einer erheblichen Rechtsunsicherheit führen, die sich nur lösen ließe, wenn der Gesetzgeber die, auch verfassungsrechtlich, streitbefangenen Grenzfragen im Parlamentsgesetz selbst regeln würde. Eine Regelung wie § 15 BStV gehört daher meines Erachtens nicht in eine Rechtsverordnung, sondern in das BStGB selbst – auch wenn die dortige Regelung von vermeintlichen Detailfragen zu Lasten der dort vorgefundenen Normierungsästhetik gehen.

Ob die in § 15 Abs. 1 BStV genannten Abzugsverbote als Parlamentsgesetz (Regelung im BStGB) verfassungswidrig wären, lässt sich jedenfalls nicht pauschal mit dem Hinweis bejahen, dass das Bundesverfassungsgericht Abzugsbeschränkungen für die Fahrtkosten zur Arbeit oder für ein häusliches Arbeitszimmer im geltenden Einkommensteuerrecht als Verstoß gegen Art. 3 Abs. 1 GG angesehen hat. Denn dort hatte das Bundesverfassungsgericht die Gleichheitswidrigkeit maßgeblich mit einem Verstoß gegen das Gebot der Folgerichtigkeit begründet. Unter Geltung des BStGB, das insoweit seine Belastungsentscheidung durchaus folgerichtig umsetzt, greift die bisherige Argumentation des Bundesverfassungsgerichts daher nicht mehr ein.

Kirchhof: Das Bundesverfassungsgericht wird die Folgerichtigkeit auf das neue System beziehen und innerhalb dieses Systems Widerspruchsfreiheit fordern.

Desens: Wenn aber der Steuerpflichtige beim BFH gewinnt und das Gericht entscheidet, die Fahrtkosten seien entgegen § 15 absetzbar?

Kirchhof: Dann ist der Steuerpflichtige nicht beschwert, kann keine Urteilsverfassungsbeschwerde erheben.

Desens: Aber auch das Finanzamt kann keine Verfassungsbeschwerde erheben. Es bleibt bei der Entscheidung des BFH.

Kirchhof: Wir haben im Verfassungsbeschwerdeverfahren keinen Anwalt des öffentlichen Interesses. Nur der Grundrechtsberechtigte kann, wenn er beschwert ist, sich mit der Verfassungsbeschwerde gegen die Staatsgewalt wehren. In der Sache haben wir lange gerungen und debattiert über das Verhältnis von Nettoprinzip und gemischten Aufwendungen. Wichtig ist, dass das Gesetz eine klare Linie, eine einsichtige Belastungsentscheidung verfolgt. Der Lehrer mietet die eigene Wohnung privat. Mietet er zusätzlich ein Büro, belastet er sich zusätzlich mit Erwerbsaufwendungen, die dann absetzbar sind.

Sieker: Ich möchte gerne eine Bemerkung zur steuerjuristischen Person machen. Es ist faszinierend, dass man durch dieses neue Steuersubjekt auf die Körperschaftssteuer verzichten kann. Aber ich habe ein Problem, das Herr Spengel vorhin auch schon angesprochen hat. Wir haben jetzt eine Sollbruchstelle zwischen dem Einzelunternehmer einerseits und der Personengesellschaft sowie der juristischen Person (zivilrechtlich verstanden) andererseits. Denn der Maßstab der Leistungsfähigkeit, der im Veranlagungszeitraum erzielte Gewinn, ist unterschiedlich hoch, weil der Unternehmerlohn – um Frau Knobbe-Keuk zu zitieren – beim Einzelunternehmer dessen Gewinn nicht mindert, während Geschäftsführungsvergütungen, die an Gesellschafter gezahlt werden, als Erwerbsaufwendungen sowohl den Gewinn einer Personengesellschaft als auch den Gewinn einer GmbH mindern. Dieser Unterschied wird für diejenigen Beteiligten, die als Arbeitnehmer zu beurteilen sind, durch die Erfassung des Arbeitslohns nur teilweise ausgeglichen. Wegen der unterschiedlichen Methoden der Einkünfteermittlung bleiben periodische Verschiebungen möglich, die nach dem derzeit geltenden Einkommensteuerrecht nicht bestehen.

Kirchhof: Wir respektieren selbstverständlich die natürliche Vorgabe, dass ein Mensch an sich selbst keinen Lohn zahlen kann, eine steuerjuristische Person – einschließlich der Personengesellschaft – hingegen an andere Personen Lohn oder sonstige Leistungsentgelte entrichten kann. Wegen der personenbezogenen Abzugsbeträge – auch der Kinderfreibeträge – und der Verluste haben wir für die steuerjuristische Person die Möglichkeit der Durchlässigkeit eröffnet. Ehegatten bilden eine Erwerbsgemeinschaft und können untereinander Einkünfte ausgleichen, die Vereinfachungspauschale, den Grundfreibetrag und den Sozialausgleichsbetrag übertragen. So erreichen wir die Auswirkungen des Ehegattensplittings, ohne einen eigenen Splittingtatbestand zu benötigen. Im Ergebnis können zwei oder mehr Personen, wenn sie zusammen erwerben, sich zu einem Steuersubjekt verselbstständigen und in dieser steuerjuristischen Person Vertragsbeziehungen mit einer natürlichen Person oder einer anderen juristischen Person begründen. Auch hier bemühen wir uns um ein einfaches, folgerichtiges System.

Lehner: Der Reformentwurf zu einem Bundessteuergesetzbuch beruht auf einer global-äquivalenztheoretischen Steuerrechtfertigung, denn er begreift die „Steuer als Preis der Freiheit". Aus dieser wichtigen Prämisse, der ich uneingeschränkt zustimme, folgt selbstverständlich die Steuerpflicht der im Inland ansässigen Person mit ihren im Inland erzielten Einkünften. Problematisch ist jedoch die daraus in § 61 Abs. 1 des Reformentwurfs abgeleitete Steuerpflicht mit dem Welteinkommen, wobei diese Folge bereits im geltenden Recht und, darüber hinaus, als weltweit praktiziertes „Welteinkommensprinzip" prägende Grundlage des innerstaatlichen und des Internationalen Steuerrechts aller Staaten ist. Soweit in der Begründung zu § 61 des Reformentwurfs darauf hingewiesen wird, dass der Steuerzugriff auf den privatwirtschaftlichen Erfolg grundsätzlich nur dem Staat zusteht, der die Infrastruktur für diesen Erwerbserfolg oder für die persönliche Lebensführung des Steuerpflichtigen bereitstellt, wird die äquivalenztheoretische Rechtfertigung der Besteuerung konsequent in den Konsumbereich fortgeführt. Es stellt sich jedoch die zentrale Frage, die bereits im Jahre 1892 durch Georg von Schanz als „Frage der Steuerpflicht" in seiner berühmten Abhandlung im Finanzarchiv 1892[18] aufgeworfen wurde. Von Schanz argumentiert ebenfalls äquivalenztheoretisch: Wenn Wohnsitz und Einkommensquelle in einem Staat zusammenfallen, so sei der intensivste Nutzen für den Steuerpflichtigen gegeben. Wenn aber Wohnsitz und Einkommensquelle auseinanderfallen, sei die wirtschaftliche Zugehörigkeit im Sinne des Nutzens für den Steuerpflichtigen geteilt. Deshalb, so von Schanz, dürfte hier eine passende Norm sein, wenn das Gemeinwesen der Einkommensquelle ¾ und das Gemeinwesen des Wohnsitzes ¼ der nach seinen Bestimmungen geschuldeten Steuer in Anspruch nimmt. Heute lösen wir das Problem ähnlich. Wir erlauben dem im Inland Ansässigen, der Einkünfte aus dem Ausland erzielt, entweder die Anrechnung der dort gezahlten Steuer oder wir befreien die im Ausland erzielten Einkünfte von der inländischen Steuer. Ich denke, dass es an der Zeit ist, die Besteuerung nach dem Welteinkommensprinzip zu überdenken, wenn wir die Besteuerung des Ertrags konsequent von der des Verbrauchs unterscheiden wollen. Klaus Vogel hat sich sehr für eine Besteuerung allein im Quellenstaat eingesetzt. In einem Beitrag zur Festschrift für Franz Klein[19] vertritt er die Auffassung, dass sich eine gerecht ausgestaltete Besteuerung nach der Leistungsfähigkeit auf im Inland erzieltes Einkommen beschränken sollte. Erlauben Sie mir bitte noch eine Anmerkung zu der in § 61 Abs. 2 des Reformentwurfs vorgesehenen unbeschränkten Steuerpflicht auf Antrag. Sie führt, abgesehen von den soeben vorgebrachten Argumenten, zu besonderen Schwierigkeiten, weil der auf Antrag in Deutschland unbeschränkt Steuerpflichtige auch in seinem Wohnsitzstaat unbeschränkt steuerpflichtig bleibt. Das Problem des Doppelwohnsitzes lösen wir zwar nach unseren Doppelbesteuerungsabkommen, diese Lösung sollte jedoch eine Notlösung bleiben. Leider geht nun auch § 2 Abs. 3 ErbStG diesen Weg.

---

18 Georg von Schanz, Finanzarchiv Jahrgang 9, Band 2, 1892, S. 374 ff.
19 Klaus Vogel, in: Kirchhof/Offerhaus/Schöberle (Hrsg.), Steuerrecht, Verfassungsrecht, Finanzpolitik, FS Franz Klein, 1994, S. 361 (376).

Kirchhof: Ganz herzlichen Dank. Ich fühle mich sehr bestätigt. Wenn wir sagen, wir rechtfertigen die Einkommensteuer aus der Nutzung der Infrastruktur in Deutschland - mit einem Zuordnungsproblem nach einem anderen Betriebsstättenbegriff -, dann stellen wir das Welteinkommensprinzip elementar in Frage. In der Tat liegt es in der Konsequenz unserer Rechtfertigungslehre, dass grundsätzlich nur der Quellenstaat steuerberechtigt ist. Wir haben dieses in der Begründung zu unserem Entwurf auch so gesagt, in den praktischen Folgerungen es bisher aber bei diesem Denkanstoß belassen. Hier ist vieles noch zu besprechen und zu vertiefen. Doch mit einem Blick auf die Uhr beschränke ich mich darauf, mich herzlich bei den Podiumsteilnehmern und allen Diskutanten zu bedanken.

Podium 2: Reform der Besteuerung des Umsatzes

Professor Dr. Dieter Birk, Universität Münster
Richter am BFH a.D. RA Dr. Wolfram Birkenfeld, München
Professor Dr. Stefan Homburg, Universität Hannover
Ministerialdirigent Werner Widmann, Finanzministerium Rheinland-Pfalz, Mainz

A. System der Umsatzbesteuerung, zwischenunternehmerische Leistungen

Kirchhof: Wir kommen jetzt zur Umsatzsteuer. Ich darf den ersten Kernpunkt des Reformanliegens formulieren. Wir haben eine Umsatzsteuer, die auf allen Handels- und Produktionsstufen erhoben wird. Wenn ein Unternehmer an den anderen Unternehmer leistet, muss der Leistungsempfänger den Preis plus 19% Umsatzsteuer bezahlen. Der Leistende führt die 19% an das Finanzamt ab, der Leistungsempfänger holt sich die 19% durch den Vorsteuerabzug beim Finanzamt wieder. Dieser Vorgang wiederholt sich auf jeder Produktions- und Handelsstufe – ein Nullsummenspiel, ein Aufwand, der früher im Vorcomputerzeitalter vertretbar war, der aber gegenwärtig überflüssig erscheint, weil wir diese Leistungs- und Zahlungsvorgänge im bargeldlosen Geldverkehr über Banken und Konten kontrollieren können. Damit stellt sich die Frage, ob der Gesetzgeber die zwischenunternehmerische Leistung, die Leistung eines Unternehmers an einen Unternehmer, generell von der Umsatzsteuer freistellt. Diese Frage ist vielfältig, insbesondere auch durch Initiativen der Finanzverwaltung und empirische Untersuchungen vorbereitet und untermauert worden.

Die Umsatzsteuer soll den Endverbraucher, den Konsumenten belasten. Der Unternehmer soll als Steuerschuldner und Entrichtungspflichtiger bei der Erhebung der Steuer mitwirken, aber nicht zum Steuerträger werden. In diesem Belastungsgrund der Umsatzsteuer ist angelegt, dass eine Leistungskette unter Unternehmern keine Umsatzsteuerpflicht auslöst, vielmehr nur der Unternehmer, der als letzter in der Kette steht und den Vertrag mit dem Verbraucher schließt, seine Kaufpreisforderung um 19% erhöht, diese 19% an das Finanzamt abführt, damit die von der Umsatzsteuer gemeinte Ertrags- und Belastungswirkung herstellt. Der Einzelhändler stellt seinem Kunden seinen Kaufpreis plus 19% USt in Rechnung, der Kunde bezahlt die Rechnung, der Unternehmer führt die 19% an das Finanzamt ab. Der Umsatzsteuerfall ist abgewickelt. Das gegenwärtige System fordert auf jeder Produktions- und Handelsstufe, dass Rechnungen gestellt, diese bezahlt, die Steuer an das Finanzamt abgeführt und dann durch Vorsteuerabzug dem zahlenden Unternehmer erstattet wird. So entstehen ein gewaltiger Aufwand, ein besondere

Kontrollbedarf, streitanfällige Vorsteuerabzugsfragen, Risiken für Steuerhinterziehungen. Durch alle diese Vorgänge gewinnt der Staat bis zur Leistung an den Endverbraucher keinen Euro. Die beteiligten Unternehmen werden steuerlich – jenseits der Bürokratiekosten – nicht belastet.

Unser Entwurf empfiehlt deshalb eine fundamentale Vereinfachung: Die zwischenunternehmerische Leistung, also die Lieferung und Leistung von Unternehmer an Unternehmer, ist von vornherein nicht steuerbar. Voraussetzung ist, dass der Leistungsempfänger den Leistungspreis von einem Gewährkonto bei seiner Bank auf ein Gewährkonto des Leistungsempfängers bei dessen Bank bezahlt und das Finanzamt diese Gewährkonten zu Kontrollzwecken einsehen kann. Hinzu tritt eine bei diesen Leistungsvorgängen zu verwendende Identifikationsnummer, die das Erfassen dieser Vorgänge erleichtert, den Beteiligten auch durch eine unwiderlegbare Rechtsvermutung die Sicherheit gibt, dass ein Partner, der bis zum Widerruf in ein beim Bundesamt für Finanzen geführtes Unternehmerregister eingetragen ist, umsatzsteuerlich als Unternehmer anerkannt ist.

Bei Bargeschäften zwischen Unternehmern bleibt es bei dem bisherigen System. Wenn ein Unternehmer auf dem Weg zu seiner Baustelle feststellt, dass er Pinsel und Farbe vergessen hat, er deshalb in den Baumarkt fährt und dort das Material kauft, dann kann an der Kasse des Marktes nicht festgestellt werden, ob er als Unternehmer oder Hobbybastler kauft. Er muss die 19% Umsatzsteuer bezahlen und ist dann vorsteuerabzugsberechtigt. Gleiches gilt, wenn er unterwegs mit seinem Fahrzeug tankt und der Tankwart nicht erkennen kann, ob er als Unternehmer oder als Konsument das Benzin erwirbt.

Unser Vorschlag zur Umsatzsteuerreform verfolgt also – neben einer systematischen Entfaltung des Bestimmungslandprinzips – ein zentrales rechtspolitisches Anliegen, die Nichtsteuerbarkeit der zwischenunternehmerischen Leistungen. Bei unseren Überlegungen zu der zwischenunternehmerischen Leistung haben wir uns ganz wesentlich auf die Impulse, Herr Widmann, gestützt, die Sie erdacht, publiziert und in ihrer Entwicklung beeinflusst haben. Deswegen wäre es wertvoll, wenn Sie sich dazu zuerst äußern würden.

Widmann: Vielen Dank, Herr Professor Kirchhof. Erlauben Sie bitte zunächst eine persönliche Bemerkung. Ich möchte mich ganz ausdrücklich bedanken für die noble Art und Weise, wie Sie die Mitarbeit der Verwaltungsangehörigen, die ja gelegentlich zu den „Fiskalstalinisten" gezählt werden, hier gewürdigt haben. Ich fühle mich dadurch im hohen Maße geehrt und freue mich, dass Sie mir Gelegenheit geben, heute einiges zu Ihrem Umsatzsteuergesetzbuch zu sagen. In der Tat war eines Ihrer Anliegen die Idee, die Mehrwertsteuer, die ja erfunden worden ist, um den exakten Grenzausgleich im internationalen Handel zu gewährleisten, zu entschlacken. Das war auch seinerzeit bei unseren Mainzer Vorschlägen zur Umsatzsteuer so, weil wir den zwischenunternehmerischen Bereich zur Erzielung eines endgültigen Aufkommens eigentlich nicht brauchen. Das ist dieses berühmte Nullsummenspiel von Steuer und Vorsteuer, von dem immer wieder gesprochen wird.

Wenn man sich die fiskalische Dimension dieses Nullsummenspiels vor Augen führt und weiß, dass etwa 750 Milliarden Euro Umsatzsteuer angemeldet werden und über den Vorsteuerabzug dann zum Schluss im Jahr 2011 nur etwa 185 Milliarden in der Kasse des Fiskus bleiben, dann haben wir einen Topf von nahezu 600 Milliarden, aus dem heraus sich der Umsatzsteuerbetrug entwickeln kann, der uns ab Ende der neunziger Jahre des letzten Jahrhunderts außerordentlich stark gewachsen erschien.

Wir haben immer gewusst, dass es solche Ausfälle gibt. Zu den planmäßigen betrügerischen Karussellgeschäften, insbesondere im Zusammenhang mit der Abschaffung der Grenzkontrollen durch den europäischen Binnenmarkt ab dem 1.1.1993, kamen aber auch verstärkt die insolvenzbedingten Steuerausfälle in den Blick. Die braucht man eben nicht mehr zu befürchten, wenn wir den zwischenunternehmerischen Bereich freistellen.

Wir haben dazu seinerzeit eine Steuerbefreiung vorgeschlagen. Sie sind jetzt konsequenter, ich würde sogar sagen, radikaler, zur Nichtsteuerbarkeit dieser Umsätze gekommen. Das schafft ein ganz großes Vereinfachungspotential, insofern als z.B. die Fragen der Ordnungsmäßigkeit von Rechnungen, der Bemessungsgrundlage und des Vorsteuerabzugs in weiten Bereichen keine Rolle mehr spielen. Insoweit ist das der große Durchbruch zu einer Vereinfachung, auf die wir längst angewiesen sind, weil wir im Vollzug ein großes Problem haben.

Ich war neulich bei einer Veranstaltung zur Umsatzsteuer, da hatte einer der Mitreferenten im Hinblick auf den Zustand des Umsatzsteuerrechts das Motto ausgegeben: „Kommt Ihr Schwestern, helft mir klagen!" Das stammt aus einer Arie der Matthäus-Passion. Gestatten Sie mir bei meiner musikalischen Dienstbezeichnung eine andere Assoziation zu Johann Sebastian Bach. Ich sage in dieser Zeit vor Weihnachten: Zu diesem Entwurf passt besser der Anfang des Eingangschorals des Weihnachtsoratoriums: „Jauchzet, frohlocket! Auf, preiset die Tage".

Kirchhof: Und nun bitte ich um die systematische Analyse von Herrn Birk – mag er die Arie (Klagen) oder den Choral (Jauchzen) wählen.

Birk: Vielen Dank. Ich möchte meine Überlegungen gerne mit der Frage beginnen, woraus sich die Umsatzsteuer rechtfertigt. Klar, es gibt eine einfache Antwort, die Popitz noch gegeben hat: Wir brauchen Geld. Der Ertrag aus der Einkommensteuer reicht nicht. Sollte er irgendwann ausreichen, könne man auf die Umsatzsteuer wieder verzichten. Diese Vorstellung hat sich nicht realisiert. Die Umsatzsteuer wird bleiben. Zur Rechtfertigung wird deshalb das Leistungsfähigkeitsprinzip herangezogen. Stichwort: „In der Kaufkraft liegt die Leistungsfähigkeit". Doch dieser Ansatz hat Schwächen. Das Problem der Umsatzsteuer ist, dass die individuelle Leistungsfähigkeit nicht gleichmäßig erfasst werden kann. Derjenige, der viel hat, und derjenige, der wenig hat, zahlen für den gleichen Gegenstand die gleiche Summe, haben aber unterschiedliche Leistungsfähigkeit. Ich beobachte mit großem Interesse, Herr Kirchhof, dass sich Ihre Ausführungen zur Rechtfertigung der Umsatzsteuer deshalb auf das Äquivalenzprinzip verlagert haben. Kennzeichnend ist Ihr Wüstenbeispiel: In der Wüste kann man nichts kaufen. Zahlungsfähigkeit hat ohne Marktangebot keinen Wert. Derjenige, der Infrastruktur vorfindet, der muss eben dafür auch bezahlen, das rechtfertigt den Steuerzugriff. Die Umsatzsteuer lässt sich in der Tat nur mit einer Kombination von Leistungsfähigkeitsprinzip und Äquivalenzprinzip rechtfertigen, wie wir das bei anderen Steuern so nicht kennen.

Aber über eines besteht, glaube ich, Einigkeit. Es soll nicht der Anbieter am Markt besteuert werden, sondern nur der, der diese Infrastruktur abruft, der Konsument, in dessen Kaufkraft die Leistungsfähigkeit vermutet wird. Wenn man davon ausgeht, dass nur der Konsument die Steuer bezahlen oder tragen soll, dann fallen einem die Antworten, die Sie in ihrem Entwurf gegeben haben, – ich würde fast sagen – in den Schoß. Es soll der Konsument belastet werden und nicht der Unternehmer, d.h. die zwischenunternehmerischen Umsätze müssen steuerfrei bleiben. Man fragt sich, warum dann Unternehmer (vorübergehend) belastet werden, wenn man vorher predigt, es solle nur eine Steuer des Endverbrauchers sein. Die Antwort, die man immer hört: Dies sei ein Gebot der Praktikabilität. Der unternehmerische Bereich lasse sich nämlich nicht rechtssicher vom nichtunternehmerischen Bereich abgrenzen. Aber in Ihrem Entwurf, Herr Kirchhof, haben Sie ein brauchbares Abgrenzungsmerkmal gefunden. Sie sagen, das Risiko – ob die Leistung zutreffend als unternehmerisch oder nichtunternehmerisch erklärt wurde – trägt nicht der Staat, sondern der Unternehmer. So ist es in § 105 formuliert: Wenn die Leistung nicht ersichtlich ausschließlich dem unternehmerischen Handeln des Leistungsempfängers dient, fällt Umsatzsteuer an. Damit ist gewissermaßen der Staat aus der Pflicht genommen, das zu prüfen.

Zum Stichwort „Nullsummenspiel": Herr Homburg hat schon literarisch darauf hingewiesen, dass eine zeitverzögerte umsatzsteuerpflichtige Leistung eine erhebliche fiskalische Wirkung auslöst. Zudem bleiben steuerfreie Leistungen – was systematisch richtig ist, deshalb ist das auch zu begrüßen – wirklich steuerfrei, was im gegenwärtigen System nicht der Fall ist. Der Vermieter, der steuerfrei vermietet, oder der Arzt, der steuerfrei eine Heilbehandlung durchführt, stellen die bezahlten Vorsteuern dennoch mit in Rechnung und sie werden vom Konsumenten getragen. Das ist in Ihrem Modell nicht der Fall. Allerdings führt die Entlastung im zwischenunternehmerischen Bereich auch zu Ertragseinbußen.

Alle anderen angesprochenen Gesichtspunkte, keine Besteuerung der öffentlichen Hand, Ist-Besteuerung und Ort der Leistung sind konsequent am Obersatz ausgerichtet, dass nur der Konsument und nicht der Unternehmer besteuert werden sollen. Die öffentliche Hand ist jedenfalls im hoheitlichen Bereich kein Konsument, also darf sie auch nicht besteuert werden. Bei der Ist-Besteuerung, Sie haben es gerade eben noch einmal erwähnt, entfällt die Belastung des Unternehmers als steuerliche Vorleistung, auch das ist richtig und konsequent. Und beim Ort der Leistung bieten Sie sogar eine elegante Lösung an, indem Sie aufgrund der Befreiung der zwischenunternehmerischen Umsätze ganz konsequent auf den Verbrauchsort oder auf den Ort, an dem das Entgelt bezahlt wird, abstellen. Die geltende Regelung hingegen ist, wie es einmal ausgedrückt wurde, zu einer Art Gehirnakrobatik verkommen. Sie haben in Ihrem Entwurf die umsatzsteuerlichen Regelungen wieder klar an den zugrunde liegenden Prinzipien orientiert. Und dies ist Ihnen auch in beeindruckender Weise gelungen.

Kirchhof: Dankeschön. Jetzt brauchen wir den Kommentar eines Juristen, der praktische Erfahrung hat sowohl als Richter wie als Berater: Herr Birkenfeld.

Birkenfeld: Brauchen wir ein anderes Umsatzsteuerrecht? Um die Antwort vorwegzunehmen: Offenbar ja. Das zeigen die vielfältigen Bemühungen um „Vereinfachungen", die das Verständnis dieser Steuer erleichtern sollen. Dafür sprechen auch die Anstrengungen, um „Erleichterungen" bei der Handhabung dieser Steuer in den Unternehmungen zu schaffen. Ausdruck dieser Bestrebungen nach Änderungen sind z. B.:

– ein Grünbuch der EU-Kommission vom 1. Dezember 2010 über die Zukunft der Mehrwertsteuer – KOM(2010)695 –. Es trägt den Untertitel: Wege zu einem einfachen, robusten und effizienterem MwSt-System.

– eine Mitteilung der EU-Kommission vom 2. Juli 2009 zur Einführung einer Gruppenbesteuerung in der Mehrwertsteuer – KOM(2009) 325 endgültig -. Sie hat damit einen Diskussionsprozess für eine Änderung der MwStSystRL angestoßen, der bisher aber ohne Wirkung geblieben ist.

Auch der deutsche Gesetzgeber wird von dem Bemühen nach Änderungen und Erleichterungen des Umsatzsteuerrechts geleitet. Als Beispiel dafür mag die Zweite Verordnung zur Änderung steuerlicher Verordnungen vom 2. Dezember 2011 (BGBl I 2011, 2416) dienen, die am 1. Januar 2012 wirksam geworden ist. Danach wird ein neuer sog. Gelangensnachweis als Nachweisvoraussetzung für die Steuerbefreiung von innergemeinschaftlichen Lieferungen einführt.

Als Zwischenergebnis dieser vielfältigen Regungen nach Veränderung ist festzuhalten: Das derzeitige System ist nicht einfach, nicht robust und nicht effektiv. Es ist jedenfalls verbesserungsbedürftig.

Welche Schwierigkeiten belasten die Praxis bei der Anwendung des Umsatzsteuerrechts derzeit? Neben der fortschreitenden Erschwernis bei den materiellen Voraussetzungen belasten den Unternehmer die zahlreichen formalen Voraussetzungen, von denen die Rechtsverwirklichung abhängt. So hängt die Ausübung des Vorsteuerabzugsrechts von förmlichen Anforderungen in Rechnungen ab (§ 14

Abs. 4 Satz 1 Nr. 1 – 9 UStG), die nach Betriebsprüfungen zu Mehrsteuern und Zinsforderungen führen. Die Rechtsprechung wacht kompromisslos über die Einhaltung der Ordnungsvorschriften für Rechnungen. Dabei ist die Rückwirkung einer Rechnungsberichtigung von formalen Fehlern ungeklärt. Ebenso hängt die Steuerbefreiung für innergemeinschaftliche Lieferungen von Nachweisvoraussetzungen ab, die formalisiert sind und dadurch eine Quelle für Fehler eröffnet. Wenn deswegen nach Betriebsprüfungen innergemeinschaftliche Umsätze erstmals besteuert werden, kann dies dem Unternehmer ernste finanzielle Schwierigkeiten bereiten.

Gibt das IV. Buch des BStGB zur Umsatzsteuer darauf Antworten? Ich meine: Ja. Es liegen Antworten vor, die bei den geschilderten Vorhaben der EU-Kommission erst noch gefunden werden müssen. Welche Antworten sind das? Zwischenunternehmerische Umsätze sind nicht steuerbar (§ 101 Nr. 1 mit § 105 BStGB). Das Vorsteuerabzugsproblem verringert sich. Es besteht im Wesentlichen nur bei Bargeschäften (§ 108 Abs. 1 Nr. 1 BStGB). Die Bedeutung der Ausübungsvoraussetzungen durch ordnungsgemäße Rechnungen (§ 108 Abs. 1 Nr. 1, § 127 BStGB, §§ 74-77 BStVO) für Vorsteuern und die Einhaltung von Beleg- und Buchnachweisen für steuerfreie Umsätze werden geringer. Die neuen Formalien sind erfüllbar. Steuerbetrüger haben weniger Möglichkeiten.

Abschließend noch eine kurze Bemerkung: Wer in der Juristerei wirklich etwas leistet, durch Vorschläge für Gesetze, für ihre Abschaffung, zur Auslegung oder Anwendung von Steuerrecht, macht sich angreifbar. Zu erklären, wie es nicht geht, ist einfacher. Die Kräfte sollten besser dafür verwendet werden, eine gute Sache noch besser zu machen.

Ein immerwährendes Problem bei zwischenunternehmerischen Umsätzen ist die Unterscheidung, ob der Leistungsempfänger eine Leistung für unternehmerische oder private Zwecke verwendet. Davon hängt nach dem BStGB die Entlastung von Umsatzsteuer durch Nichtsteuerbarkeit oder durch Vorsteuerabzug ab. Die Entlastung setzt einen Erwerb für unternehmerische Zwecke voraus. Diese Schwierigkeit müssen alle Umsatzsteuersysteme lösen, die nur den Verbraucher belasten wollen.

Ob gemischt verwendete Leistungen entlastet werden, wird in § 103 Abs. 2 BStGB klar beantwortet: Lässt sich nicht deutlich unterscheiden, ob eine Leistung für unternehmerische oder private Zwecke verwendet wird, wird die Leistung als Verbraucher erworben. Das bedeutet: Die Leistung wird insgesamt dem Verbraucher zugerechnet und wird nicht – auch nicht teilweise – von Umsatzsteuer entlastet. Das gilt beim Erwerb von Gegenständen, wenn sie nicht überwiegend unternehmerisch genutzt werden (§ 62 BStVO). Diese „Härte" überrascht. Sie ist der Preis für ein einfaches Ergebnis.

Im bisherigen System sind „weiche" Lösungen möglich: Eine Zuordnung der gemischten Leistung zum Unternehmen ist wählbar. Ein vollständiger Vorsteuerabzug ist dann zugelassen. Es findet eine Gegenbesteuerung durch eine unentgeltliche Wertabgabe statt. Ausnahmen verfeinern dieses System. Derartige Kompromisse geht das BStGB nicht ein. Aber: Was ist „deutlich" (§ 103 Abs. 2 BStGB)? § 63 BStVO schließt für bestimmte gemischt veranlasste Leistungen (Wohnung, Kleidung, Verpflegung und Bewirtung) einen Bezug zum Unternehmen aus. Dadurch wird ein Gleichklang von umsatzsteuerrechtlicher Wertung mit ertragsteuerrechtlichen Beurteilungen erreicht, wie sie im geltenden Recht in § 12 Nr. 1 Satz 2 EStG und in § 45 BStGB, § 15 BStVO zum Ausdruck kommen. Nur: Wer schützt das Aufteilungsverbot davor, zum Aufteilungsgebot aufzuweichen?

Der Entwurf für ein anderes Umsatzsteuerrecht im BStGB erfindet das Rad nicht neu. Die Lösungen sind aber bei entscheidenden Stellschrauben der Umsatzsteuer „pfiffiger", z.B. bei zwischenunternehmerischen Umsätzen, der öffentlichen Hand, der Istbesteuerung. Sie verlangen nichts Unmögliches und beanspruchen weniger, als derzeit gefordert wird. Die Regelungen sind gegen Betrug besser als im derzeitigen Recht gesichert. Der Entwurf eines BStGB ist kein Eintritt in eine heile Welt, in der es keine Umsatzsteuerprobleme mehr gibt. Aber es könnte weniger Schwierigkeiten geben.

Und nicht zuletzt: Die Vorschriften sind verstehbar. Die (Fach-) Sprache ist verständlich. Sie hebt sich wohltuend von der ungezügelten Beamtensprache ab, der der Rechtsanwender hilflos ausgesetzt wird. Schon deswegen ist zu wünschen, dass möglichst viele Gedanken des BStGB möglichst bald Wirklichkeit werden.

Kirchhof: Dankeschön. Jetzt ist es höchste Zeit, dass wir den Ökonomen hören und seine Anregungen bedenken. Herr Homburg, bitte.

Homburg: Vielen Dank, Herr Kirchhof. Ich komme zu Ihrem ersten Punkt, der Befreiung zwischenunternehmerischer Lieferungen und Leistungen von der Umsatzsteuer. Dabei handelt es sich meines Erachtens um einen Vorschlag, der besser und logischer klingt, geradezu zwingend, als er letztlich ist. Zur Verdeutlichung möchte ich mich in die Position eines advocatus diaboli begeben, die ungefähr der Position der meisten europäischen Mitgliedsstaaten entspricht. Diese waren seinerzeit dem deutschen Versuch, zwischenunternehmerische Lieferungen von der Umsatzsteuer zu befreien, entgegengetreten.

Hinter der Mehrwertsteuer steht aus ökonomischer Sicht folgende Idee: In unserem Wirtschaftssystem existieren normalerweise am Anfang des Produktionsprozesses sehr große Unternehmen: Grundstoffindustrie, Stahl, Chemie und dergleichen. Sie sind vom Fiskus gut kontrollierbar und liefern ihre Produkte an mittelgroße Firmen, die man ebenfalls gut kontrollieren kann, wo auch wenig hinterzogen wird. In derartigen Unternehmen wird wenig hinterzogen, weil jeder, der eine Hinterziehung anordnet, sich im Grunde erpressbar macht, seinen Mitarbeitern ungewollten Kündigungsschutz gibt. Dann laufen die Waren weiter zum Groß-handel, zum Kleinhandel, Einzelhandel. Am Schluss gelangen sie oft zu „Hinter-hofhändlern", die man kaum noch kontrollieren kann. Die Konstrukteure der Netto-Allphasen-Umsatzsteuer haben sich gesagt: Wir schöpfen den größten Teil des Steueraufkommens auf den Vorstufen ab, die gut kontrollierbar sind. Dann kann äußerstenfalls noch auf den letzten Stufen hinterzogen werden, doch hat der Fiskus den größten Teil des Steueraufkommens gewissermaßen schon im Sack. Im Grund-satz ist diese Idee meines Erachtens weiterhin tragfähig und richtig.

Sie muss lediglich in zwei Punkten modifiziert werden. Erstens hat sich im Laufe der Jahre gezeigt, dass der Warenfluss entgegen dem oben beschriebenen Grund-muster nicht von großen Unternehmen zu kleinen läuft, sondern umgekehrt. Das gilt vor allem für die Bauindustrie. Dort beauftragt oft der große Generalunterneh-mer kleinere Subunternehmer, die ihrerseits noch kleinere Subsubs beauftragen. Deshalb ist es richtig, die Steuerschuldnerschaft für derartige Branchen punktuell umzukehren, etwa bei bestimmten Bauleistungen, Emmissionsrechten, Gebäude-reinigung oder den anderen in § 13 b UStG genannten Fällen. Indem die Praxis zwischenunternehmerische Leistungen nicht allgemein von der Umsatzsteuer be-freit (oder wirtschaftlich gleichbedeutend: die Steuerschuldnerschaft umkehrt), sondern nur punktuell, ist sie vielleicht weiter als die Theorie.

Zweitens sind im Umsatzsteuersystem in letzter Zeit Hinterziehungstechniken aufgekommen, bei denen am Schluss nicht mehr Steueraufkommen verbleibt als bei Befreiung zwischenunternehmerischer Leistungen, sondern sogar weniger. Analysiert man diese Hinterziehungstechniken genauer, zu denen etwa die Karus-sellgeschäfte gehören, dann zeigen sich zwei gemeinsame Merkmale. Das erste Merkmal – essentiell für den Hinterziehungserfolg – sind die Insolvenz oder das Verschwinden eines Teilnehmers. Sie verhindern die Eintreibung der entstandenen Steuerschuld. Und zweitens – damit komme ich jetzt zum interessantesten Punkt – funktionieren diese Hinterziehungstechniken nur aufgrund der Soll-Besteuerung. Der wichtigste Punkt meines Beitrags ist nun folgender: Die Begriffspaare Soll- und Ist-Besteuerung einerseits und Befreiung oder Nichtbefreiung zwischenunter-nehmerischer Umsätze andererseits sind nicht logisch miteinander verknüpft, son-dern voneinander unabhängig. Man könnte vom Soll- auf das Ist-Prinzip umstellen, ohne zugleich den Grundsatz der Allphasenbesteuerung aufzugeben, um auf diese Weise die genannten Hinterziehungstechniken zu verunmöglichen. Ich verstehe ehrlich gesagt nicht, warum man das nicht tut.

Das Sollprinzip ermöglicht eben folgende Gestaltung: Unternehmen A schreibt Unternehmen B eine Rechnung mit Umsatzsteuer und führt die Umsatzsteuer zu-nächst auch an das Finanzamt ab. Unternehmen B lässt sich die Vorsteuer vom Finanzamt erstatten, geht dann in Insolvenz. Daraufhin macht Unternehmen A eine Rechnungsberichtigung und lässt sich die gezahlte Steuer vom Finanzamt wieder auszahlen. Bei dieser Konstruktion wird die Allphasenbesteuerung zum fiskalischen „drain" – es fließt also Steueraufkommen in die falsche Richtung. Ich sehe kein grundsätzliches Problem, warum man nicht bei Beibehaltung der Besteuerung zwischenunternehmerischer Lieferungen und Leistungen vom Sollprinzip allgemein zum Istprinzip übergehen sollte. Dies verhindern eigentlich nur kurzsichtige Bedenken der Fiskalritter. (Fiskalstalinist, wie eben zu hören, ist ein zu starkes Wort. Demgegenüber klingt beim Fiskalritter eher der positiv besetzte Jediritter an, der Begriff verdeckt aber nicht, dass es sich hier durchaus um kämpfende Truppen handelt.) Ginge man – gestreckt über mehrere Jahre – vom Sollprinzip auf das Istprinzip über, würde vorübergehend eine Haushaltsbelastung entstehen, weil die Steuer beim Istprinzip später entsteht. Das ist aber ein vorübergehender Effekt. Als dauerhafter Erfolg verbliebe eine erschwerte Hinterziehung. Deshalb erscheint dieser Weg durchaus lohnend.

B. Ist-Besteuerung

Kirchhof: Dankeschön. Sie haben, Herr Homburg, mit Ihren Überlegungen bereits das Problem der Soll- und Ist-Besteuerung behandelt und dieses zu Recht zu einem eigenen, von der Steuerbarkeit der unternehmerischen Leistungen gelösten, Thema gemacht. Doch es gibt Sinnzusammenhänge. Wenn der Vorsteuerabzug weitgehend aus dem unternehmerischen Geschäftsverkehr verschwindet, ist auch die Rechnung kein Wertpapier mehr, das zu 19% Steuererstattung berechtigt. Deshalb können wir auch auf die gegenwärtige Soll-Besteuerung verzichten. Bisher ist der Rechnungsempfänger, sobald die Rechnung gestellt ist, zum Vorsteuerabzug berechtigt, mag er die Rechnung auch noch nicht bezahlt haben. Dann ist es folgerichtig, dass der Staat die Entrichtung von 19% Umsatzsteuer fordert, sobald der Vorsteuererstattungsanspruch begründet ist. Doch in unserem System können wir von der Soll-Besteuerung auf die Ist-Besteuerung übergehen. Wenn der Unternehmer schon als unentgeltliches Inkassobüro des Staates tätig werden muss, braucht er nur die Steuerbeträge an den Staat abzuführen, die tatsächlich an ihn bezahlt worden sind.

Diese Frage ist von erheblicher faktischer Bedeutung. Viele mittelständische Unternehmer haben in der Krise 2008 an ihre Kunden ihre Rechnungen gestellt, ohne erwarten zu dürfen, dass die Rechnung bald bezahlt werden würde. Sie mussten die 19% Umsatzsteuer im Vorhinein vorstrecken – für einen Unternehmer eine gewaltige Summe, wenn sein Gewinn zwei oder drei Prozent seines Umsatzes beträgt. Diese faktischen Vorauszahlungslasten gaben oft den letzten Anstoß zum Niedergang eines gefährdeten Unternehmens. Herr Widmann, bitte.

Widmann: Es ist nicht ganz so, wie Sie es gesagt haben, Herr Prof. Homburg. Art. 66 der Mehrwertsteuer-Systemrichtlinie lässt nicht generell die Ist-Besteuerung zu. Sie erlaubt sie nur für einzelne Umsatzarten, so dass wir das national nicht so einfach in den Griff bekommen.

Ich stimme Ihnen zu, dass Ist und Soll bei zwischenunternehmerischen Geschäften ökonomisch zunächst nichts direkt miteinander zu tun haben. Aber unter dem Gesichtspunkt der Betrugsbekämpfung ist es natürlich schon ein erheblicher Unterschied, ob wir Ist oder Soll haben. Das lässt sich nicht bestreiten. Jedoch bin ich da nicht so optimistisch wie Sie.

Wer uns beim Soll-System betrügt, der wird das auch bei einem generellen Ist-System schaffen. Da bin ich ganz sicher. Denn jetzt bei der Sollversteuerung erstellt er einfach eine Rechnung mit offenem Steuerausweis über einen Umsatz, den er gar nicht ausgeführt hat, und verschafft damit dem anderen Betrüger den Vorsteuerabzug aus einer nicht bezogenen Leistung. Und bei einer künftigen generellen Istbesteuerung wird es den Betrügern ganz gewiss auch leicht gelingen, uns auch eine Zahlung vorzuspielen, die vielleicht sogar geleistet wurde, aber über Konten, hinter denen die Betrüger selber stecken. Und dann haben wir wieder den gleichen vorsteuerbetrugsbedingten Ausfall wie bisher. Da wird es bestimmt neue Technologien geben, von denen Sie gesprochen haben, denen die Verwaltung dann wieder auch nur nachhecheln kann. Erfahrungsgemäß ist in diesem Kampf die Verwaltung eben nie der Igel, sondern immer der Hase aus der Fabel.

Kirchhof: Herr Birkenfeld, sollten wir zur Ist-Besteuerung übergehen?

Birkenfeld: Die Frage stellen, heißt sie zu bejahen. Eigentlich ist die Ist-Besteuerung der Umsatzsteuer ohnehin systemimmanent. Die Umsatzsteuer greift grundsätzlich nur verwirklichte Sachverhalte auf. Sie besteuert die Erfüllung, nicht die Verpflichtung. Abweichungen, in denen schon Absichten zählen, machen Schwierigkeiten. Aber auch die Absichten müssen durch nachweisbare objektive Umstände belegt werden. Die Rückkehr zur Vernunft der Ist-Besteuerung ist eine Frage der Beherrschung des Übergangs. Das ändert aber nichts an der Einsicht, dass eine Ist-Besteuerung mit mehr Steuergerechtigkeit und weniger Steuerbetrug verbunden bleibt.

Kirchhof: Vielleicht sollte ich noch auf eine Praxis in Deutschland hinweisen, nach der ein Großauftraggeber von seinen Zulieferern sehr bald eine Rechnungsstellung erwartet, beide Vertragspartner aber stillschweigend davon ausgehen, dass der Großauftraggeber erst nach einem Vierteljahr oder noch deutlich später die Rechnung bezahlt. Mit der Rechnung kann er den Vorsteuerabzug schon geltend machen, gewinnt Liquidität, die durch nichts gerechtfertigt ist. Das Umsatzsteuersystem will verlässlich den Endverbraucher belasten, nicht Liquiditätsvorteile verschaffen. Hier gibt es beachtliche Verwerfungen.

C. Die öffentliche Hand

Kirchhof: Nun würde ich gerne die Umsatzsteuerpflicht der „öffentlichen Hand" aufrufen. Unser Reformentwurf versucht, das ist vorhin schon zu Recht angesprochen worden, den Grundgedanken zu verfolgen, dass die Umsatzsteuer eine Verbrauchsteuer ist, also den Konsumenten zum Steuerpflichtigen macht. Nach diesem Prinzip hat die öffentliche Hand, wenn sie nicht Hoheitsaufgaben wahrnimmt, sondern als Unternehmer am Markt auftritt, den von ihr erwerbenden Konsumenten mit Umsatzsteuer zu belasten und den Steuerbetrag an den Staat abzuführen. Die öffentliche Hand ist Steuererhebungshelfer wie jeder andere Unternehmer.

Etwas anderes gilt, wenn die öffentliche Hand als Konsument auftritt. Um die benötigten Wirtschaftsgüter zu erwerben, setzt sie nicht privat erworbene Konsumkraft, sondern Steuerkraft ein. Diese aber zu besteuern ist sinnwidrig. Wenn die öffentliche Hand hier Umsatzsteuern zahlen müsste, wäre das sachlich keine Besteuerung, sondern ein Akt des Finanzausgleichs. Sie zahlt aus ihren Steuererträgen Umsatzsteuer, eine Gemeinschaftssteuer, an Bund und Länder, erhält einen Anteil dieses Steuerertrages zurück, die anderen Anteile bekommen andere Ertragsberechtigte – Bund, Länder und auch die Gemeinden. Unter dem Mantel der Besteuerung verbirgt sich ein Finanzausgleich.

Der Staat ist Steuergläubiger, nicht Steuerschuldner. Dies gilt auch für die Umsatzsteuer. Deswegen sind staatliche Lieferungen und Leistungen nicht umsatzsteuerbar. Dieses Ergebnis erreichen wir ebenso wie bei zwischenunternehmerischen Leistungen. Auch der Staat bekommt eine Identifikationsnummer, die ihn nunmehr als staatlichen Nachfrager ausweist. Verwendet er bei seinem Leistungstausch diese Identifikationsnummer und wickelt er die Zahlungsvorgänge über Gewährkonten ab, dann gilt für ihn die Rechtsvermutung, er ist Staat, der nicht umsatzsteuerbare Leistungen ausführt. Auch hier dokumentiert die Identifikationsnummer beim Bundesamt für Finanzen die Rechtsvermutung, dass der Markt dem Staat als Leistungspartner begegnet. Auch hier ist die Vergewisserung einfach durch Computer erreichbar. Ein Unternehmer ruft die Identifikationsnummer beim Bundesamt für Finanzen auf. Weist diese Nummer den Partner als Teil der öffentlichen Hand aus, ist die Leistung nicht steuerbar. Insoweit gilt eine unwiderlegliche Rechtsvermutung, solange das Bundesamt für Finanzen die Identifikationsnummer nicht gelöscht hat. Die Verantwortlichkeit, die Einschätzbarkeit der Qualifikation – als Unternehmer oder als öffentliche Hand – wird bei einer staatlichen Behörde zentralisiert. So wird eine faire Verantwortlichkeitsbalance zwischen privater und öffentlicher Hand hergestellt. Herr Homburg, Sie möchten sich dazu äußern? Bitte.

Homburg: Ich habe einmal an einem Forschungsprojekt „Harmonisierung der Altersversorgung" mitgewirkt. Bei diesem Projekt ging es um die gefühlte Ungerechtigkeit, dass Beamte Pensionen bekommen statt Renten. Wir haben uns überlegt, wie die Beamten ebenfalls in die Rentenversicherung einbezogen werden könnten. Nach einiger Zeit zeigte sich, dies wäre wahnsinnig schwierig und im politischen Prozess unseres Landes kaum umsetzbar. Die Schwierigkeiten beginnen etwa damit, dass die Gemeinden prozentual gesehen viel weniger Beamte beschäftigen als Bund und Länder. Der gesamte innerstaatliche Finanzausgleich müsste geändert werden. Im Ergebnis haben wir empfohlen, es beim status quo zu belassen, weil der Preis für die Beseitigung dieser gefühlten Ungerechtigkeit einfach zu hoch ist. Ähnlich verhält es sich hier: Empfangen die einzelnen staatlichen Einheiten ihre Leistungen künftig umsatzsteuerfrei, profitieren der Bund, die Länder, die Gemeinden und unzählige Parafiski in ganz unterschiedlichem Ausmaß von dieser Änderung. Gleichzeitig würden die gesamtstaatlichen Umsatzsteuereinnahmen sinken. Folglich wäre eine solche Reform nur zustimmungsfähig, wenn gleichzeitig der Finanzausgleich in der Weise geändert würde, dass keine staatliche Einheit dabei verliert. Wer einmal an Diskussionen über den Finanzausgleich mitgewirkt hat, der weiß, dies sind die schwierigsten politischen Diskussionen überhaupt, weil der Staat selbst betroffen ist. Als Forscher und später als Mitglied der damaligen Föderalismuskommission habe ich Vorschläge erarbeitet, die eine Kompensation des Bundes und der Länder insgesamt beinhalteten. Diese Vorschläge waren gleichwohl nicht mehrheitsfähig, weil außerdem jedes einzelne Land vorgerechnet bekommen wollte, dass es nichts verliert. Dies nicht nur für die Ländergesamtheit zu zeigen, sondern für jedes einzelne Land, ist aber praktisch oft unmöglich. Bei erforderlicher Kompensation der Gemeinden und Parafiski gilt das umso mehr. Unter diesem Gesichtspunkt halte ich eine Befreiung des Staates von der Umsatzsteuer für politisch nicht umsetzbar.

Kirchhof: Ich ahne, wovon Sie sprechen, Herr Homburg, ich war bei drei Länderfinanzausgleich-Urteilen Richter. Wir haben schließlich vom Gesetzgeber ein Maßstäbegesetz gefordert, um eine Rationalität objektiver Maßstabgebung zu veranlassen, bevor die betroffenen Gebietskörperschaften in der Anwendung dieses Maßstabes die Ergebnisse für sich berechnen können. Doch nun Dieter Birk, bitte.

Birk: Es ist interessant, dass in diesem Punkt die Positionen so weit auseinander gehen. Ich habe zur Vorbereitung auf diesen Tag auch die beiden Tagungsbände der Deutschen Steuerjuristischen Gesellschaft durchgesehen, die sich 1990 und 2009, also zweimal mit Umsatzsteuer befasst hat. Es bestand stets weitgehend Einigkeit, dass es ein Unding ist, die Öffentliche Hand im Bereich der Daseinsvorsorge Umsatzsteuer zahlen zu lassen, und dass hier das geltende Recht geändert werden müsse. Immer wieder wurde auch darauf hingewiesen, dass durch die Steuerpflicht der öffentlichen Hand ein verdeckter Finanzausgleich stattfinde, der den verfassungsrechtlichen Vorgaben zuwider laufe. Jüngst hat Desens in einem Gutachten darauf hingewiesen, dass die Finanzausgleichwirkung, die darin liegt, dass ein Hoheitsträger Umsatzsteuer zahlt, die einem anderen Hoheitsträger zufällt, schon wegen der mangelnden Transparenz dieser Geldströme verfassungswidrig sei. Es war eigentlich immer die Position der Steuerrechtswissenschaft, dies zu beseitigen. Im Entwurf wird diesem Petitum nun nachgekommen.

Kirchhof: Und nun darf ich Herrn Birkenfeld bitten.

Birkenfeld: Die derzeitige Umsatzbesteuerung der öffentlichen Hand, d.h. der juristischen Personen des öffentlichen Rechts, wird durch eine Vorschrift geprägt (§ 2 Abs. 3 Satz 1 UStG), die – wie keine zweite – von den Vorgaben des Unionsrechts am weitesten entfernt ist.

Das richtige Konzept liegt auf der Hand. Der Staat als Steuergläubiger soll nicht zugleich auch Steuerträger der Umsatzsteuer sein. Das wird durch die Bestimmung (§ 104 Satz 1 BStGB) erreicht, dass die öffentliche Hand nicht als Verbraucher handelt. Damit wird der Kernbereich der Tätigkeit der öffentlichen Hand dadurch entlastet, dass ihre Verwaltungseinheiten eine USt-IdNr. erhalten, mit der sie dem leistenden Unternehmer die Berechtigung zum nichtsteuerbaren Erwerb anzeigen und dieser keine Umsatzsteuer berechnen muss, wenn er durch Banküberweisung zahlt (§ 109 BStGB). Bei Barzahlungen erwirbt die Verwaltungseinheit zunächst steuerbar und kann Vergütung der in Rechnung (§ 75 BStVO) gestellten Umsatzsteuer als Vorsteuer beantragen (§ 110 BStGB).

Im Rahmen der Daseinsvorsorge und der erwerbswirtschaftlichen Betätigung handelt die öffentliche Hand als Unternehmer (§ 104 Satz 2 mit § 102 Abs. 1 BStGB) und erwirbt nichtsteuerbar durch zwischenunternehmerischen Umsatz. Das ist der Bereich, in dem der Unternehmer des privaten Rechts keine Leistungen anbieten darf. Das Nichtbesteuerungsprivileg der öffentlichen Hand ist aber unberechtigt, wenn und soweit die öffentliche Hand in einen potenziellen Wettbewerb zu Unternehmern des privaten Rechts tritt.

Dazu eine konkrete Frage: Darf ich, wenn ich meine Umsatzsteuerrundschau in einer Strafanstalt binden lasse, eine Rechnung fordern, die den Preis und die Umsatzsteuer ausweist? Dabei gehe ich davon aus, dass das Binden einer Zeitschrift in einer Strafanstalt Teil des Strafvollzugs ist.

Kirchhof: Auf diese Frage möchte Herr Widmann antworten.

Widmann: Das Beispiel von Herrn Dr. Birkenfeld mit dem Binden der Umsatzsteuerrundschau betrifft zwei Seiten der Frage, wie die öffentliche Hand besteuert wird.

Herr Professor Kirchhof hat angefangen mit der Frage der öffentlichen Hand als Verbraucher. Sie wird bisher als Endverbraucher betrachtet und muss deshalb für alles, was sie einkauft, Umsatzsteuer bezahlen. Das wollen Sie nicht haben, weil Sie sagen, der Staat soll sich nicht an seiner eigenen Steuer bereichern. Daher bestimmt § 104 Satz 1 des Entwurfs, dass die öffentliche Hand nicht als Verbraucher handelt.

Das andere, was Sie ansprechen, Herr Dr. Birkenfeld, ist, was zu geschehen hat, wenn der Staat mit irgendeiner Einheit in den Markt eingreift und ein Angebot macht, das eine Nachfrage findet. Dazu finde ich in § 104 Satz 2 des Entwurfs die Lösung, wo es unter der Überschrift „Öffentliche Hand" heißt: „Sie kann unter den Voraussetzungen des § 102 Abs. 1 Unternehmer sein." Und § 102 Abs. 1 lautet: „Als Unternehmer handelt, wer selbständig eine Einkunftsquelle planmäßig zur Erzielung von Entgelten am Markt nutzt."

Wenn das Gefängnis in Ihrem Beispiel Entgelte dafür nimmt, dass es Bücher bindet, dann kommt es nicht darauf an, wer den Bindeauftrag gibt – es sei denn es wäre vielleicht die Bibliothek des Bundesfinanzhof. Dann wäre natürlich wiederum ein Bedarf der öffentlichen Hand befriedigt und es fiele keine Umsatzsteuer an. Also das geht rechnerisch. Nur wenn eben Sie persönlich als Verbraucher diese Leistung der Justizvollzugsanstalt nachfragen, dann entsteht darauf auch Steuer und das ist auch richtig, denn dann zahlen Sie mit dem Preis die Steuer und nicht die Justizvollzugsanstalt.

Kirchhof: Nun wird Herr Reiß unsere Diskussion mit, wie ich hoffen darf, seinen praxisnahen Erwägungen beleben.

Reiß: Ich habe eine praktische Frage zur Öffentlichen Hand als Nachfrager. Ich stimme voll damit überein, dass es keinen vernünftigen Grund gibt, die Öffentliche Hand als Nachfrager von unternehmerischen Leistungen wie einen privaten Endverbraucher und Konsumenten durch Umsatzsteuer zu belasten. Das ist aber nur die theoretische Seite.

Die praktische Seite sähe allerdings, wenn ich es richtig verstehe, so aus:

Entweder ist die Öffentliche Hand Nachfrager als selbst durch entgeltliche Leistungserbringung unternehmerisch tätige Person. So wäre es in Ihrem Beispiel gewesen. Dann würde sie sich als Unternehmer gegenüber dem die Leistung erbringenden Unternehmer ausweisen. Da dann der Umsatz zwischen Unternehmern stattfindet, würden wir sagen, dass er nicht zu besteuern ist.

Oder aber die Öffentliche Hand ist als Nachfrager von Leistungen zur Erfüllung ihrer hoheitlichen Aufgaben als Nichtunternehmer tätig. Auch dann gibt es keinen vernünftigen Grund für eine Belastung der Öffentlichen Hand mit Umsatzsteuer. Nun habe ich aber das System so verstanden, dass wir letztlich eine Kontrolle brauchen! Die Kontrolle besteht darin, dass über Gewährkonten gezahlt wird. Dann müsste bei der Öffentlichen Hand natürlich nachgefragt werden können, ob und was die Öffentliche Hand eingekauft hat. Denn der Unternehmer, der die Öffentliche Hand vermeintlich oder tatsächlich beliefert hat, macht davon Gebrauch, dass Leistungen an die Öffentliche Hand nicht zu besteuern oder befreit sind. Ob aber tatsächlich, wie vom leistenden Unternehmer durch Beanspruchung der Nichtbesteuerung behauptet, Leistungen an die Öffentliche Hand erbracht worden sind, kann stimmen oder auch nicht. Insoweit muss eine einfache Überprüfungsmöglichkeit bestehen. Eine Kontrolle muss es auch für Leistungen geben, die für den Bereich erfolgen, in dem die Öffentliche Hand als solche nicht unternehmerisch tätig ist. Auch insoweit müssen entsprechende Aufzeichnungen bei der Öffentlichen Hand dann hoffentlich geführt werden, so dass entsprechende Kontrollen auf einfachem Wege ermöglicht werden können.

Kirchhof: Bitte, Herr Homburg.

Homburg: Das ist alles richtig, Herr Reiß. Aber um den Entwurf hier zu verteidigen, das ist eigentlich im heutigen geltenden Recht genauso, Stichwort: Trennungsrechnung.

Ich bin an einer technisch geprägten Universität tätig, die viel Auftragsforschung für Unternehmen wie VW, Conti und ähnliche betreibt. Jedes Institut ist umsatzsteuerlich aufgespalten in einen vorsteuerberechtigten Bereich und einen nicht-vorsteuerberechtigten Bereich und muss eine sogenannte Trennungsrechnung durchführen, die Bestandteil unseres SAP Systems ist.

Und, Herr Reiß, zum Stichwort Kontrolle: Ab und an kommt selbstverständlich auch der Umsatzsteuersonderprüfer vorbei und schaut, ob das so alles richtig gemacht wird. In dem Punkt würde sich materiell wenig ändern.

Kirchhof: Herr Homburg, es ist noch einfacher. Wir müssen gedanklich das geltende System verlassen. Bei uns heißt es in § 104: Die öffentliche Hand handelt nicht als Verbraucher. Das heißt, der Rechtfertigungsgrund für die Besteuerung der öffentlichen Hand entfällt generell. Entweder sie ist Steuergläubiger, dann macht es keinen Sinn, dass der Steuergläubiger an den Steuergläubiger Umsatzsteuer zahlt. Oder sie ist Unternehmer. Dann wendet sie sich an einen Unternehmer, um etwas zu erwerben, dann haben wir die zwischenunternehmerische Leistung, sie ist auch steuerfrei. Wenn man dieses System konsequent durchdenkt, entfällt für die staatliche Nachfrage gänzlich der Rechtfertigungsgrund zur Erhebung der Umsatzsteuer. Wenn wir immer nach dem rechtfertigenden Grund der Steuer fragen – ist die öffentliche Hand Verbraucher? – fällt sie als Steuerschuldner aus. Wenn man akzeptiert, dass es keinen Sinn macht, dass ein Steuergläubiger an den Steuergläubiger Steuern zahlt, außerdem zwischenunternehmerische Leistungen nicht steuerbar sind, dann drängt sich eine einfache Lösung auf.

D. Ort der Leistung

Kirchhof: Nun rufe ich den vierten Punkt auf, den Ort der Leistung. Wir versuchen, nach der Idee der Umsatzsteuer als Verbrauchsteuer das Bestimmungslandprinzip folgerichtig durchzuführen. Zunächst gilt die Grundregel: Ort des Umsatzes ist der Verschaffungsort, bei Dienstleistungen der Empfangsort. Dann gibt es natürlich Grenzfälle, etwa wenn der Umsatz in einem Flugzeug stattfindet oder wenn wir

Internetleistungen nicht genau zuordnen können. Da schlagen wir Einzelregelungen vor. Aber der Grundgedanke, gegen den sich Staaten manchmal wehren, weil vom Ort der Leistung die Steuerertragshoheit abhängt, ist klar und erlaubt Folgerichtigkeit bei den Ausführungsregelungen. Die Umsatzsteuer will den Verbraucher besteuern und daraus ergibt sich das Bestimmungsland-Prinzip. Das ist meines Erachtens einsichtig und konsequent. Wer möchte sich dazu äußern? Bitteschön, Herr Homburg.

Homburg: Zu den vorgeschlagenen Regelungen zum Ort der sonstigen Leistung, im Verhältnis zum geltenden Recht, möchte ich nichts sagen, weil dies den Rahmen der Veranstaltung einfach sprengen würde. Das geltende Gesetz ist zu detailverliebt und verzwickt, wie ein Blick auf §§ 3 a bis 3 g UStG sofort zeigt, als dass man darauf in einem Symposion eingehen könnte. Aber dies führt mich zu einem allgemeineren Gesichtspunkt, den ich gern in Form eines Lobes des Entwurfs anbringen möchte:

Handwerklich, sprachlich und was die logisch-geistige Durcharbeitung des Gegenstands angeht, ist der Kirchhofsche Entwurf dem geltenden Recht um Lichtjahre voraus. Dieser wichtige Vorzug wird indes zu wenig gewürdigt. Besprechungen selbst in respektablen Medien wie der FAZ verlieren sich schnell bei Arbeitszimmern und den üblichen Aufregern, ohne auf den Kernpunkt einzugehen, nämlich die Verbesserung des Rechts durch logische und sprachliche Stringenz. Dies möchte ich vor allem in Richtung der jüngeren Anwesenden sagen.

Ich leide ein wenig darunter, dass in unser deutsches Recht zunehmend angelsächsische Marotten einziehen, die die Sprache, aber auch den Verstand zu vernebeln drohen. Dabei denke ich an endlose Spiegelstrichaufzählungen, an Trivialitäten, die in Fettdruck und gesperrt daherkommen, oder endlose Buchstabenparagraphen. Herr Kollege Kirchhof hat die ihm gestellte Herausforderung in römischrechtlicher Tradition gelöst, also nach dem Grundsatz Abstraktion vor Enumeration, und in großer sprachlicher Disziplin. Auch wenn wir in Detailfragen wie der Besteuerung zwischenunternehmerischer Leistungen unterschiedliche Auffassungen haben mögen, erscheint mir unbezweifelbar: Nach Adaption des Kirchhofschen Entwurfs würden alle Rechtsanwender über eine sprachlich, handwerklich und logisch viel bessere Arbeitsgrundlage verfügen als derzeit.

Kirchhof: Danke. Dieter Birk, bitte.

Birk: Keine Besteuerung zwischenunternehmerischer Leistung und Leistungsort hängen – wenn ich den Entwurf richtig interpretiere – zusammen. Der Binnenmarktgedanke wird schon dadurch ganz allgemein verwirklicht, dass die zwischenunternehmerischen Leistungen freigestellt sind, und deswegen tut sich der Entwurf so leicht mit diesen zwei Grundregeln „Verschaffungsort und Empfangsort". Dadurch wird klargestellt, dass die Steuer dort anfällt, wo sie auch hingehört. Vorher eben nicht.

Kirchhof: Wichtig ist uns der Zusammenhang von Gesetzgebungshoheit, Ertragshoheit, Verwaltungshoheit. Herr Widmann.

Widmann: Ich wollte das auch noch unterstreichen. Der Vereinfachungseffekt ist mit diesen Regelungen natürlich enorm. Die Unterscheidung b2 b oder b2 c, wie das modern heißt – die Frage „to be or not to be" – hat wirklich Hamlet-Dimensionen für die Umsatzsteuer, das ist alles weg.

Das wäre nur die Vereinfachung für uns aus der Sicht der Verwaltung. Das Ganze hat aber doch auch eine riesige europäische Dimension. Es ist wirklich das Modell für den Binnenmarkt und da verbinden sich die Ortsregelungen mit der zwischenunternehmerischen Nichtsteuerbarkeit. Das funktioniert im Binnenmarkt und das löst die ganzen Betrugsprobleme. Es löst auch die gegenwärtigen administrativen Überwachungsprobleme.

Die Idee des Umsatzsteuergesetzbuches ist wirklich in Brüssel, glaube ich, noch nicht angekommen. Deshalb wird es höchste Zeit, dass Sie, Herr Prof. Kirchhof, sich mit diesem Vorschlag in Brüssel einmal bemerkbar machen. Denn hier wird gezeigt, wie Binnenmarktumsatzsteuer funktionieren kann.

Kirchhof: Herr Birkenfeld, wie ist Ihr Systemverständnis?

Birkenfeld: Lieferungen werden dort ausgeführt, wo die Verfügungsmacht an dem Gegenstand der Lieferung verschafft wird. Der Verschaffungsort (§ 115 BStGB) liegt bei Beförderungs- und Versendungslieferungen – wie derzeit – am Beginn der Warenbewegung. Bei zwischenunternehmerischen grenzüberschreitenden Lieferungen bleibt der Lieferer wegen der Nichtsteuerbarkeit seiner Lieferung an den durch seine USt-IdNr. ausgewiesenen Abnehmer unbelastet, wenn der Abnehmer das Entgelt auf das Gewährkonto des Lieferers zahlt. Eine Besteuerung des innergemeinschaftlichen Verbringens innerhalb des Unionsgebiets entfällt. Das sind materiell Vereinfachungen, die von geringeren formalen Anforderungen als bisher begleitet werden. Damit geht eine Verminderung (Wegfall) der Meldepflichten einher; denn in der Zusammenfassenden Meldung sind die nichtsteuerbaren innergemeinschaftlichen Warenbewegungen nicht mehr zu melden.

Bei Dienstleistungen wird die Besteuerung des Letztverbrauchs durch die Grundregel (§ 118 BStGB) gesichert, wonach Dienstleistungen an dem Ort erbracht werden, an dem sie der Leistungsempfänger erhält. Für bestimmte Dienstleistungen ist der Empfangsort maßgebend (§ 119 BStGB).

Lieferungs- und Dienstleistungsorte für zwischenunternehmerische Umsätze sind nicht notwendig. Im Unionsgebiet sind Lieferungen und Dienstleistungen zwischen Unternehmern nicht steuerbar. Damit geht es auch an dieser Weiche um den Unternehmerstatus der Beteiligten. Wer nicht Unternehmer ist, ist Verbraucher. Ein Drittes gibt es nicht.

Der Unternehmer handelt selbständig und nutzt seine Einkunftsquelle planmäßig zur Erzielung von Entgelten am Markt (§ 102 Abs. 1 BStGB). Leistungen zwischen im Unionsgebiet ansässigen Unternehmern im Inland unterliegen nur dann der Umsatzsteuer, wenn sie nicht ersichtlich ausschließlich dem unternehmerischen Handeln des Leistungsempfängers dienen (§ 105 Satz 1 BStGB).

Das BStGB beseitigt Zweifel, unter welchen Voraussetzungen ein ausschließlich unternehmerisches Handeln ersichtlich ist: Es sind zwei formale Vorgaben zu erfüllen, an die die Nichtsteuerbarkeit anknüpft: Die Beteiligten müssen ihre umsatzsteuerrechtliche Identifikationsnummer verwenden und das Entgelt für die Leistung muss auf ein von der Finanzbehörde einsehbares Bankkonto (Gewährkonto) überwiesen werden. Materiell ist damit keine Vorentscheidung verbunden. Der leistende Unternehmer wird in seinem Vertrauen geschützt, wenn er den – unzutreffenden – Angaben des Leistungsempfängers über seinen Unternehmerstatus vertrauen durfte (§ 106 Abs. 2 Satz 3 BStGB). Der Leistungsempfänger, der als Verbraucher handelt, dem leistenden Unternehmer aber unrichtige Angaben macht, schuldet die Umsatzsteuer (§ 107 BStGB), wenn die Leistung steuerbar (§ 101 Nr. 1 BStGB) und steuerpflichtig ausgeführt worden ist. Wenn der leistende Unternehmer trotz anderweitiger Informationen (vgl. auch Art. 18 Abs. 2 und 3; Art, 19 Unterabs. 2 DVO-MwStSystRL) – somit sehenden Auges – eine gemischte Leistung als nicht steuerbar behandelt, schuldet er die Umsatzsteuer. Ein Verwaltungszuschlag (§ 131 Abs. 1 BStGB) muss nicht, aber kann erhoben werden. Der Ausgleich zwischen den Beteiligten ist zivilrechtlich zu regeln. Auch hier bewährt sich das BStGB als geschlossenes System.

Kirchhof: Dankeschön. Wir nähern uns den Gesprächen beim Mittagessen. Wir wollen auch die mittägliche Ess- und Gesprächskultur pflegen. Doch wenn es noch einen Diskussionsbedarf gibt, will ich den keineswegs zurückdrängen. Herr Dziadkowski hat sich gemeldet.

Dziadkowski: Es geht mir nochmals um die Frage der Nichtsteuerbarkeit der Zwischenumsätze. Den Vorschlägen, die auch schon vor einigen Jahren diskutiert wurden, ist immer wieder der Vorwurf gemacht worden, sie begünstigten die sogenannte Ameisenkriminalität. Wie in der früheren alten Umsatzsteuer könnte es geschehen, dass Umsätze als Umsätze an Unternehmer deklariert werden, die aber in der Wirklichkeit nicht unternehmerisch bedingt sind. Diese Gefahr sehe ich inzwischen so nicht mehr. Heute ist durch die EDV-Anlagen die Rechnungskontrolle ganz eine andere, als das bei der Einführung der Umsatzsteuer war. In diesem Zusammenhang erinnere ich mich auch, dass bei der Einführung 1966/1967 immer argumentiert wurde, der Vorsteuerabzug sei ein interessantes Kontrollinstrument. Er erspare den Betriebsprüfern eine Unmenge des Schreibens von Kontrollmitteilungen. Auch dieses ist inzwischen überholt. Man könnte also ohne weiteres zu Ihrer Lösung übergehen und dann auch gleichzeitig die öffentliche Hand miteinbeziehen.

Kirchhof: Unsere Lösung ist die Lösung des Computerzeitalters. Herr Widmann.

Widmann: Vielen Dank, Herr Professor Dziadkowski. Der Begriff Ameisenkriminalität ist damals fast als „Totschlagargument" gegen unsere Reformüberlegungen gekommen und ich bin Ihnen dankbar, wenn Sie nun auch einsehen, dass mittlerweile über die Elektronik, so schwierig sie manchmal im großen Stil zu beherrschen sein mag, doch eine zuverlässige Kontrolle möglich sein wird über die Gewährkonten. Die Verwaltung kann diese einsehen. Und weil ein Unternehmer eben auch nur durchschnittlich höchstens drei haben soll, wird das Ganze dann in Kanäle gelenkt, die man auch administrativ so kontrollieren kann, dass wir keine verfassungsrelevanten strukturellen Erhebungsdefizite befürchten müssen.

Kirchhof: Dankeschön. Wir kommen jetzt zum Mittagessen. Wir gehen dazu in die Bel Etage unserer Universität, in der sich Tradition und Zukunft Heidelberger Wissenschaft verbinden, in der also ein Kernanliegen unseres Entwurfs sichtbar werden mag.

Podium 3: Reform der Erbschaft- und Schenkungsteuer

Gerhard Bruckmeier, Steuerberater und Wirtschaftsprüfer, München
Professor Dr. Jens-Peter Meincke, Universität Köln
Ministerialdirigent Professor Dr. Michael Schmitt, Ministerium für Finanzen und Wirtschaft Baden-Württemberg, Stuttgart
Vizepräsident Hermann-Ulrich Viskorf, Bundesfinanzhof, München

A. Ehegattenerwerb

Kirchhof: Unser drittes Thema betrifft die Erbschaft- und Schenkungsteuer. Diese ist zwar wesentlich verändert worden, ohne dass diese Neuerungen aber den Belastungsgrund der Erbschaftsteuer verdeutlicht und den Vollzug dieser Steuer vereinfacht hätten. Deswegen haben wir einen besonderen Reformakzent auf diese Steuer gelegt. Ich darf Ihnen das Podium vorstellen: Herrn Viskorf, der Vizepräsident des Bundesfinanzhofs und Vorsitzender des zuständigen Senats, der in Fragen der Erbschaftsteuer – einschließlich den Bewertungsfragen – über einen Schatz praktischer Erfahrung verfügt, die Wirklichkeit aus der alltäglichen Rechtsprechung glänzend kennt, die Maßstäbe des Rechts in Leitentscheidungen immer wieder fortbildet. Herrn Professor Michael Schmitt, Leiter der Abteilung Steuern in Baden-Württembergischen Ministerium für Finanzen und Wirtschaft, der Maßstabgeber für die Exekutive des Steuerrechts in Baden-Württemberg, der in dieser Funktion auch in der Rechtspolitik einen wesentlichen Einfluss gewinnt. Herrn Professor Meincke, bekannt seit Jahrzehnten als einer der besten Kenner und Kommentatoren unseres Erbschaftsteuerrechts, dem es ein besonderes Anliegen ist, das Erbschaftsteuerrecht und das Erbschaftsrecht in Einklang zu halten, das Steuerrecht an das Zivilrecht anzuknüpfen. Diese Steuer bietet sich in besonderer Weise für einen begrenzten Maßgeblichkeitsgrundsatz an. Ich darf Ihnen, lieber Herr Meincke, aus unserer langjährigen Arbeit mit dem Erbschaftsteuerrecht sagen, dass der Kommentar uns glänzende Informationen in schöner deutscher Sprache über das, was das Erbschaftsteuerrecht bestimmt, gegeben hat – eine Wissens- und Verstehenshilfe. Dann darf ich Herrn Bruckmeier begrüßen, Wirtschaftsprüfer und Steuerberater in der Münchener Kanzlei Kleeberg und Partner, der sehr intensiv und vielfältig Erbfälle, Testamente, Erbverträge und ihre Rahmenbedingungen berät, deswegen eine besondere Sensibilität für die Fragen entwickelt, die wir an das Erbschaftsteuerrecht richten. So sind wir gut gerüstet, die realen Probleme wirklichkeitsnah zu begreifen, die Sachverhalte, den rechtlich zu bewältigenden Tatbestand, so zu verstehen, dass in der Tatsachenfrage schon mindestens die Hälfte der Antwort liegt. So lassen sich die rechtspolitischen Alternativen systematisch und verfassungsbewusst beurteilen.

Das erste Kernanliegen unseres Reformvorschlages betrifft – wir sind natürlich wieder offen für andere Sichtweisen, Ergänzungen, Bedenken – den Erbfall unter Ehegatten. Hier haben wir keinen grundlegenden neuen Reformgedanken entwickelt, vielmehr die Rechtsordnungen anderer Länder studiert und dabei gesehen, dass manche dieser Länder die Ehegattenerbfolge nicht besteuern. Diese gesetzliche Regelung überzeugt, weil ihr ein Gedanke zugrunde liegt, der unserem Ehegattensplitting ähnelt. Die Eheleute erwerben und bewirtschaften ihr Vermögen gemeinsam, pflegen und erhalten es in Zusammenwirken und Arbeitsteilung. Deswegen gehört das, was sie gemeinsam erworben, verwaltet und genutzt haben, ihnen gemeinsam zur gesamten Hand. Beim Erbfall unter Ehegatten wird das Vermögen nicht eigentlich weitergegeben. Vielmehr bleiben die wirtschaftlichen Grundlagen der Ehegatten gleich. Der Überlebende möchte sie in Kontinuität in der Not des Todesfalles bewahren.

Die Bedeutung der Erbschaftsteuer beim Tod eines Ehegatten habe ich als Richter erlebt. Ein junger Unternehmer hatte sein Vermögen von seinem Vater geerbt, ist dann aber wenige Wochen später durch einen Verkehrsunfall verstorben. Er hinterließ seine Witwe und drei schulpflichtige Kinder. Sein Unternehmen war erfolgversprechend saniert, aber hochverschuldet. Ein erheblicher Vermögenswert bestand in dem Elternhaus, das nunmehr die Witwe mit ihren Kindern bewohnte. Wäre hier das Erbschaftsteuerrecht nach dem Text des Gesetzes zur Anwendung gekommen, hätte die Witwe ihr Haus veräußern, also in der Not des Unfalls auch ihren räumlichen Lebensmittelpunkt aufgeben müssen. Damit stellt sich verfassungsrechtlich die Frage des Übermaßes, menschlich das Problem eines humanen Rechts. Das Steuerrecht darf die Lebensverhältnisse dieser Familie nicht elementar verändern. Das Schicksal des plötzlichen Todes drängt alle Beteiligten, soviel Kontinuität zu bewahren, als eben möglich.

Unser Reformentwurf schlägt vor, dass die Erbfolge von Eltern auf ihre Kinder besteuert wird, während die Zuordnung des Vermögens an die Eltern bei einem Erbfall unter den Eltern – entgegen dem Zivilrecht – steuerrechtlich als gleichbleibend behandelt wird, bis der zweite Elternteil verstirbt und damit das Vermögen an die nächste Generation übergeht. Wir orientieren uns dabei an manchen anderen europäischen Staaten, die diese Lösung bereits praktizieren. Auch der Deutsche Bundestag hat eine solche Reform bereits diskutiert, diese dann aber nicht verwirklicht. Grund waren aber nicht steuersystematische Bedenken gegen eine solche Reform, sondern das Problem der Gleichstellung von Ehen und Lebenspartnerschaften, die man vermeiden wollte.

Nun möchte ich Sie, Herr Viskorf, um Ihre Einschätzung bitten.

Viskorf: Vielen Dank. Die Befreiung von Ehegattenerwerben ist – aus meiner Sicht – in jeder Hinsicht zu begrüßen. Die Freistellung der Ehegattenerwerbe ist eigentlich kein neuer Gedanke. In der mehr als hundertjährigen Geschichte der deutschen Erbschaftsteuer gab es immer wieder Phasen, in denen Ehegattenerwerbe unbesteuert blieben.

Den systematischen Anknüpfungspunkt für die Freistellung von Ehegattenerwerben sehe ich allerdings zunächst weniger in dem Steuervereinfachungseffekt, der ohne Zweifel gegeben ist, sondern in der Zielrichtung des Erbschaftsteuergesetzes, Chancengleichheit im Generationentakt herzustellen. Bei einer achtzigjährigen Witwe ist dies nicht mehr erforderlich. Zur Herstellung von Chancengleichheit reicht es aus, den Vermögensübergang von der Witwe auf die nächste Generation steuerlich zu erfassen. Dies ist auch der Grund dafür, dass in früheren Phasen, in denen Ehegattenerwerbe steuerfrei waren, diese Vergünstigung teilweise nur beim Vorhandensein von Kindern gewährt wurde.

Der Verzicht auf die Besteuerung der Ehegattenerwerbe empfiehlt sich aber selbstverständlich auch aus steuerpraktischen Gründen. Die steuerliche Erfassung und Beurteilung von Ehegattenerwerben ist aus tatsächlichen wie auch aus rechtlichen Gründen häufig nicht einfach. Die tatsächlichen Schwierigkeiten ergeben sich nicht selten daraus, dass die Ehegatten mit ihren Einkommen und Vermögen gemeinsam wirtschaften, einen gemeinsamen Haushalt finanziell auszustatten und aus unterhaltsrechtlichen Gründen ihre Beiträge hierzu zu leisten haben. Die Grenze zwischen den Vermögen der Ehegatten wird häufig nicht exakt gezogen (Beispiel: „Oder-Konto"). In rechtlicher Hinsicht bereitet vor allem der Einfluss güterrechtlicher (Ausgleichs-)Ansprüche auf die Höhe der Erbschaftsteuer, insbesondere die Abkehr der steuerrechtlichen Regelung in § 5 ErbStG von den zivilrechtlichen Ausgleichsmodellen, erhebliche Schwierigkeiten. Die Ehegatten werden durch die Möglichkeiten, die die Regelung in § 5 Abs. 2 ErbStG für den güterrechtlichen Zugewinnausgleich vorsieht, zu abenteuerlichen Konstruktionen verleitet (Beispiel: Güterstandsklausel). Zusätzliche Schwierigkeiten bereiten die steuerlichen Vergünstigungen beim Erwerb eines Familienheims von Todes wegen durch Ehegatten nach § 13 Abs. 1 Nr. 4 b ErbStG, insbesondere die Merkmale der „unverzüglichen Selbstnutzung" durch den überlebenden Ehegatten und die „zwingenden Gründe", die einer Selbstnutzung entgegenstehen.

Ich möchte allerdings anmerken, dass die vollständige Freistellung der Ehegattenerwerbe von der Erbschaftsteuer ein gewisses Missbrauchspotential enthält. Es sind nämlich durchaus Fälle denkbar, in denen vor einer beabsichtigten Schenkung oder bei Absehbarkeit des Ablebens Ehen allein zur Erlangung der Steuerbefreiung geschlossen werden (Stichwort: Onkelehe). Einem solchen Szenario kann gegebenenfalls mit Sperrfristen und mit einer Regelung begegnet werden, wonach der Altersunterschied der Eheleute nicht mehr als 20 bis 25 Jahre betragen darf.

Kirchhof: Danke für diese weiterführende Würdigung des Konzepts. Herr Schmitt, bitte.

Schmitt: Vielen Dank. Ich möchte zunächst einmal persönlich erklären, wie schön ich es finde, hier sitzen zu können. Sie haben heute Morgen gesagt, wir hätten sehr intensive Gespräche geführt und auch harte Gespräche. Ich stamme hier aus der Kurpfalz, aus Mannheim. Da wird man eher sagen, wir haben bisweilen gestritten wie die Kesselflicker, aber das fand ich sehr erfrischend und vor allen Dingen sehr schön, dass Sie das ertragen haben, ja, manchmal gerade provoziert haben, dass man immer wieder sehr gut diskutieren konnte. Aber das war ein anderes Teilrechtsgebiet, über das ich gar nicht mehr reden möchte. Bei der Erbschaftsteuer war das ganz anders. Da haben wir eigentlich von Anfang an gemeinsam die Jubelarie angestimmt, die mein Kollege, Herr Widmann, heute Morgen gefordert hat. Wir waren uns dort im Grunde einig. Die Idee ist hier wirklich einfach und brillant. Das gilt auch für die Schenkungen und die Erbschaften zwischen Ehegatten. Ich darf einfach ganz kurz darauf verweisen, dass wir darüber hinaus auch heute schon viele Möglichkeiten haben, die Besteuerung zu vermeiden. Es gibt ja einen hohen persönlichen Freibetrag von 500.000 Euro, es gibt einen Versorgungsfreibetrag, einen steuerfreien Zugewinnausgleich. Mit anderen Worten: Die Verwaltung muss das alles untersuchen und dann ergibt sich eine Steuer von null. Ein aus Sicht des Fiskus aufwändiges, aber uneffektives Verfahren. Dann kann man das auch lassen, völlig unabhängig von Gerechtigkeitserwägungen, die Sie ja schon angesprochen haben.

Nun ist eine solche Reform im politischen Raum schon einmal diskutiert worden. Ich darf darauf verweisen, das Finanzministerium Baden-Württemberg hatte diese Überlegungen angeregt, und das ist auf Bundesebene diskutiert worden. Dann haben die einen sich für die Reform ausgesprochen, die anderen aber eingewandt, wenn wir die Ehegatten freistellen, müssen wir die gleichgeschlechtlichen Lebenspartner gleich behandeln. Daraufhin hat man auf die Reform verzichtet. Das war so. Dafür kann ich mich verbürgen. Auf dem Niveau haben wir in unserem Heidelberger Arbeitskreis eigentlich nie miteinander diskutiert, aber so ist es halt gewesen.

Kirchhof: Dankeschön. Herr Meincke bitte.

Meincke: Bevor ich zu Details komme, möchte auch ich wie meine Vorredner gern hervorheben, dass ich den ganzen Gesetzbuchentwurf sehr interessant finde, dass der Erbschaftsteuerteil mir besonders gut gelungen zu sein scheint, und dass ich auch gerade die Begründung zu diesem Teil des Entwurfs mit großem Interesse gelesen habe. Denn der umfangreiche Begründungsteil hebt das künftige Recht vom geltenden Recht ab und bringt dabei zugleich Überlegungen, die das Verständnis des geltenden Rechts nachhaltig fördern.

Vieles spricht dafür, Zuwendungen unter Ehegatten künftig steuerfrei zu lassen. Das wäre zweifellos ein deutlicher Schritt zur Steuervereinfachung. Viele komplizierte Regelungen, wie die des Zugewinnausgleichsfreibetrages, des Versorgungsfreibetrages, der Familienheimzuwendung unter Lebenden oder von Todes wegen würden entbehrlich. Andere, wie die Regelung der Steuerfolgen der Vor- und Nacherbfolge, der Erbfolge und Schlusserbfolge, des beim Tod des Beschwerten fälligen Vermächtnisses oder auch des Oder-Kontos würden an Bedeutung nachhaltig verlieren. Zwei Gegengründe verdienen jedoch auch Beachtung. Zum einen würde eine solche Steuerfreistellung zu Lasten des Steueraufkommens gehen. Wenn das Steueraufkommen unverändert hoch sein soll, muss an anderer Stelle, das heißt aber auch: zu Lasten anderer, ein Mehraufkommen erzielt werden. Zum zweiten verstärkt die Steuerfreistellung von Ehegatten die Bedeutung der Heirat für das Steuerrecht. Wenn man bedenkt, dass die Tendenz heute ganz eindeutig dahin geht, dass immer mehr Paare unverheiratet bleiben und folglich die Steuerfreiheit nicht in Anspruch nehmen können, fällt die Begründung, warum nur gerade Ehegatten in den Genuss der Steuerfreiheit kommen sollen, nicht leicht.

Kirchhof: Dankeschön. Herr Bruckmeier bitte.

Bruckmeier: Zur Steuervereinfachung ist das Meiste schon gesagt worden. Die steuerlichen Regelungen zu den Güterständen, zum Zugewinnausgleich und zum Wechsel der Güterstände sind sehr komplex. In der Praxis kommt man bei der Ermittlung der Ausgleichsansprüche meist um heroische Annahmen nicht umhin.

Der Güterstandswechsel wurde angesprochen. Zumeist verengt sich der Blick auf die steuerlichen Aspekte. In der Praxis zeigt sich, dass bei einem Wechsel der Güterstände auch persönliche Anliegen eine große Rolle spielen können. Bei einem mehrfachen Güterstandswechsel stehen oft nicht nur steuerliche Aspekte im Vordergrund.

Steuerfreier Transfer zwischen den Ehegatten bedeutet auch, dass sich – mit Blick auf Kinder – die Freibeträge praktisch verdoppeln. Es bietet sich an, Übertragungen auf die Kinder über den Ehegatten zu leisten.

Sollte es zur Steuerfreiheit bei Übertragungen zwischen Ehegatten kommen, müsste darüber nachgedacht werden, wie Zuwendungen in der Vergangenheit, die nicht deklariert wurden, behandelt werden. In vielen Fällen lässt sich – zum Teil über Jahrzehnte zurück – kaum mehr ermitteln, in welche Richtung Vermögenstransfers stattgefunden haben. Eine großzügige Übergangsregelung wäre sicher angebracht.

Kirchhof: Danke. Die Übergangsproblematik ist in dem gesamten Vorhaben bedeutsam, insbesondere weil das geltende Recht für eine gewisse Zeit Vertrauensschutz beanspruchen kann, aber auch deshalb, weil Gleichheit und Folgerichtigkeit aus dem alten System in das neue System überführt werden müssen.

B. Erwerb von Vermögen ohne Liquidität

Kirchhof: Ich schlage vor, dass wir den zweiten materiellen Schwerpunkt, den Erwerb von Vermögen ohne Liquidität, aufrufen. Das Problem wird deutlich, wenn wir uns einen Erben vorstellen, der ein Unternehmen – einen gewaltigen Vermögenswert – erbt, dabei jedoch um einen Vermögenswert bereichert ist, der in dem produzierenden Unternehmen gebunden ist. Der Erbe muss seine Steuern in Geld bezahlen, kann aber sein Unternehmen nicht, auch nicht teilweise, zu Geld umwandeln, will er nicht den Unternehmensbestand riskieren. Das geltende Recht bietet eine komplizierte Lösung an, die eine Steuerentlastung verheißt, wenn das unternehmerische Verhalten langfristigen Bindungen folgt, insbesondere die Lohnsumme auf 7 Jahre zu 70% erhält oder das Betriebsvermögen – abzugrenzen vom Verwaltungsvermögen – auf Jahre nicht verringert wird. Die Beratungspraxis hat sich nach dieser Rechtslage vielfach geholfen, indem sie durch Steuergestaltung – insbesondere durch Betriebsspaltung – Arbeitsverhältnisse einer Rechtseinheit zuordnet, die kein Vermögen hält, in der also die Lohnsumme ohne steuerliches Risiko verringert werden kann. Wer sich nun damit beruhigt, dass er bei einer solchen Steuergestaltung vertretbare Ergebnisse erzielt, die wir bei unmittelbarer Anwendung des Gesetzes so nicht rechtfertigen würden, sucht eine praktische Entlastung, die in den rechtfertigenden Belastungsgedanken der Erbschaftsteuer nicht angelegt und nach dem Gebot der Folgerichtigkeit nicht gleichheitsgerecht ist. Es könnte sich hier sogar die Frage stellen, ob derartige Verträge, die ausschließlich zu Lasten Dritter – des Steuerstaates – wirken, zivilrechtlich Bestand haben.

Unser Reformvorschlag sucht wiederum von der die Erbschaftsteuer rechtfertigenden Belastungsentscheidung auszugehen. Der Staat sichert die erbrechtliche Rechtsnachfolge durch das Erbrecht, garantiert den Frieden bei der Entgegennahme der Erbschaft und deren zukünftiger Nutzung, obwohl diese Rechtsnachfolge deutliche Ungleichheiten schafft. Wegen dieser Sicherung und Stütze des Erbrechts ist die Erbschaftsteuer gerechtfertigt. Außerdem stellt sie – diesen Gesichtspunkt von Herrn Viskorf möchte ich gerne aufgreifen – eine balancierende Gleichheit her. Die Grundsatzentscheidung, alle Erben je nach der dank des Erbfalls hinzugewonnenen Leistungsfähigkeit zu besteuern, versuchen wir folgerichtig zu verwirklichen. Wir verzichten wiederum auf alle Ausnahmetatbestände, haben dann eine verbreiterte Bemessungsgrundlage, senken dementsprechend den Steuersatz, kennen im wesentlichen nur die Freibeträge im Verhältnis Eltern/Kinder und für den Hausrat. Wenn auf dieser Bemessungsgrundlage ein Steuersatz von10% gilt, sind durch unsere Freibeträge die kleineren Erbschaften voll entlastet. Sodann wirken die Freibeträge als Progression mit einem Spitzensteuersatz von 10%, der vermutlich das Dreifache des Steueraufkommens realisiert, das wir gegenwärtig erzielen. Die Erträge aus der Erbschaftsteuer belaufen sich gegenwärtig auf etwa 4 Milliarden Euro im Jahr. Deswegen ist die Erbschaftsteuer im Ertrag eine Bagatellesteuer. Sie kann sich aber in Folge der in der Zahl und im Vermögensvolumen wachsenden Erbschaften deutlich erhöhen.

In diesem System können wir dem Erben eines Unternehmens oder eines sonstigen fest gebundenen Vermögens eine zinsfreie Stundung von 10 Jahren einräumen. Er muss dann jedes Jahr 1% der empfangenen Bereicherung bezahlen. Eine solche Steuer gefährdet kein Unternehmen. Wer diese Belastung nicht tragen kann, ist ohnehin Eigentümer eines Unternehmens ohne Zukunft. Stellen wir uns einen Erben vor, der einen Sack Geld erbt. Nehmen wir diesem 10% der Erbschaft weg, ist er mit den verbleibenden 90% durchaus noch vergnügt. Wer hingegen ein Unternehmen im Wert von 100 erbt, aber 10% Erbschaftsteuer bezahlen muss, könnte ein beachtliches Risiko für das Unternehmen zu tragen haben.

Hinzu tritt eine ergänzende Vorschrift: Ereignet sich innerhalb von 30 Jahren in derselben Generationenfolge zweimal ein Erbfall, dann wird die Zahlung des ersten Erben auf den zweiten angerechnet. Auch hier haben wir aus dem vorhin geschilderten praktischen Fall gelernt. Dort hatte der Sohn vom Vater geerbt. Erbe des Sohnes war seine hinterbliebene Familie. Hätten hier die Kinder die Regelerbschaftsteuer voll bezahlen müssen, während die Erbmasse noch durch die Erbschaftsteuer des Sohnes belastet ist, wäre das Unternehmen wohl zerstört worden. Dieser Fall konnte durch das Billigkeitsrecht gelöst werden. Dennoch zeigt der Fall, dass das geltende Erbschaftsteuergesetz gegenüber den Schicksalsschlägen des Todes in dieser Konstellation ohne Erbarmen ist. Hier streiten wir für die Kontinuität der Einkommens- und Vermögensverhältnisse der Eigentümer in der Rechtsnachfolge, wollen das geltende Recht grundsätzlich ändern. Wer möchte sich dazu äußern?

Viskorf: Die Erbschaftssteuer hat von jeher einen ausgesprochen deutlichen Substanzsteuereffekt. Dem Erwerber wird zugemutet, notfalls das von Todes wegen oder durch Schenkung Erworbene ganz oder teilweise zu veräußern, um die Steuer aus dem Verkaufserlös entrichten zu können. Dieser besondere Effekt der Erbschaftsteuer, der sich aus der Stichtagsabhängigkeit und der daraus resultierenden punktuellen Belastung des Steuerpflichtigen ergibt, kann im Einzelfall zu großen Härten führen, die vor allem beim Erwerb von Betriebsvermögen, aber auch von Grundvermögen oder auch beim Erwerb wertvoller Kunstgegenstände eintreten können und dort gerade auch aus übergeordneten wirtschaftlichen oder sonstigen Gründen des Gemeinwohls nicht immer erwünscht sind.

In den vergangenen Jahrzehnten hat sich allerdings gezeigt, dass es den Erblassern beim Betriebsvermögen in den weitaus meisten Fällen gelungen ist, Vorsorge zu treffen und ausreichende liquide Mittel zur Begleichung der Erbschaftsteuer im Nachlass bereitzustellen. Die alte Stundungsregelung beim Erwerb von Betriebsvermögen in § 28 ErbStG (10 Jahre zinslose Stundung) spielte deshalb in der Praxis keine Rolle, weil die Stundung davon abhängig war, dass diese „zur Erhaltung des Betriebs notwendig" war. An dieser Notwendigkeit fehlte es in der Regel, weil sich im Nachlass neben dem Betriebsvermögen noch weiteres Vermögen befand, welches zur Begleichung der Erbschaftsteuer verwendet werden konnte. Gleichwohl ist nicht auszuschließen, dass durch den Anfall von Erbschaftsteuer Härten eintreten. Dem ist nach meiner Überzeugung nicht durch eine Steuerbefreiung, sondern nur durch eine großzügige Stundungsregelung zu begegnen. Eine Ratenzahlung führt letztendlich zur vollständigen Erhebung der Steuer, was für die allgemeine Akzeptanz der Steuer von großer Bedeutung ist. Das jetzt bestehende ausschweifende Steuerbefreiungsregime untergräbt die Akzeptanz der Steuer bei den Steuerpflichten. Ob es jedoch einer voraussetzungs- und zinslosen Stundung der Steuer und des damit zwangsläufig verbundenen Abzinsungseffekts bedarf, habe ich Zweifel. Die Stundung sollte m.E. im Ergebnis keinen Steuerermäßigungscharakter haben.

Kirchhof: Dankeschön. Herr Schmitt.

Schmitt: Ich denke auch, man muss der Erbschaftsteuer einen Teil ihres Schreckens nehmen. Die psychologische Wirkung einer Substanzbesteuerung ist nicht zu unterschätzen. Es gab auch immer wieder Gespräche bei uns im Hause mit Unternehmern, die gesagt haben, wenn ich jetzt vererben muss, weil ich sterben muss oder verschenken möchte, dann müssen wir den Betrieb schließen. Das hat eigentlich nie gestimmt. Die Frage wird überbewertet, davon bin ich fest überzeugt. Aber die Stundungsmöglichkeiten nach geltendem Recht sind eng. Vor allen Dingen wird dort vorausgesetzt, dass der Erhalt eines Unternehmens durch eine sofortige Zahlung der Erbschaftsteuer gefährdet ist. Das ist ja kaum je denkbar, weil ein Unternehmen, das etwas wert ist - und nur dann ist ja auch die Erbschaftsteuer interessant -, natürlich liquide ist oder Zugang zu Finanzierungsquellen hat. Von daher sind die derzeitigen Stundungsmöglichkeiten gering. Ich denke, es wäre sehr sinnvoll, auch für die Akzeptanz einer solchen Erbschaftbesteuerung, wenn man die Stundungsmöglichkeiten verbessert, die einfache Regelung trifft, dass auf Antrag eine zinslose Stundung gewährt wird. Dann kann der Erbe, ohne dass man das ausdrücklich formuliert, zehn Jahre lang aus den Erträgen des ererbten Betriebsvermögens - nur wenn dieses Erträge bringt, hat es einen Wert -, auch diese Erbschaftsteuer entrichten. Ich halte das für eine ganz wichtige Regelung.

Kirchhof: Herr Meincke, bitte.

Meincke: Der Entwurf lässt an die Stelle der komplizierten Befreiungsregelungen des geltenden Rechts die Stundung treten. Das wurde in den Beratungen zum geltenden Recht ausführlich diskutiert, aber verworfen. Es wird nicht leicht sein, den Gesetzgeber wenige Jahre später in diesem Punkt von der Neuregelung zu überzeugen. Auch in der zinslosen Stundung liegt im Übrigen eine Teilbefreiung, was nicht übersehen werden darf. Der Stundungszeitraum wird im Begründungstext mit Merkmalen umschrieben, die noch recht vage klingen (S. 761:" hängt von der individuellen Situation des Betriebs und des Erwerbers ab"). Das kann aus meiner Sicht so noch nicht genügen.

Als Vermögen ohne Liquidität wird auch das Stammrecht bezeichnet, aus dem laufende Rentenzahlungen folgen. Auch hier favorisiert der Entwurf eine Stundungslösung, während die Regelung des § 23 ErbStG, die eine Besteuerung mit dem Jahreswert vorsieht, eine aus meiner Sicht bessere Verteilung der Steuer auf den Nutzungszeitraum bewirkt.

Kirchhof: Bitte, Herr Bruckmeier.

Bruckmeier: Der Entwurf enthält eine Grundaussage, die sehr zu begrüßen ist: Die Erbschaftsteuer darf die Substanz schmälern, der Eingriff muss aber so schonend sein, dass der Betrieb weiter geführt werden kann. Dieser Punkt erscheint mir sehr wichtig.

Damit wird meines Erachtens eine Stundung der Erbschaftsteuer unumgänglich, denn: Zunächst ist die Bereicherung mit Hilfe des Verkehrswerts oder des Substanzwerts zu ermitteln und dann – mit Blick auf die Erhaltung des Betriebs – der Ertragswert. Existiert eine Differenz zwischen dem Verkehrswert und dem Ertragswert, muss zur Schonung des Betriebs eine Steuerstundung gewährt werden, um möglichst ohne Eingriff in die Substanz die Erbschaftsteuer zahlen zu können.

Kirchhof: Danke. Nun eine Spontanintervention aus dem Plenum.

Spontaneinwurf: Ich möchte darauf hinweisen, dass nicht der Betrieb die Erbschaftsteuer schuldet, sondern der Unternehmer. Die derzeitige Stundungsregelung scheiterte in vielen Fällen allein daran, dass der Erwerber von Betriebsvermögen entweder durch den Erbanfall erhebliches Privatvermögen zusätzlich geerbt hat, oder er schon vorher ein erhebliches Privatvermögen hatte, sodass er aus seinem Privatvermögen die Steuer auch für das Betriebsvermögen ohne Weiteres zahlen konnte. Eine zinslose Stundung auf zehn Jahre wäre etwa ein Abschlag zwischen 30 und 40 Prozent der Steuer. Einen Automatismus von Unternehmenserwerb und Stundung würde ich so nicht begrüßen wollen, weil wir dann wieder die Abgrenzungsproblematik haben zwischen Betriebs- und Privatvermögen. Diese sollte man tunlichst vermeiden.

Kirchhof: Danke. Herr Schmitt, bitte.

Schmitt: Man muss natürlich unterscheiden, was vererbt wird. Das ist neben einem Betriebsvermögen nicht selten ein Immobilienvermögen, vielleicht auch Bargeld. Wenn Bargeld und Konten vererbt werden, ist die sofortige Erbschaftsteuerzahlung kein Problem. Aber wenn Grundstücke vererbt werden, haben wir dasselbe Substanzbesteuerungsproblem wie möglicherweise beim Betrieb. Da stellt sich dann die Frage nach der Zumutbarkeit der Last. Wir hatten dann auch Fälle, in denen der Betrieb Rücklagen ohne konkrete Reinvestitionsabsichten gebildet hatte. Da forderte die geltende Rechtslage die sofortige Zahlung. Aber es bleibt die Frage, ob man diese Zahlung fordern sollte. Ein gewisses Demotivationspotential ist hier durchaus vorhanden.

C. *Keine Befreiungstatbestände, einheitlicher Steuersatz*

Kirchhof: Ich darf unseren dritten großen Themenkreis ansprechen: Weniger Steuerbefreiungen, keine Steuerklassen, einheitlicher Steuersatz.

Unser Entwurf schlägt vor, im Wesentlichen nur noch einen Freibetrag für jedes Kind in Höhe von 400.000 Euro, für jeden sonstigen Erwerber in Höhe von 50.000 Euro vorzusehen, sodann einen einheitlichen Steuersatz von 10% der Bereicherung einzuführen. Auch hier ist uns, was den Steuersatz angeht, nicht so sehr daran gelegen, die Steuer auf 10 oder 20% zu fixieren. Wesentlich ist, dass wir eine einfache Besteuerungsmaxime gewinnen, die sich in die Köpfe der Menschen einprägt, ein Rechtsbewusstsein schafft, so dass wir auch im Steuerrecht wieder wissen, was sich gehört. Wer diese einprägsame Steuerschuld nicht erfüllt, ist kein ehrbarer Bürger. Hier zeigt sich erneut das Kernanliegen des ganzen Reformentwurfes, den Rechtsgedanken wieder in das Steuerrecht zu reimportieren.

Ich bin immer wieder beunruhigt, wenn ich sehe, dass Menschen, die wirtschaftlich sehr erfolgreich sind, die einen Banküberfall niemals auch nur erwägen würden, weil sich das nicht gehört, zur Steuerhinterziehung bereit sind. Es ist durchaus eine Frage, ob die Schädigung einer Bank oder die Schädigung der Allgemeinheit der Steuerzahler ein größeres Unrecht ist. Der BGH ist sehr bemüht, die Strafrechtsfolgen in beiden Fällen aufeinander abzustimmen. Bei einem Steuerschaden von einer Millionen Euro ist eine Freiheitsentziehung ohne Bewährung die Regel. Wenn nun die Steuerpflichtigen, wirtschaftlich erfolgreiche Menschen, die mit Wirtschaftsfragen, Geld und Zahlen umgehen können, die Risiken einer Steuerhinterziehung mit deren Vorteilen abwägen, werden sie das Risiko niemals eingehen. Der Steuerpflichtige lebt in seiner Villa, umgeben von Menschen, die er gerne hat, tauscht dann die Villa möglicherweise gegen 12 qm hinter Gittern ein, wo er mit einem Partner leben muss, den er nicht ausgesucht hat. Ich stelle mir immer wieder die Frage, wie es zu dieser Verwirrung des Denkens, zu diesem Verlust des Rechtsgedankens kommen konnte. Die Antwort liegt in einem Steuerrecht, das nur bei einfachen, klaren, allgemein verständlichen Regelungen Rechtsbewusstsein bilden kann, das hingegen bei verwirrenden, ausweichbaren Belastungstatbeständen einlädt, die Grenzen des Rechts auszuloten und dann möglicherweise – trotz Strafbarkeit – zu überschreiten. Einfache Rechtssätze, die sich einprägen, prägen das Verhalten der Menschen. Jeder weiß heute, wenn die Oma ihr Häuschen vererbt, ist das wegen der Freibeträge kein Problem. Wird hingegen ein deutlich wertvolleres gutbürgerliches Vermögen vererbt, sollte jeder wissen, dass von einem redlichen Bürger erwartet wird, dass er zehn Prozent seiner Bereicherung abgibt, um dieses System eines friedlichen Vererbens und Erbens auch in Zukunft zu finanzieren. Wer diese Pflicht nicht erfüllt, entfernt sich aus der Rechtsgemeinschaft. Dieser den Gesamtentwurf durchziehende Grundgedanke ist vielleicht der wichtigste Reformimpuls. Herr Viskorf, darf ich Sie nach Ihrer Einschätzung für dieses Reformvorhaben fragen?

Viskorf: Die Methode, sämtliche Steuerbefreiungen zu streichen, alle Wirtschaftsgüter mit dem gemeinen Wert anzusetzen und eine breite Bemessungsgrundlage anzustreben, ist in der Tat der Königsweg. Sie ermöglicht die Anwendung deutlich niedrigerer Steuersätze als heute und diese wiederum die Anwendung von einfacheren, pauschalierenden Bewertungsmethoden.

In diesem Punkt überzeugt das hier vorliegende Reformkonzept in jeder Hinsicht. Der Entwurf ist nach meiner Einschätzung auch hinsichtlich der Bewertungsfragen gelungen und so weit ausgereift, dass er ohne große Änderungen kurzfristig Gesetz werden könnte. Der Entwurf stellt keine Revolution des Steuerrechts in Aussicht, sondern folgt den Regeln schlichter Vernunft. Er führte zu einer echten, nicht nur vermeintlichen Steuerreform, wie wir sie bislang nur bei der Reform der Grunderwerbsteuer zum 1. Januar 1983 erlebt haben. Die Erbschaftssteuer ist ein kleines, überschaubares Steuerrechtsgebiet, das auf diese Weise mit vergleichsweise überschaubarem Aufwand und ohne größere Risiken für das Steueraufkommen auf neue, rechtsstaatlich einwandfreie Füße gestellt werden könnte. Ich bin im Übrigen mit den Entwurfsverfassern fest davon überzeugt, dass das Steueraufkommen mit der Verwirklichung der Reform deutlich ansteigen wird und das, ohne den Einzelnen zu überfordern.

Diskutieren könnte man allenfalls über eine andere Feinaustarierung bei der Höhe der persönlichen Freibeträge, die nach meinem Geschmack auch deutlich niedriger ausfallen könnten, und der Höhe des Steuersatzes, den man für den Fall niedrigerer Freibeträge nochmals deutlich senken kann. Ob es unbedingt einen Einheitssteuersatz geben oder ob man zumindest nach verwandtschaftlicher Nähe differenzieren sollte, ist eine steuerpolitische Frage, die völlig zweitrangig ist; entscheidend ist, dass das Prinzip absolut in Ordnung ist.

Kirchhof: Herr Meincke, bitte.

Meincke: Zunächst möchte ich darauf aufmerksam machen, dass der Entwurf mit der Steuerfreistellung von Ehegatten, mit der Nichtinanspruchnahme des Schenkers, mit der Abschaffung der Ersatzerbschaftsteuer für Familienstiftungen und damit, dass er Steuerausländer nicht in die deutsche Erbschaftsteuer einbezieht, wenn sie von einem inländischen Erblasser oder Schenker Auslandsvermögen erwerben, im Vergleich zum geltenden Recht zusätzliche Steuerbefreiungen kennt. Außerdem wird – wie im geltenden Recht – jedem Erwerber ein persönlicher Steuerfreibetrag zuerkannt. Neu ist, dass nur Kinder einen höheren Freibetrag geltend machen können, während alle anderen Erwerber einschließlich der Erwerber im Fall der beschränkten Steuerpflicht, denselben Freibetrag von 50 000 Euro erhalten. Ich möchte hierzu zumindest eine Korrektur anregen. Kinder verstorbener Kinder sollten den Freibetrag ihres Elternteils in Anspruch nehmen können. Wenn ein Vater seinen vier Kindern gleiche Anteile an seinem Vermögen zuweist, dann möchte er sein Vermögen nach Stämmen aufteilen, den Kindern eines verstorbenen Kindes denselben Anteil wie den noch lebenden Kindern zuweisen, und diese Gleichbehandlung sollte nicht durch das Steuerrecht beeinträchtigt werden.

Die Entrümpelung des Katalogs der sachlichen Steuerbefreiungen in § 13 ErbStG kann man nur begrüßen. Ich meine allerdings, dass die Begründung, mit der die Befreiungen in § 13 I Nr 2 und 3 gestrichen werden sollen, mich noch nicht überzeugt. Und es gibt neuere Steuerbefreiungen im geltenden Recht, zu denen der Entwurf noch überhaupt keine Stellung bezieht (§§ 13 I Nr 4 c, § 13 c), so dass auch die Rechtfertigung ihrer Streichung im Entwurf im Unklaren bleibt.

Der einheitliche Steuersatz für alle Erwerbe ist ein verlockendes Programm. Aber man muss aus meiner Sicht ganz klar sehen, dass die Stimmung in der Bevölkerung einem solchen Programm entgegensteht. Es gilt als unsozial, wenn Erben eines großen Vermögens zu demselben Steuersatz wie Erben eines kleinen Vermögens herangezogen werden. Die Chancen, den Entwurf in geltendes Recht zu transformieren, sind in diesem Punkt gering. Im Übrigen sollte man nicht übersehen, dass der einheitliche Steuersatz von 10 % zwar durchgehend günstiger ist als der geltende Tarif, dass aber bei Erwerben bis zu 75 000 Euro in Steuerklasse I bisher nur ein Steuersatz von 7 % zur Anwendung kommt. An dieser Stelle kommt es also nach dem Entwurf zu einer Anhebung der Belastung, die noch dadurch ausgeweitet wird, dass die die Grenze von 75 000 Euro beeinflussenden persönlichen Freibeträge für viele Personen der Steuerklasse I im Entwurfstext deutlich vermindert worden sind.

Ich möchte noch ein paar Detailpunkte ansprechen. Zunächst das, was Sie, Herr Bruckmeier, schon gesagt haben, dass wenn eine Ehegattenbesteuerung entfällt, dann für die Kinder die Freibeträge verdoppelt werden können. Das ist ein Problem. Ein zweites Problem ist meines Erachtens, dass die Enkel bei den Freibeträgen ausgenommen sind. Wenn das Zivilrecht nach Stämmen verteilt, so wäre es nicht richtig, wenn von vier Kindern eines verstorben ist und ein Enkelkind hinterlässt, dann, unter den drei noch lebenden Kinder zu verteilen. Der Stamm des Enkelkindes müsste beteiligt werden. Das halte ich eigentlich für nahe liegend. Und dann möchte ich zwei Punkte aus den sachlichen Steuerbefreiungen herausgreifen. Da gibt es eine sachliche Steuerbefreiung für kulturell besonders wertvolle Gegenstände, die erhalten werden sollen. In ihrer Begründung schreiben sie, die ganze Zielrichtung sei nur, sie nicht ins Ausland zu verlagern. Aber das scheint mir zu eng gesehen. Das ist auch aus dem Text des Gesetzes so nicht zu entnehmen. Das mag ursprünglich einmal ein Gesichtspunkt gewesen sein, aber es ist durchaus wichtig, dass kulturell bedeutsame Gegenstände, die mehr kosten als sie einbringen, erhalten werden, und dass der Staat sich etwas für sie einfallen lässt. Gegenwärtig ist das geltende Recht so geändert worden, dass die Gegenstände nicht unbedingt im Inland sein müssen, sondern auch im Ausland sein können, aber eben nur im europäischen Raum. Auch der Raum der EU dürfte noch zu eng sein, wenn der Nachlass von Thomas Mann in der Schweiz liegt; das müsste meines Erachtens steuerlich begünstigt sein. Der § 13 I Nr. 3 wird von Ihnen mit der Begründung abgelehnt, dass, wer Grundstücke ohne gesetzliche Verpflichtung der Öffentlichkeit zur Verfügung stellt, nicht befreit sein sollte. Sie schreiben, dass könnte man in der Bewertung berücksichtigen, aber ich bin nicht so sicher, dass man dies in der Bewertung ausreichend berücksichtigen kann. Ich würde daher auch diese Fälle befreien. Es liegt im öffentlichen Interesse, dass so etwas wie ein Seegrundstück zum Beispiel öffentlich genutzt werden kann. Das sollte man berücksichtigen. Das sind zwar mehr Detailfragen, aber meines Erachtens doch von einem gewissen Gewicht.

Kirchhof: Und nun Herr Schmitt.

Schmitt: Ich wollte zu den Freibeträgen noch etwas sagen. Wenn man die Belastungswirkung überlegt, könnte man auch mit niedrigeren Freibeträgen arbeiten. Wir wissen aufgrund der Verfassungsgerichtsrechtsprechung, dass wir die Immobilien mit den Verkehrswerten bewerten müssen. Das ist aufwändig und schwierig. Deswegen sind wir in der Erbschaftsteuer insoweit ganz gut gefahren, als wir eine Bedarfsbewertung haben. Wir können nicht jedes Grundstück in der Bundesrepublik Deutschland und hier in Baden-Württemberg bewerten. Dann würde die Finanzverwaltung bewerten, ihre übrigen Aufgaben aber vernachlässigen müssen – das ist nicht übertrieben. Zum zweiten: Die Erbschaftsteuerreform hat natürlich eine Wirkung beim Aufkommen. Während wir heute vier Milliarden Euro Aufkommen haben, das von den Immobilienerben, den Gelderben, den Erben der Steuerklasse II aufwärts aufgebracht wird, besteuern wir in Zukunft auch die Betriebsvermögen. Das bringt dann insgesamt nach unserer vorsichtigen Einschätzung schon zwölf Milliarden.

Kirchhof: Das ist ein Gleichheitsanliegen. Herr Viskorf.

Viskorf: Ich möchte in diesem Zusammenhang darauf hinweisen, dass die Höhe des Steuersatzes unmittelbare Auswirkungen auf die Bewertungstiefe, d.h. auf die Genauigkeit der Bewertungsergebnisse hat. Je niedriger die anzuwendenden Steuersätze sind, desto grober kann auch das Bewertungsverfahren ausfallen. Wenn auf die Bewertungsergebnisse Steuersätze von bis zu 50 % anzuwenden sind, bedarf es einer entsprechend genaueren Bewertung. Bei Steuersätzen bis zu 10% habe ich einen gewissen Pauschalierungsspielraum, den ich zur Vereinfachung der Bewertungsregeln und damit der Gesetzesanwendung nutzen kann.

Kirchhof: Herr Bruckmeier, bitte.

Bruckmeier: Das ist eine erfreuliche Nachricht, bei 12 Mrd. bleibt beim Steuersatz noch Spielraum nach unten. Der zu beschreitende Weg kann eigentlich nur sein: Gleichmäßige Bewertung sämtlicher Güter mit dem Verkehrswert und niedrigerer Steuersatz. Damit würde auch die Akzeptanz der Erbschaftsteuer erhöht werden. Die Praxis zeigt, dass das am Härtesten umkämpft ist, was ohne eigenes Zutun übergeht. Daneben würde ein niedriger Steuersatz auch einzelnen Interessengruppen die Argumente nehmen, die bei hohen Steuersätzen schlagkräftig sind. Wenn die Verschonung nicht greifen würde, würden bei einem Steuersatz von 30 % auf den Verkehrswert Unternehmen in ihrer Existenz bedroht sein.

Gerne würde ich noch auf einen Punkt von Prof. Meincke eingehen, nämlich die Besteuerung von Kunst und deren Verschonung. Die Bewertung von Kunst ist sehr schwierig. Es geht aber um eine grundsätzliche Frage: Sollte die Übertragung von Kunst überhaupt der Steuer unterzogen werden? Es ist grundsätzlich richtig, dass man keine Ausnahmen schaffen soll. Dennoch sollte man darüber nachdenken, ob nicht bei der Befreiung für Kunst der Gedanke zu berücksichtigen ist, dass man besser freistellt, was sowieso nicht versteuert wird. Das mag ein schwaches Argument sein. Aber angesichts der enormen Bewertungsprobleme und der wahrscheinlich geringen Erfassungsdichte gewinnt dieser Punkt Gewicht.

D. Bewertung

Kirchhof: Danke. Wir kommen nun zur Frage der Bewertung. Diese Frage ist sehr verfassungshaltig. Das Bundesverfassungsgericht hat in zwei Grundsatzentscheidungen eine gleichheitsgerechte Bewertung gefordert. Das Geldvermögen wird nach Nominalwerten von heute besteuert, das Grundvermögen wurde früher sehr deutlich unter den Realwerten erfasst. Der Gesetzgeber hat sich nun um eine annähernd gleiche Bewertung bemüht, aber das Ziel wohl noch nicht erreicht. Wir gehen – natürlich – vom Verkehrswert aus, wählen dann ein deutlich vereinfachtes Stuttgarter Verfahren. Bei den Grundstücken orientieren wir uns an den Bodenrichtwerten, eine relativ präzise Vorgabe, was die realitätsgerechte Erfassung der Verkehrswerte angeht. Herr Viskorf, bitte.

Viskorf: Der Bewertungsteil des Reformvorschlages ist ebenfalls uneingeschränkt als gelungen zu bezeichnen. Er vermeidet größtenteils die Schwierigkeiten und Nachteile der derzeitigen Regelung.

Bei der Ermittlung der Grundbesitzwerte orientiert sich der Reformvorschlag im Wesentlichen an der ab 1. Januar 2009 geltenden Gesetzeslage, die sich in der Praxis durchaus bewährt. Überlegenswert wäre, zur Verringerung der Streitanfälligkeit einen Abschlag von den ermittelten Bodenrichtwerten von 10 % zu machen. Denn der vom Gutachterausschuss ermittelte Bodenrichtwert ist ein Durchschnittswert für die gesamte Bewertungszone, die häufig nicht homogen ist und in der es Wertunterschiede geben kann. Ein solcher Sicherheitsabschlag würde die Anzahl der Fälle, in denen ein niedrigerer gemeiner Wert nachgewiesen wird, deutlich verringern.

Bei der Bewertung des Betriebsvermögens, eines der schwierigsten Fragestellungen, greift der Reformentwurf glücklicherweise zurück auf das altbewährte Stuttgarter Verfahren, mit dem die Rechtsanwender über Jahrzehnte hervorragende Erfahrungen gemacht haben. Dieses Schätzungsverfahren orientiert sich trotz vorsichtiger und zurückhaltender Bewertung (noch) am gemeinen Wert und ist geprägt von einer beachtlichen Streitunanfälligkeit. Ursache hierfür ist der Umstand, dass aufgrund vorsichtiger Bewertung die Bewertungsergebnisse in 90 bis 95 % der Fälle den mittleren gemeinen Wert nicht erreichen, sondern sich in einem Korridor von 25 bis 30 % unterhalb des Mittelwerts und damit innerhalb des verfassungsrechtlich unbedenklichen Schätzungsrahmens bewegen. Dieser Umstand hat es der Rechtsprechung erlaubt, das in Verwaltungsanweisungen niedergelegte Verfahren als obligatorisches Schätzungsverfahren anzusehen, von dem nur in Sonderfällen, nämlich nur bei offensichtlich unzutreffenden Ergebnissen, abgewichen werden durfte. Ein Fall eines offensichtlich unzutreffenden Ergebnisses ist in der Rechtsprechung des Bundesfinanzhofs nicht bekannt.

Gegenüber der derzeitigen Rechtslage bedeutet der Rückgriff auf das Stuttgarter Verfahren einen ganz bedeutenden Fortschritt. Denn das jetzt geltende Regelbewertungsverfahren, das sogenannte vereinfachte Ertragswertverfahren nach § 199 ff. BewG mit seinen in vielen Fällen überzogenen Kapitalisierungsfaktoren (§ 203 BewG), führt in einer viel zu großen Anzahl von Fällen zu Überbewertungen und zu offensichtlich unzutreffenden Ergebnissen.

Insgesamt handelt es sich nach meiner Meinung um einen uneingeschränkt begrüßenswerten und von den praktischen Erfahrungen der Rechtsanwendungspraxis geprägten Vorschlag, der völlig unkompliziert Gesetz werden könnte.

Kirchhof: Danke. Herr Meincke.

Meincke: Der Entwurfstext übernimmt und vereinfacht in mancher Hinsicht das geltende Recht, wobei die Vereinfachung besondere Anerkennung verdient. Wie im geltenden Recht so überzeugt mich auch im Entwurf der Gedanke nicht, dass als Bodenwert der Wert eines unbebauten Grundstücks angenommen werden soll. Denn für ein unbebautes Grundstück im Sinne der Regelungen des Bewertungsrechts ist charakteristisch, dass es bebaut werden kann. Das gilt jedoch für ein bereits bebautes Grundstück nicht. Man kann daher den Bodenwert eines bebauten Grundstücks oder eines Grundstücks mit nicht mehr nutzbaren Bauten schwerlich mit dem Wert eines unbebauten Grundstücks gleichsetzen.

Was die Rückkehr zum Stuttgarter Verfahren mit der gesonderten Berücksichtigung des Vermögenswertes von Unternehmen angeht, so sollte man bedenken, dass das geltende Recht mit seiner Ertragswertkonzeption sich ganz an die kaufmännische Praxis anschließt. Es erscheint mir zweifelhaft, ob sich das Steuerrecht davon entfernen sollte.

Nach § 11 II BewG kann der Unternehmenswert von Kapitalgesellschaften auch nach einer anderen anerkannten, im gewöhnlichen Geschäftsverkehr für nichtsteuerliche Zwecke üblichen Methode ermittelt werden. Das will der Entwurf aus Gründen nicht mehr zulassen, die mir nicht sachgerecht erscheinen.

Insgesamt möchte ich aber noch einmal zu allen vier heute angesprochenen Diskussionsthemen die hohe Qualität des Entwurfs und seiner Begründung betonen.

Kirchhof: Danke. Herr Bruckmeier.

Bruckmeier: Bei der Bewertung des Grund und Bodens wird der Bodenrichtwert angesetzt. Die Praxis zeigt, dass von Gutachterausschuss zu Gutachterausschuss durchaus unterschiedlich bewertet wird. Ich meine, dass es wichtig ist, Verbesserungen bei der Ermittlung der Bodenrichtwerte zu erreichen. Dazu soll parallel das BauGB geändert werden, um die Qualität der Bodenrichtwertermittlung zu verbessern. Im Übrigen ist die Anlehnung an die Wertermittlungsverordnung angebracht und praktikabel. Außerdem ist, wenn ich mich nicht täusche, im Gesetz ein pauschaler Abschlag von 10 % vom ermittelten Wert vorgesehen.

Kirchhof: Das ist so.

Bruckmeier: Bei der Bewertung des Betriebsvermögens greift man auf die Übergewinnmethode zurück, in Anlehnung an das Stuttgarter Verfahren. Führt man sich vor Augen, dass diese Bewertungsmethode im jüngeren Schrifttum zur Unternehmensbewertung kaum mehr beschrieben wird, so muss dies kritisch betrachtet werden. Es mag die vorsichtige Bewertung des Betriebsvermögens ein Ziel sein. Geht man jedoch in die Einzelheiten dieses Entwurfs und betrachtet zum Beispiel den Zuschlag von 5 % zur Normalverzinsung, so wird offensichtlich, dass für risikobehaftete Unternehmen ein viel zu hoher Wert ermittelt wird. Es sollte daher nochmals darüber nachgedacht werden, ob das Stuttgarter Verfahren die geeignete Wertermittlungsmethode ist. Für dieses durchaus praktikable Verfahren könnte sprechen, dass im Übrigen der Nachweis des niedrigeren Verkehrswerts – wie überhaupt für alle Erwerbsgegenstände – möglich ist. Obwohl das Stuttgarter Verfahren in der Bewertungspraxis zu recht kritisch gesehen wird, ist zuzugeben, dass es noch immer in vielen Gesellschafterverträgen als Bewertungsmethode enthalten ist und – was erstaunlich ist – noch immer in Gesellschaftverträge Eingang findet.

Kirchhof: Vielleicht darf ich erläutern: In der Tat, wir haben hier in der Begründung einen Vorschlag gemacht, dass BauGB zu verändern, weil wir meinen, dass Richtwertverfahren sei richtig und die Fehler lägen in der Entstehung der Richtwerte. Deshalb versuchen wir dort durch eine dynamische Verweisung zu korrigieren. Das Steuerrecht knüpft an das Baurecht an. Was dort nicht richtig ist, wollen wir korrigieren. Dazu haben wir ausformulierte Vorschläge vorgelegt. Herr Schmitt, bitte.

Schmitt: Zunächst auch noch einige Worte zu den Bodenrichtwerten. Das ist, denke ich, weniger ein rechtliches als ein praktisches Problem. Sie haben das sehr zurückhaltend formuliert. Aber gerade in Flächenstaaten, zum Beispiel in den beiden südlichen großen Flächenstaaten, ist die Erhebung der Bodenrichtwerte äußerst problematisch. In Baden–Württemberg gibt es 1110 Gemeinden und über 1000 Gutachterausschüsse. Dass das nicht vernünftig sein kann, liegt auf der Hand. Das muss ich nicht weiter erläutern. Das wird man ändern. Doch ein Eingriff in Strukturen ist nicht so einfach, aber unvermeidbar. Wir brauchen die Bodenrichtwerte nämlich auch für die Grundsteuerreform, die man ja auch nicht endlos vor sich herschieben kann. Wir sind im Moment dort in einer großen Erprobungsaktion, dafür brauchen wir Bodenrichtwerte. Die ganz großen Gemeinden haben übrigens fantastische Bodenrichtwerte, da gibt es überhaupt keine Probleme, auch in Baden–Württemberg nicht.

Dann zum Betriebsvermögen: Ich bekenne mich hier als Anhänger des Stuttgarter Verfahrens, denn ich denke, wir müssen im Steuerrecht etwas durchführen, was greifbar und was gerecht ist. Die Ertragswerte sind nur die Chancen. Das, was da ist – Betriebsgebäude, Maschinen, Fuhrpark – wird nicht berücksichtigt, weil dieser Substanzwert nur Mittel sei, um diese zukünftigen Erträge zu erwirtschaften. Das ist natürlich auch ganz falsch. Es gibt ertraglose Unternehmen mit unglaublichen Latifundien: Allerdings bietet der Substanzwert allein keinen realitätsgerechten Wert. Deswegen hat mich der Gedanke einer Mischung immer überzeugt. Aber man hat mir dann in der Diskussion entgegen gehalten, der Ertragswertansatz sei state of the art. Man versucht natürlich im Steuerrecht, in der Finanzverwaltung, in der Betriebsprüfung, betriebswirtschaftliche Methoden aufzugreifen. Ein Betriebswirt kann das gar nicht anders denken, als dass der Ertragswert der richtige Wert sein muss. Das Bundesverfassungsgericht hat uns aufgegeben, die Verkehrswerte anzusetzen, gerade auch beim Betriebsvermögen. Das ist eine der Kernaussagen dieses Beschlusses. Deshalb muss man schon die Überzeugung haben, dass das Stuttgarter Verfahren wenigstens annähernd zu den Verkehrswerten führt. Der Abschlag darf nicht zu groß sein. Das Bundesverfassungsgericht spricht ja von einem 20-Prozent-Korridor, zwar im Bereich der Immobilienvermögen, aber das gilt vielleicht generell.

Wir brauchen immer auch die richtige Relation vom Betriebsvermögen zu den anderen Vermögensgegenständen. Ich denke, das Stuttgarter Verfahren könnte man gut vertreten, und es würde in der Praxis zu Erleichterungen führen. Das Verfahren setzt Maßstäbe, die kann man fassen, die kann man kontrollieren, die sagen dem Steuerpflichtigen, was auf ihn zukommt. Und die Streitereien drehen sich bei den Substanzsteuern hauptsächlich um Fragen der Bewertung. Wenn Sie sagen, die Hälfte der Rechtsfindung liegt im Sachverhalt, dann ist in diesem Zusammenhang die Bewertungsfrage eine ganz wesentliche.

Kirchhof: Danke. Bitte jetzt Herr Schulte.

Schulte: Ich will mich auf einen Punkt beschränken, nämlich die Bewertung von Unternehmensvermögen. Wenn das Recht geändert würde, dann wäre das in etwa der Bereich, der aus vier Milliarden diese zwölf Milliarden machen würde. Ich weiß, Herr Viskorf, Sie plädieren immer für das Stuttgarter Verfahren. Herr Kirchhof, Sie haben das auch aufgegriffen, aber ich habe sehr viel Verständnis für Herrn Schmitt. Das ist in der Tat nicht die Bewertung „State of the Art". Verkäufe, Käufe im Rahmen von Unternehmensübertragungen finden danach nicht statt. Das Bundesverfassungsgericht hat ganz klar in seiner Entscheidung vom November 2007 gesagt, welche Werte zugrunde zu legen sind. Eine Passage von zwei Absätzen nennt auch ganz klar die Verfahren, das WCF-Verfahren, das Verfahren des Instituts der Wirtschaftsprüfer und IDBS1-Verfahren. Diese unterscheiden sich fundamental. Das Stuttgarter Verfahren bewertet zwar auch im Grundsatz die zukünftigen Ergebnisse. In der Verordnung steht dann aber, dass das Durchschnittsergebnis, jetzt wieder gewichtet, der letzten drei Jahre zugrunde gelegt werden soll. Auf dieser Basis kauft und verkauft kein Unternehmer. Die Rückführung zum Stuttgarter Verfahren wird die Praxis sicherlich als positiv empfinden, auch alle Unternehmer, die ich betreue. Aber ich frage mich ernsthaft, ob Sie das mit der Entscheidung des Bundesverfassungsgerichts in Übereinstimmung bringen können.

Kirchhof: Danke. So, jetzt schaue ich in die Runde. Wer möchte sich melden? Herr Dziadkowski, bitte schön.

Dziadkowski: Danke. Ich habe noch eine ganz aktuelle Frage zur Bewertung. Eine Frau erbt einen Teppich im Februar, lässt ihn – Sie kennen den Augsburger Teppichfall – im April für 19.500 Euro versteigern. Der Ersteigerer lässt ihn weiterversteigern im November für 3,6 Millionen. Wie hoch ist der Steuerwert?

Kirchhof: Unsere Antwort ist klar: Es kommt nicht auf den Todeszeitpunkt an, sondern auf den Zeitpunkt der vollständigen Verfügungsgewalt des Erben. In Ihrem Fall war es wohl mehr eine Frage des Verkaufsgeschicks als eine Frage der Bewertung. Aber hier gelten fließende Grenzen. Die Verfassungsrechtsprechung hatte Erbstreitigkeiten zu beurteilen, in denen die Erben wegen der rechtlichen Auseinandersetzung in der Erbengemeinschaft zwei Jahre lang nicht verfügungsbefugt waren. In dieser Zeit ist der Kurswert des Ererbten von 100 auf 25% gesunken, der Steuersatz betrug 30%. Würde man in diesen Fällen die 30%-Steuer auf 100% der Erbmasse anwenden, würden wir teilweise ein Nichts besteuern. Deswegen sagt unser Entwurf, dass als Stichtag für die Bewertung und Besteuerung prinzipiell der Todestag gilt, dieses aber nur unter der Voraussetzung, dass der Bereicherte sogleich die volle Verfügungsgewalt gewinnt. Doch der Versteigerungsfall ist damit allenfalls zur Hälfte gelöst. Das Problem liegt in der Geschicklichkeit und Offenheit des Versteigerers. Herr Lang, bitte.

Lang: Zu dem Teppichfall: Da habe ich zwei Fälle erlebt, die zu Steuerstrafverfahren geführt haben. Erster Fall war Peter Ludwig. Da ging es noch um die Vermögensteuer. Ludwig hatte mittelalterliche Handschriften – die übrigens hier in Heidelberg tiefgelagert waren – mit Anschaffungskosten von 1,9 Millionen D-Mark verbucht und später an das Paul Getty Museum für 110 Millionen verkauft. Deshalb wurde gegen ihn ein Steuerstrafverfahren eingeleitet. Er ist dann freigesprochen worden. Der andere Fall: Ein Markenunternehmen wurde nach dem Stuttgarter Verfahren korrekt bewertet und übertragen auf die nächste Generation. Die hat es dann an die Börse gebracht. Dort betrug der Wert das Zwanzigfache. Wiederum kam es zu einem Steuerstrafverfahren, das auch mit einem Freispruch endet. Unser Problem, Sie haben eben darauf hingewiesen, stellt sich gerade bei Kunstwerken. Ich möchte es noch einmal klar sagen: Ich finde, dieses Steuergesetzbuch ist ein Glanzstück. Gleiches gilt für das Erbschafts- und Steuerschenkungsgesetz. Ich bin auch der Meinung, wir müssen alle Wirtschaftgüter zusammenfassen, keine Ausnahmen – auch nicht für Kunstwerke. Nur, es gibt natürlich, je breiter die Bemessungsgrundlage ist, auch diese sogenannten Überraschungswerte. Dieser Teppich hatte natürlich schon diesen Wert, nur der Augsburger Versteigerer hat das nicht erkannt, der wusste nicht, wie wertvoll der war. Bei Christie's ist das anders. Dort werden die Kunstwerke viel professioneller beurteilt und bewertet. Die steuerliche Bewertung richtet sich auf den gewöhnlichen Geschäftsverkehr aus. Doch immer wieder gibt es auch Überraschungswerte. Darauf müssen wir uns normativ einrichten, damit der Steuerpflichtige, wenn er einen Wert um das zwanzig- oder dreißigfache verkaufen kann, nicht gleich mit einem Steuerstrafverfahren rechnen muss. Wir brauchen eine Regel der Rechtssicherheit, nach der ein bisher festgesetzter Wert nicht korrigiert wird, für die Zukunft dann aber ein anderer Wert gilt. Dies ist allerdings keinesfalls derjenige, der bei einer Versteigerungen mit der Bereitschaft zu Höchstpreisen gezahlt wird. Dieser kann selbstverständlich nicht der Erbschaftssteuer zugrunde gelegt werden.

Kirchhof: Ich darf nun Herrn Jarras bitten.

Jarass: Vielleicht wäre es hilfreich, wenn einige erfahrene Praktiker sich daran machten, alle Umgehungsmöglichkeiten im Erbschaftsteuerrecht zu skizzieren. Wir müssen die Erbschaftsteuer so gestalten, dass sie sich grundsätzlich nur auf das in Deutschland belegene Vermögen bezieht. Wie im Einkommensteuerrecht so sollte es auch im Erbschaftsteuerrecht ein striktes Territorialprinzip geben. Insoweit stimme ich dem Entwurf völlig zu. Allerdings sollten wir auch sicherstellen, dass die Erbschaftsteuer Ersatzfälle hinreichend erfasst. Wenn ein Unternehmer im Ausland wohnt, also in Deutschland weder Einkommen- noch Erbschaftsteuer bezahlt, er hier aber über erhebliches Vermögen verfügt, dann sollte das in Deutschland liegende Vermögen alle dreißig Jahre versteuert werden, so ähnlich wie es die Spanier beim Immobilienvermögen geregelt haben. Dabei sollte sich die Erbschaftsteuer besonders auf das Immobilienvermögen konzentrieren. 85% der Vermögensgegenstände in Deutschland sind Immobilien. Diese lassen sich leicht besteuern.

Kirchhof: Wir werden die Frage der Umgehungsmöglichkeiten und das Territorialitätsprinzip auch im Erbschaftsteuerrecht prüfen. Wenn wir allerdings hier kein Weltbesteuerungsprinzip mehr hätten, müssten wir für den Finanzmarkt besonders prüfen, wie die dort gehandelten fungiblen Güter erfasst werden können.

E. Abschaffung der Erbschaftsteuer?

Kirchhof: Herr Borggräfe, bitte.

Borggräfe: Herr Kirchhof, besser als Ihr Gesetzesentwurf ist eigentlich nur der Wegfall der Erbschaftsteuer. Sie haben sich letztendlich der Mühe unterzogen, ein etatistisches Denken (Beteiligung des Staates am Nachlass über eine Strafsteuer auf den Konsumverzicht des Erblassers) „gesetzlich zu überhöhen".

Bleibt es bei der Erhebung der Erbschaftsteuer, ist der Sache nach der Grundsatz der hälftigen Teilung, den Sie in § 8 BStGB angelegt haben, mit der Obergrenze der Gesamtbelastung wegretuschiert. Sie denken unverändert die Erbschaftsteuer als Erbanfallsteuer. Materiell kommt es aber bei der Steuererhebung zu einer zusätzlichen Belastung des Vermögens, das vererbt wird, dem Nachlass. Dieses entstammt den Leistungen und dem Konsumverzicht des Erblassers. Der Erblasser erbringt, indem er das Vermögen für seine Familie, für die Nachkommen, aber auch für die Gemeinschaft, z.B. die von ihm eingerichteten Arbeitsplätze, zusammenhält, die wirtschaftliche und finanzielle Leistung, die sich bei seinem Tod materiell im Nachlass verkörpert.

Diese Leistung ist bereits zu Lebzeiten des Erblassers mit einer Gesamtsteuerbelastung (aus direkten und indirekten Steuern) belastet, die deutlich bei 60, 70 oder 80 Prozent des vom Erblasser erzielten Einkommens liegen kann. Der Staat muss sich meines Erachtens fragen, ob das erwartete Steueraufkommen die 23 Paragraphen, die Sie der Erbschaftsteuer im BStGB widmen, rechtfertigt. Sie kommen für die Einkommensteuer mit 20 Paragraphen aus. Materiell wollen Sie den government take insoweit durch die "hälftige Teilung" nach oben begrenzen. Mit der zusätzlichen Erbschaftsteuer wird diese Grenze zur Makulatur.

Meine dringende Empfehlung ist, wegen des jetzigen Konzepts noch einmal kräftig mit den Kollegen in den Verwaltungen nachzudenken, ob wir nicht in Wirklichkeit – auch im Wettbewerb der Staaten – auf die Erhebung der Erbschaft- und Schenkungsteuer in Deutschland verzichten könnten.

Fallen nämlich die Verschonungsregelungen für das Betriebsvermögen weg, entstehen neue Fragen bei der Bewertung und dem Umfang des Unternehmensvermögens. Wenn ich das richtig lese, dann haben Sie diesem Unternehmensvermögen nunmehr auch das wirtschaftliche Eigentum zugerechnet. Sie stellen für die Bemessungsgrundlage der Erbschaftsteuer auf das bilanzielle Eigentum ab. Mit dem Verlust der zivilrechtlichen Vermögenszuordnung sind m. E. neue Konflikte vorgezeichnet, die sich im Moment nur erahnen lassen.

Zudem haben Sie eine Regelung zur Bewertung des Betriebsvermögens übernommen, die die Finanzverwaltung in die jetzige Regelung des § 11 Abs. 2 BewG hineingeschrieben hat: Der Ertragswert, den Sie in § 90 Abs. 4 BStGB geregelt haben, soll durch einen Mindestwert, nämlich den Vermögenswert der einzelnen Wirtschaftsgüter, steuerlich korrigierbar sein. Wenn ich eine Start-Up-Unternehmung im Heidelberger Neuenheimer Feld im Biotec-Bereich betrachte, die aus der Forschung des DKFZ-Zentrums mit vier Professoren hervorgegangen ist, und die das Ziel hat, ein patentiertes Antikrebsmittel zum Produkt zu entwickeln, dann ist der Wert dieser Entwicklung in der Unternehmung nicht bilanziert, gehört aber zum Vermögen der Unternehmung. Er hat u. U. (isoliert) einen Verkehrswert, der in die Hunderte Millionen gehen kann, möglicherweise erzielbar erst in den nächsten 50 Jahren. Dagegen ist der Verkehrswert der GmbH-Anteile – im Hinblick auf die Anlaufverluste – sehr viel niedriger.

Die Bewertungsprobleme, die Sie im Gesetz mit dem Ansatz erstens „wirtschaftliches Eigentum", zweitens „Mindestbesteuerung", drittens "Substanzsteuer" schaffen, machen m. E. auch zukünftig die Handhabung der Erbschaftsteuer volkswirtschaftlich außerordentlich problematisch.

Wenn uns die Finanzkrise eines zeigt, dann sichert die deutsche Wirtschaft die Arbeitsplätze, die den Nachlass (das Unternehmenskapital) erst auf Dauer werthaltig sein lassen. Staatsschulden und Arbeitslosigkeit gehen Hand in Hand! Meine Botschaft ist: Der Staat sollte sich, auch im Hinblick auf Ihr Denken im neuen BStGB, darauf konzentrieren, am laufenden Erfolg des Marktes über Ertrag- und Umsatzsteuern teilzunehmen. Erbschaftsteuern und eine "Weltvermögensteuer" sollten in Deutschland nicht mehr erhoben werden. Der innovative Mittelständler, der ein Spitzenprodukt in Deutschland für den Weltmarkt produziert und hier die intellektuellen und immateriellen Grundlagen dafür entwickelt, kauft Teile seiner Produkte in Rumänien, in Moldawien und z.B. in China ein. Er hat Vertriebsgesellschaften in über 70 Ländern weltweit. Wenn ich zukünftig für die deutsche Erbschaftsteuer diese weltweit tätige Gruppe bewerten muss, dann wird ein global verteiltes Vermögen der deutschen Erbschaftsteuer unterworfen. Dieser steuerliche Zugriff passt im Hinblick auf die Globalisierung nicht mehr in ein grenzoffenes Standortkonzept für deutsche Unternehmer. Diese sollten nicht wegen der Erbschaftsteuer gezwungen sein, in dritte Länder, die keine Erbschaftsteuer erheben, auszuwandern!

Kirchhof: Wir haben die Frage einer Abschaffung der Erbschaftssteuer bei der Rechtfertigung der Erbschaftssteuer behandelt. Wir sind nachdrücklich der Meinung, die Erbschaftsteuer gehört aus Gerechtigkeitsgründen zu unserem Steuersystem. Der Erbe verdankt dieser Rechtsgemeinschaft sehr viel – die Testierfreiheit des Erblassers, den Frieden, die Erbschaft entgegenzunehmen und das Ererbte zu genießen, die Rahmenbedingungen zur Nutzung, Verwaltung und Mehrung des ererbten Vermögens. Der Erbe trägt mit seiner Steuer dazu bei, dass diese Staatlichkeit auch in Zukunft finanziert werden kann.

Ich habe mit manchem Unternehmer gesprochen, der wegen der Erbschaftsteuer seinen Wohnsitz im Ausland wählen und sich dort viele Jahre aufhalten muss, um sein Unternehmen im Erbfall nicht durch die deutsche Erbschaftsteuer zu gefährden. Wir schlagen ein Erbschaftsteuersystem vor, das dem erfolgreichen Unternehmer nicht das elementare Recht raubt, sich in Deutschland aufzuhalten und täglich in seinem Unternehmen zu sein. Wir wollen die Erbschaftsteuer aus Gerechtigkeitsgründen beibehalten, sie aber so ausgestalten, dass Produktivität, unternehmerischer Erfolg und Kontinuität der Unternehmen in der erbrechtlichen Gesamtrechtsnachfolge nicht gefährdet werden.

Ich muss nun meine Aufgabe als Treuhänder der Zeit für andere wahrnehmen. Wir haben noch eine Wortmeldung. Ich darf um kurze Äußerungen bitten. Sollte es um die Rechtfertigung der Erbschaftsteuer gehen, darf ich um klare, einprägsame Thesen bitten.

Knauer: Mein Name ist Armin Knauer. Ich bin Unternehmer eines 1816 gegründeten Unternehmens. Sie können erahnen, wie viel Erbschaftsteuer bei den vielen Übergängen schon bezahlt wurde. Um zu allen Punkten Stellung zu nehmen, bräuchte man zumindest bis heute Abend zur Tagesschau Zeit. Da wäre sehr viel aus praktischer Erfahrung anzumerken. Ich möchte nur einen Punkt ansprechen, den Sie vorhin auch genannt haben: die Grundstücksbewertung. Ich verweise hier auf einen Artikel in der Frankfurter Allgemeinen Zeitung vom 30. November 2011 zur IFRS- Bilanzierung: Darin wird in zwei Absätzen Stellung genommen, wie schwierig dieses Thema ist. Wir erleben das auch in unserem Unternehmen sehr stark. Ich fühle mich durch die Diskussion voll bestätigt, dass diese Steuer ungeheuer problematisch ist. Sie haben viel diskutiert: über alle Probleme, über alle Ausnahmen. Vielleicht haben Sie, Herr Schmitt, sogar recht, wenn Sie die Erbschaftsteuer als "Schreckensteuer" bezeichnen. Darum verstehe ich nicht, dass man sie, wie ein Vorredner eben erwähnt hat, nicht tatsächlich abschafft. Es gibt in der Öffentlichkeit bei vielen Experten auch die Meinung: Die Erbschaftsteuer ist eine „Dummensteuer". Auch dem kann man nach der Diskussion zustimmen. In der Diskussion und auch in der Öffentlichkeit ist die ethische Frage der Erbschaftsteuer nicht diskutiert worden. Wie kann man ausgerechnet den Todeszeitpunkt einer Mitbürgerin oder eines Mitbürgers zum Anlass nehmen, eine Steuer zu erheben und zwar eine, die – Sie haben es eben schon erwähnt, Herr Kirchhof – fast schon Bagatellsteuer, jedenfalls nicht eine staatstragende Steuer ist? Das Steueraufkommen beträgt etwa vier Milliarden Euro, ungefähr der Gegenwert für die Kosten von Stuttgart 21. Wieso bringen wir nicht diesen ethischen Gesichtspunkt in die Diskussion ein? Ich finde es unerträglich, dass der Staat sich am „Rockzipfel des Todes" in die Familien einschleicht und Vermögen wegnimmt. Ergänzend möchte ich noch feststellen:

1. „Unverdientes Einkommen" oder Vermögensübertragung? Viele Politiker betrachten die Versteuerung von Erbschaften als Ausgleich, um „unverdientes Einkommen" gleich zu behandeln wie erarbeitetes Einkommen. Diese Auffassung halte ich für falsch. Bei einer Erbschaft handelt es sich nicht um Einkommen, sondern ausschließlich um eine Vermögensübertragung, und zwar meist innerhalb der Familie. Häufig haben die Erben mit zum vererbten Vermögen beigetragen. Außerdem ist das Vermögen in fast allen Fällen schon ein- oder mehrfach mit einer Steuer belegt worden, wie z. B. mit Einkommen-, Umsatz-, Grund- oder Grunderwerbsteuer.

2. Ungewollte Lenkungswirkung: Nach meiner Erfahrung geht von der Erbschaftsteuer eine vom Gesetzgeber mit Sicherheit nicht gewollte Lenkungswirkung aus. Insbesondere werden Entscheidungen dann sehr stark an der Erbschaftsteuer ausgerichtet, wenn betriebliches Vermögen betroffen ist.

3. Gefährdung von Unternehmen und Arbeitsplätzen: Trotz aller gut gemeinten Bemühungen des Gesetzgebers geht von der Erbschaftsteuer aufgrund des Eingriffes in die betriebliche Substanz eine massive Gefährdung von Familienunternehmen und damit von Arbeitsplätzen aus. Eine zusätzliche Schwierigkeit stellt die Übertragung von Gesellschaftsanteilen innerhalb des bestehenden Gesellschafterkreises dar.

4. Erbschaftsteuer im Einklang mit dem Grundgesetz: Es wird enorm schwierig oder sogar unmöglich, eine verfassungsgerechte Lösung zu finden. Stets werden Ausnahmeregelungen notwendig sein, um Gefahren für die Erben und auch für die Allgemeinheit zu vermeiden. Andererseits hat der Gesetzgeber zu verhindern, dass derartige Befreiungen missbraucht werden. Eine Gratwanderung, die kaum gelingen wird.

Kirchhof: Danke. Unsere Debatte hat erneut wichtige Anregungen, wichtige Gesichtspunkte genannt, die unsere bisherige Arbeit ergänzen. Wir haben in den vergangenen Jahren eine Erprobungsrunde im Bewertungsverfahren gehabt, dabei relativ verlässliche und gute Werte gewonnen. Wir haben die Verbesserung der Bewertung in den Entstehensgründen außerhalb des Steuerrechts vorformuliert. Insofern dürfen wir uns auf der sicheren Seite wähnen. Das wäre ein taugliches Verfahren und vor allem das Verfahren, das dem Ideal des Bundesverfassungsgerichts am nächsten kommt.

Jetzt machen wir eine Stehpause, und gehen dann in die letzte Runde. Ich bedanke mich sehr bei den Diskutanten.

Podium 4: Allgemeiner Teil eines Steuergesetzbuches

Professor Dr. Peter Bareis, Universität Hohenheim
Ministerialdirigent Eckehard Schmidt, Bayrisches Finanzministerium, München
Ministerialdirigent Erwin Tartler, Finanzministerium Thüringen, Erfurt
Dr. Horst Vincken, Präsident der Bundessteuerberaterkammer

Kirchhof: Wir kommen nun zu unserem letzten Abschnitt, der Diskussion des Allgemeinen Teils. Hier geht es um den rechtlichen Rahmen der Besteuerung, um das allgemeine Steuerschuldverhältnis. Um dieses kritisch zu würdigen, brauchen wir vor allem die praktische Erfahrung mit der Steuerpolitik und der Steuergesetzesanwendung. Deswegen freue ich mich, auf dem Podium Herrn Eckehard Schmidt, Ministerialdirigent im Bayrischen Finanzministerium, München, begrüßen zu dürfen, einen der führenden Köpfe in der Steuerrechtsanwendung und der Steuerrechtspolitik, praktisch erfahren in der Steuerwirklichkeit, dem Gesetzgebungsverfahren und bei der Beurteilung der Steuergestaltungen. Gerne würde ich auch hinzufügen, dass derjenige, der Steuergesetze zu vollziehen hat, viel Menschenkenntnis gewinnt, viel von dem Menschen versteht, der nicht gerne Steuer zahlt, wohl aber ehrenwertes Mitglied unserer Rechtsgemeinschaft bleiben will. Sodann heiße ich Herrn Prof. Dr. Bareis, Universität Hohenheim, auf unserem Podium willkommen. Sie wissen, es hat einmal eine Bareis-Kommission gegeben, die grundlegende Reformvorstellungen zum Steuerrecht entwickelt hat, die sich in manchem mit den unseren zusammenfügen. Lieber Herr Bareis, wir haben bereits an dem „Karlsruher Entwurf" aus dem Jahre 2001 zusammengearbeitet, also den Grundsatzüberlegungen zur Besteuerung des Einkommens, die damals in dem ersten Band unserer Schriftenreihe veröffentlicht worden sind. Mein herzliches Willkommen gilt dem Präsidenten der Bundessteuerberaterkammer, Herrn Dr. Vincken. Es ist uns ein besonderes Anliegen, die Stimme des erfahrenen Beraters, aber auch des Repräsentanten der Körperschaft des öffentlichen Rechts zu hören, die Mitverantwortung für das trägt, was sich in der Steuerpolitik und in der Steuerrechtswirklichkeit ereignet. Ebenso herzlich begrüße ich Herrn Ministerialdirigent Tartler vom Finanzministerium Thüringen in Erfurt, der wie Herr Schmidt in unserem Heidelberger Arbeitskreis mitgewirkt und sich dort in besonderer Weise als Experte der AO hervorgetan hat. Sie, lieber Herr Tartler, sind ein erfahrener Praktiker, ein Spezialist für das Allgemeine, ein Steuerjurist, der die Verbindungslinien zwischen dem allgemeinen Gesetz und den Verwaltungsmaßstäben zur Bewältigung des einzelnen Falls immer wieder neu bedenkt.

A. Belastungsobergrenze

Kirchhof: Ich schlage vor, als erstes die Obergrenze der steuerlichen Gesamtbelastung zu diskutieren. Unserem Entwurf ist in besonderer Weise daran gelegen, das Zusammenwirken der verschiedenen Steuerarten auf ein und denselben Steuerpflichtigen in eine Kultur des Maßes zu führen. Deswegen sagt der § 8 unseres Entwurfs, dass die jährliche Belastung aus Steuern die Hälfte des jährlichen Einkommens nicht übersteigen darf. Diese Obergrenze gilt für das Zusammenwirken von Einkommensteuer, Umsatzsteuer und Verbrauchsteuern. Die Erbschaftsteuer bleibt in diesem Belastungsvergleich unberücksichtigt. Da das Gesetz und der Gesetzesvollzug die individuelle Belastung des Steuerpflichtigen – seine Grundrechtsbetroffenheit – nur im Rahmen des Einkommensteuerverhältnisses feststellen kann, muss die Belastung durch die Umsatzsteuer und die Verbrauchsteuer typisiert werden. Übersteigt die individuelle Jahresbelastung die Obergrenze, ist das Gesetz zu korrigieren. Bis diese gesetzliche Korrektur greift, ist im individuellen Einkommensteuerverhältnis die Steuer entsprechend zu mindern.

Unser Entwurf schlägt also vor, dass der Gesetzgeber sich selbst binden möge. Dabei ist selbstverständlich bewusst, dass der Gesetzgeber von heute nicht den Gesetzgeber von morgen rechtlich verpflichten kann. Wir wählen ein neues Parlament, damit dieses verglichen mit dem alten bessere Gesetze mache. Dieses ist der Grundoptimismus der Demokratie, an dem wir festhalten. Dennoch hat auch eine einfach-gesetzliche Selbstbindung praktische Bedeutung. Der Gesetzgeber gibt für einen programmatischen Belastungsmaßstab sein Wort, setzt damit außerdem für den Gleichheitssatz einen gesetzlichen Ausgangspunkt, an den das Gebot der folgerichtigen und widerspruchsfreien Gesetzgebung und eines entsprechenden Gesetzesvollzugs anknüpfen. Wir haben somit ein sehr großes Thema vor uns, das in den gesamten Entwurf bis zu den Einzelaussagen hineinreicht. Deswegen mag jeder der vier Diskutanten zu allem etwas sagen; es muss nicht jeder notwendig zu allem etwas sagen. Ein solcher Verzicht könnte der Zeitdisziplin und der thematischen Vertiefung dienen. Wer würde sich zur Obergrenze der Belastung als erster äußern?

Vinken: Vielen Dank. Zunächst einmal finde ich es schön, dass Sie ein Forum zusammengestellt haben, in dem Wissenschaft, Finanzverwaltung, Finanzgerichtsbarkeit und Praxis zu Wort kommen. In diesem Rahmen vertrete ich hier die Praxis.

Nun einige kurze Ausführungen zur Obergrenze: Das eigentlich Neue in Ihrem Paragraphen ist aus meiner Sicht, dass Sie die Obergrenze nicht nur als 50%-Grenze definieren, sondern dass Sie die Umsatzsteuer und die Verbrauchsteuern mit in diese Berechnung einbeziehen. Das ist, meine Damen und Herren, keine Evolution, das ist Revolution. Das ist Steuerrevolution. Denn eines ist klar. Wenn der Gesetzgeber sich darauf einließe, einen solchen Paragraphen tatsächlich in das Gesetz zu schreiben, dann würde er sich selbst – und das ist ja auch beabsichtigt – eine große Selbstbindung auferlegen.

Lassen Sie uns überlegen, was wir momentan haben: Wir haben zurzeit – und das ist der Hintergrund – den sogenannten Halbteilungsgrundsatz aus dem Beschluss des Bundesverfassungsgerichts aus dem Jahr 1995 im Zusammenhang mit der unterschiedlichen Bewertung von Vermögen bei der Vermögensteuer. Hier hat das Bundesverfassungsgericht ganz klar zum Ausdruck gebracht, dass der steuerliche Zugriff auf das Vermögen durch Einkommen- und Vermögensteuer verfassungsrechtlichen Schranken unterliegt und Belastungen zu vermeiden sind, die der finanziellen Leistungsfähigkeit des Steuerpflichtigen zuwiderlaufen.

Wenn wir uns heute die Praxis ansehen, dann stellen wir fest, dass wir Spitzensteuersätze in der Einkommensteuer von 42 bis 45 %, plus Soli, plus Kirchensteuer haben. Bei den Belastungsrechnungen darf man die Kirchensteuer wohl weglassen, denn jeder kann selbst entscheiden, ob er einer Kirchengemeinschaft angehört. Aber zumindest den Solidaritätszuschlag müssen Sie der Einkommensteuer hinzurechnen, wenn Sie Belastungsrechnungen machen. 45 % plus 5,5 % Soli ergibt eine Belastung von ca. 47,5 %.

Wenn man dann dem Gedanken von Herrn Kirchhof nachgeht und verlangt, wir müssen auch die Umsatzsteuerbelastung und die Verbrauchsteuerbelastung berücksichtigen – was richtig ist und was ich auch meine, dass es richtig ist -, dann kommen noch ca. 20 % dazu. Und 47,5 % plus 20 %% sind 67,5 %. Das ist nicht mehr die hälftige Teilung, sondern das sind 2/3. Diesen Gedanken muss man sich klar machen und dazurechnen, was denn zur Zeit in der Diskussion ist, nämlich den Spitzensteuersatz von 45 auf 49 % anzuheben. Selbst wenn man auf die Idee kommt und sagt, bei der derzeitigen Steuerberechnung dürfen Sie Werbungskosten, Sonderausgaben und dergleichen absetzen, würden Sie niemals die schon aktuelle Belastung von 2/3 oder höher auf eine hälftige Teilung – sprich 50%-ige – rechnen können. Das glaube ich als Praktiker nicht. Die Erbschaftsteuer bleibt bei der Betrachtung ja sowieso außen vor. Die in Ihrem Steuergesetzbuch vorgesehene Möglichkeit des Abzuges der auf den Gewinn entfallenden Einkommensteuer beim Erben bei einer Veräußerung geerbten Vermögens begrüßen wir ausdrücklich.

Das heißt also mit anderen Worten: Man muss sich darüber im Klaren sein, dass dieser Ansatz – der einen großen Charme hat, das möchte ich wirklich betonen – das Verhältnis von Staat und Individuum, von Leistung und dessen, was der Staat davon erhält, in ein erkennbares und in ein klares Verhältnis bringt. Ich fürchte allerdings – das möchte ich gleich dazusagen -, dass eine solche Obergrenze, die den Staat in so großem Umfange bindet, wenig Realisationschance hat, Eingang in das Gesetz zu finden.

Aus meiner Sicht ist das eigentlich Neue an dieser Obergrenze - und das ist ganz wichtig -, dass wir bei der Berechnung der Obergrenze die Umsatzsteuer und die

Verbrauchsteuern mitrechnen. Herr Kirchhof, wenn ich Ihren Bruder vorherige Tage in Stuttgart richtig verstanden habe, so sagt er: Und außerdem müssen wir uns mit dem Thema Gebühren beschäftigen. Denn das Thema Gebühren ist auch ein Fall, von dem wir zunehmend feststellen, dass er jeden von uns immer stärker betrifft und die Belastung des Einzelnen dadurch immer höher wird.

Kirchhof: Ich danke Ihnen, Herr Vinken, sehr für Ihre Grundsatzüberlegungen. Ich bitte nur zu bedenken: Unsere Fünfzig-Prozent-Grenze meint die bereinigte Bemessungsgrundlage. Wir dürfen nicht nur die Steuersätze vergleichen, sondern die Musik spielt in der Bemessungsgrundlage. Wenn ich das Einkommen vollständig besteuere, dann komme ich mit einem Steuersatz von 25 Prozent aus. Wenn ich Teile des Einkommens auf Null rechnen kann, mag der Steuersatz 50 Prozent betragen: null mal fünfzig ergibt null. Die eigentliche Gleichheitsproblematik liegt in der Bemessungsgrundlage. Wenn dieses Problem gelöst ist, wenn wir also die Lasten auf alle Schultern derer verteilen, die sie im Tatbestand Einkommen tragen können, dann genügen Steuersätze bis 50 Prozent und dann haben wir noch einen gewissen Puffer bis zu 50 Prozent, in der Nähe der hälftigen Teilung.

Bei der Gebühr würde ich darüber nachdenken, dass die Gebühr der Verwaltungspreis ist, ein Entgelt für Staatsleistungen. Die Steuer muss derjenige bezahlen, der dank der Rahmenbedingungen des Staates leistungsfähiger geworden ist, obwohl der Staat ihm individuell keine Leistung hat zukommen lassen. Die Gebühr folgt den Prinzipien der Tauschgerechtigkeit, die Steuer denen der Verteilungsgerechtigkeit. Der Gebührenschuldner hat vom Staat Gas und Wasser, ein faires Gerichtsverfahren, eine technische Prüfleistung erhalten und zahlt dafür den Preis. Der Steuerzahler finanziert die Polizei, den Gesetzgeber, die Stadtverwaltung, die der Allgemeinheit dienen, dem Einzelnen unabhängig von seiner individuellen Zahlungsbereitschaft und Zahlungsfähigkeit nützen. Die Grenze in der Nähe der hälftigen Teilung betrifft diese steuerliche Verteilungsgerechtigkeit nach dem Prinzip der Leistungsfähigkeit, wohl nicht die gebührenrechtliche Tauschgerechtigkeit. Nun Herr Bareis, bitte.

Bareis: Stefan Homburg hat vorhin deutlich gesagt, was er von diesem Werk hält. Dem stimme ich zu. Es ist ein herausragendes Werk und wir sollten froh sein, dass wir es haben. Ich bitte meine jetzigen Beckmessereien nicht falsch zu verstehen, aber aus ökonomischer Sicht muss ich zunächst ein Fragezeichen machen, was die Belastungen angeht. Umsatzsteuer und Einkommensteuer haben Sie zusammengerechnet. Erhebt der Staat eine Umsatzsteuer und liegen normale Angebots- und Nachfragefunktionen vor, dann erhöht die Umsatzsteuer die Angebotsfunktion und damit gehen die Preise hoch und die Beschäftigung geht zurück. Das heißt: Nicht nur der Verbraucher muss höhere Preise bezahlen, auch der Anbieter hat weniger Beschäftigung. Die USt wirkt sich auch auf andere Personen, nicht nur auf den Verbraucher, aus. Wir wissen auch nicht, wie sich die Verwendung der

Steuereinnahmen über die Staatsausgaben auf den einzelnen auswirkt. Das Wort Belastung ist in diesem Zusammenhang etwas problematisch, weil wir die Wirkungen nicht zuordnen können. Es sei denn, wir hätten eine ganz starre Nachfragefunktion, so dass nur der Preis hochgeht. Aber das soll nicht heißen, dass ich diese Idee der Gesamtbetrachtung nicht für dringend notwendig halte, weil Politikern Grenzen ihrer Handlungsfreiheit gesetzt werden müssen. Das zeigt sich ja u.a. in der heutigen Krise und da haben Sie recht, wir sollten solche Grenzen auch bei der Besteuerung haben. Aber nicht in einem einfachen Gesetz, sondern vermutlich müsste die Verfassung geändert werden, damit nicht sofort wieder die nächste Regierung versuchen kann, alles umzuwerfen. Ich frage mich als Ökonom natürlich, was passiert mit meinem Einkommen. Einen Teil spare ich, einen Teil konsumiere ich. Es ist eine heroische Annahme, wenn Sie sagen, 20 % meines Einkommens ist die Belastung mit Umsatzsteuer. Ich kann wesentlich mehr konsumieren, als ich als Jahreseinkommen habe, wenn ich Vermögen verbrauche. Ich kann auch Schulden aufnehmen, so dass die 20 % eine Annahme ist, die nicht zutreffen muss. Im Endergebnis ist Ihre Annahme äquivalent mit der Aussage: Die Einkommensteuer einschließlich der Kommunalsteuer, die ja dazugehört, darf nicht über 30 % betragen. Denn wenn 20 % des Einkommens die Konsumbelastung ist, dann können Sie auch gleich ins Gesetz schreiben: Der Einkommensteuersatz darf nicht höher als 30 % sein. Denn die Obergrenze beträgt ja nach § 8 insgesamt 50 %.

Kirchhof: Danke. Unser Postulat der maßvollen und gleichmäßigen Last, unsere Belastungsobergrenze gilt zunächst dem einzelnen Grundrechtsberechtigten, dem Steuerpflichtigen. Und nun Herr Schmidt, bitte.

Schmidt: Dazu nur eine ganz kurze Anmerkung aus der Praxis der Steuerverwaltung. Die ersten Sätze sind so etwas wie eine Selbstverpflichtung des Gesetzgebers und das mag angehen, sinnvoll und gut sein. Dann will man aber den Gesetzgeber ein wenig unter Druck setzen, indem man sagt, solange er nichts tut, müsse es die Verwaltung machen. Diese individuelle Freistellung überfordert vermutlich die Verwaltung, sie müsste im jeweiligen Einzelfall schauen, ob die Belastungsgrenze überschritten ist. Ich glaube, da geraten wir in gewisse Schwierigkeiten im Verwaltungsvollzug.

Kirchhof: Wenn wir feststellen, die Fünfzig-Prozent-Grenze wird durch die gesetzliche Belastung überschritten, ist noch offen, bei welcher Steuer der Gesetzgeber dieses Übermaß korrigieren soll. Muss er die Einkommensteuer zurücknehmen, die Umsatzsteuer oder die Verbrauchsteuer? Jedes Einzelgesetz für sich genommen vermeidet ein Übermaß. Erst das Zusammenwirken der einzelnen Gesetze macht die Gesamtsteuerlast individuell unverhältnismäßig. Deswegen sagt unser Entwurf, dass der Gesetzgeber hier in seiner Verfassungsbindung die Korrekturentscheidung eigenverantwortlich zu treffen hat. Er muss die Belastung durch die Einzelsteuern so bemessen, dass die Belastungsobergrenze in der Struktur seiner

Gesetzgebung grundrechtsbezogen auf die einzelne Person gewahrt bleibt. Bis der Gesetzgeber eine Neuregelung getroffen hat, muss die Verwaltung die Verhältnismäßigkeit in Gesetzesvollzug wahren und dies geht nur innerhalb der Einkommensteuer, weil nur diese Steuer auf die einzelne Person zugemessen werden kann. Mir scheint, Ihre Bemerkung macht die Probleme besonders deutlich. Herr Tartler, bitte.

Tartler: Ich denke, es ist ein Kernbereich der Steuerpolitik oder überhaupt der Politik, wie hoch die Gesamtsteuerbelastung angesetzt wird. Ob sich der Gesetzgeber zu so einem Satz der Begrenzung, zu einer solchen Zielvorstellung tatsächlich durchringen könnte und ob er später diese Zielvorstellung nicht wieder unterspült, sehe ich als sehr kritisch an. Wenn der Grenzbelastungssatz von 30 % überschritten wird und die Verwaltung letztendlich zur Abhilfe berufen ist, stellt sich die Frage: wo hilft sie ab? Die Verwaltung darf weder den Gesetzgeber noch den Satzungsgeber korrigieren. Eventuell müsste sie dann beide, vielleicht prozentual korrigieren. Die Herstellung einer Obergrenze der Gesamtbelastung durch die Verwaltung ist eine Forderung, von der ich noch nicht wüsste, wie sie in der Praxis umgesetzt werden könnte.

Kirchhof: Korrigieren kann man nur im Einkommensteuerrechtsverhältnis, weil nur in diesem Individualschuldverhältnis die persönliche Belastung des Einzelnen festgestellt wird.

B. Steuerkonkurrenzen

Kirchhof: Lassen sie uns nun zur Frage der Steuerkonkurrenzen übergehen. Wir haben den Versuch unternommen, die Belastungswirkungen der verschiedenen Steuern einander zuzuordnen. Bisher beschließt der Gesetzgeber eine Steuer, beschließt dann eine andere, ohne sich des Zusammenwirkens dieser Steuern zu vergewissern. Unsere Steuerkonkurrenzlehre sucht die einzelnen Steuern aufeinander abzustimmen. Eine Folge ist die Obergrenze der steuerlichen Gesamtbelastung. Die Kernfrage aber betrifft die Rechtfertigung der Belastungsgründe für die einzelne Steuer. Ist eine Gewerbesteuer neben der Einkommensteuer gerechtfertigt? Sind Verbrauchsteuern, sind Verkehrsteuern neben der Umsatzsteuer gerechtfertigt? Wie verhält sich die Einkommensteuer zur Erbschaftsteuer? Dazu möchte Herr Bareis eine Überlegung vortragen.

Bareis: Die Konzeption des § 6 Abs. 1 BStGB zum Verhältnis von ESt und ErbSt kann, wenn ich sie richtig interpretiere, so beschrieben werden:
a) Der Gesamtwert eines Unternehmens (Erwerbsgrundlage), das der Erblasser hinterlässt, ist noch nachträglich mit ESt zu belasten.

b) Diese auf den stillen Reserven und dem Geschäftswert lastende ESt mindert den Wert des auf den Erben übergegangenen Unternehmens (Erwerbsgrundlage).

c) Der Gesamtwert abzüglich dieser ESt unterliegt beim Erben der Erbschaftsteuer.

d) Der Erbe muss die Buchwerte des Erblassers (Unternehmens) fortführen.

Diese Konzeption beruht erkennbar auf dem Gedanken, dass Erblasser und Erbe zwei Steuersubjekte sind, so dass zwischen beiden eine unentgeltliche Übertragung stattfindet. Sie soll analog zu einer Veräußerung an fremde Dritte behandelt werden, allerdings ohne dass ein Entgelt vom Erben zu zahlen ist. Die Unentgeltlichkeit dürfte denn auch der Grund dafür sein, dass vom Erben die Fortführung des Buchwertes des Erblassers verlangt wird (vgl. § 6 Tz. 10 BStGB).

Gegen diese Konzeption können eine Reihe von Einwänden erhoben werden. Schlagwortartig lassen sie sich so kennzeichnen:

1. Buchwertfortführung ist mit dem Gedanken der Vermögensübertragung von einer Person auf die andere nicht vereinbar.

2. Diese Konzeption bricht mit dem bisher durchgängig im Einkommensteuerrecht geltenden Realisationsprinzip.

Zu 1.

Ersetzt der Erbe als Gesamtrechtsnachfolger in jeder Hinsicht den Erblasser, findet im eigentlichen Sinne kein Wechsel der Verfügungsmacht über die Erwerbsgrundlage statt. Der Buchwert des Erblassers an dessen Todeszeitpunkt ist folglich auch der Buchwert des Erben. Erblasser und Erbe sind im Verhältnis zum Vermögen keine zu unterscheidenden Personen, sie gelten als identisch. Damit lässt sich schwerlich eine ErbSt begründen.

Die Prämisse, es seien zwei Steuerpflichtige zu berücksichtigen, ist sicherlich vertretbar. Dazu passt jedoch m. E. die Pflicht zur Fortführung der Buchwerte durch den Erben nicht. Denn wenn der Gesamtwert des Unternehmens – also Buchwert im Todeszeitpunkt zuzüglich vom Erblasser bisher nicht realisierter stille Reserven und zuzüglich eines Geschäftswertes – auf Rechnung des Erblassers mit ESt belegt wird, welche den erbschaftsteuerlichen Wert mindert, dann entspricht dieser erbschaftsteuerliche Wert zwangsläufig einem veränderten Buchwert des Erblassers: Der Buchwert im Todeszeitpunkt muss rechnerisch um stille Reserven und den Geschäftswert erhöht werden, denn diese werden ja abschließend bei ihm voll besteuert. Durch die rechnerische „Entnahme" der ESt vermindert er sich entsprechend.

Daher muss bei dieser Konzeption der erbschaftsteuerliche Wert einschließlich der stillen Reserven und einschließlich Geschäftswert als der zutreffende einkommensteuerliche Wert, d.h. das Kapitalkonto des Erben bei der ESt definiert werden. Hat der Erbe die ESt aus der Erbmasse entrichtet, mindert diese sein Kapitalkonto.

Zu 2.

Nach bisherigem Verständnis wohl der meisten Ökonomen besteuert die ESt einen realisierten Reinvermögenszugang im Sinne Dieter Schneiders. Nicht realisierte Reinvermögenszuwächse unterliegen nicht der ESt. Aus diesem Blickwinkel kann die Zuordnung und Besteuerung von stillen Reserven und des Geschäftswertes zum Erblasser nicht begründet werden. Denn eine Realisation dieser Werte am Markt hat nicht stattgefunden. Im Tod eine Art Ersatzrealisation zu erblicken, wie dies dem BStGB entsprechen dürfte, fällt aus ökonomischer Sicht sehr schwer.

Stille Reserven und Geschäftswert sind nach der bisherigen, vom BStGB abweichenden Logik der Einkommensermittlung Einkünfte des Erben, sofern dieser die Buchwerte des Erblassers fortführen muss. Führen sie beim Erben zu laufenden Gewinnen, dann unterliegen sie seiner ESt. Der Erbe versteuert erbschaftsteuerlich den Gesamtwert einschließlich der stillen Reserven und des Geschäftswertes. Die spätere ESt wird nach bisherigem Verständnis bei der ErbSt nicht abgezogen. Insofern vermeidet das BStGB eine zu hohe ErbSt (§ 6 Abs. 1 Satz 2 BStGB). Das ist nach dessen Konzeption schlüssig, wenn man stille Reserven und Geschäftswert dem Erblasser zuordnet und bei ihm gleichsam eine „Schlussbesteuerung" durchführt. Indessen bleibt es auch hier aus Sicht des Erben bei einer Doppelbelastung desselben Vermögens.

Vertritt man jedoch ein strenges Realisationsprinzip, wonach Gewinne nur dann verwirklicht sind, wenn sie am Markt realisiert und damit objektiviert sind, muss man sich für eine andere Konzeption entscheiden. Danach sind stille Reserven und Geschäftswert keinesfalls dem Erblasser zuzuordnen. Sie dürfen erst dann erfasst werden, wenn ihr Wert am Markt durch fremde Dritte objektiviert worden ist. Es sind dann Gewinne des Erben, nicht mehr des Erblassers. Aus ökonomischer Sicht wird dazu sogar die Auffassung vertreten, eine Realisation komme nicht schon bei Entstehung einer Forderung, sondern erst bei Zahlungseingang zustande (Theodor Siegel). Doch selbst bei Anwendung des herkömmlichen Realisationsprinzips können die stillen Reserven und der Geschäftswert nicht mehr als Gewinne des Erblassers interpretiert werden. Dem Erben ist nach dieser Konzeption zunächst lediglich der bisherige Buchwert des Erblassers „zugegangen", den er als Steuerminderungspotential bei seiner eigenen ESt betrachten kann. Hierin kann dann erbschaftsteuerlich eine Vermögensübertragung erblickt werden. Sie allein wäre dann der ErbSt zu unterwerfen („Buchwertlösung"). Das hätte einen kaum zu überschätzenden praktischen Vorteil. Denn es erübrigte sich, im Erbfall den Gesamtwert des Unternehmens (der Erwerbsgrundlage) zu schätzen. Damit entfiele eine sehr streitanfällige und arbeits- und kostenintensive Bewertung. Im Vergleich zu den gegenwärtigen, äußerst fragwürdigen Vergünstigungen für Betriebsvermögen wäre dies zudem eine sehr große Vereinfachung.

Akzeptiert man diese Lösung nicht, sondern verlangt, dass der Gesamtwert des Unternehmens der ErbSt unterliegen müsse, sollte man erkennen, dass dann der Erbe diesen Gesamtwert voll versteuert hat, allerdings mit ErbSt. Muss er in diesem Fall den einkommensteuerlichen Buchwert des Erblassers fortführen, entsteht die Frage, weshalb er die stillen Reserven und den Geschäftswert doppelt besteuern lassen muss. Eine schlüssige Begründung hierfür ist m. E. nicht zu finden, weshalb es bei dieser Sichtweise folgerichtig wäre, dem Erben als Buchwert bei der ESt die erbschaftsteuerliche Bemessungsgrundlage zuzugestehen. Denn die Rechtfertigung für die ErbSt auf den Gesamtwert lautet bei dieser Konzeption, der Erbe habe den Gesamtwert als (unentgeltlichen) Reinvermögenszugang realisiert.

Allerdings muss erkannt werden, dass bei unterschiedlichen Steuersätzen die Erhöhung des Buchwertes des Erben dem ErbSt-Tarif unterlegen hat. Dies wäre zu vermeiden, wenn bei ErbSt (neben hohen Freibeträgen) und ESt dieselben Steuersätze gelten würden.

Ein zusätzliches Problem sehe ich in der Pauschalierung (Kostenpauschale nach § 53 Abs. 2 Satz 3 BStGB) eines Buchwertes von 90 % des Veräußerungserlöses bei Verkauf einer Erwerbsgrundlage im Zusammenhang mit einer Erbschaft (§ 6 Abs. 2 BStGB). Damit wird der Gewinn aus der Veräußerung einer Erwerbsgrundlage in Höhe von 10 % des Veräußerungserlöses typisiert, sofern kein höherer Buchwert als 90 % des Veräußerungserlöses nachgewiesen wird. Da der Steuersatz der ESt 25 % beträgt, läuft dies auf eine Besteuerung des Veräußerungserlöses mit 2,5 % hinaus. Dies spielt auch im Verhältnis von ESt zu ErbSt eine Rolle, wie die Kommentierung zeigt (§ 6 BStGB Tz. 10-13), vor allem das dortige Beispiele (Tz. 13).

Nach Lösung 2 veräußert der Erblasser das Unternehmen nicht (mehr), wohl aber der Erbe für 1.500.000 €. Da er jedoch zuvor auf sein Erbe eine ErbSt von 10 %, also von 150.000 € zu zahlen hatte, ist das Beispiel nur dann schlüssig, wenn diese Zahlung aus dem übernommenen Vermögen erfolgt. Somit kann der Erbe nur (1.500.000 abzüglich 150.000 =) 1.350.000 € aus dem Verkauf des Unternehmens erlösen. Darauf bezahlt er pauschaliert 2,5 % ESt, also 33.750 €, somit denselben Gesamtbetrag von (150.000 + 33.750 =) 183.750 € wie bei Lösungen 1 und 3.

Der tatsächliche Buchwert (Kapitalkonto; „Bilanzwert") des Erblassers beträgt jedoch nur 800.000 €, er darf aber stattdessen einen Betrag von 1.350.000 € einkommensteuerfrei vereinnahmen. Das bedeutet in diesem Falle eine verminderte Bemessungsgrundlage bei der ESt, deren Höhe hier (1.350.000 – 800.000 =) 550.000 € beträgt, somit eine Ersparnis von 25 % hiervon, das sind 137.500 €. Generell bevorzugt somit diese Regelung besonders Unternehmen mit sehr hohen stillen Reserven oder hohem Geschäftswert oder beidem, also mit sehr niedrigen Buchwerten.

Dies ist konzeptionell nicht erforderlich. Denn zumindest bei personenbezogenen Unternehmen ist das Eigenkapitalkonto des Erblassers oder Veräußerers genau bekannt, auch müssen praktisch keine Progressionseffekte gemildert werden. Zur Vermeidung von Doppelbesteuerungen bei der ESt würde es somit genügen, zusätzlich die noch nicht ausgeschütteten Gewinne (Gewinnrücklagen) der steuerjuristischen Person den Beteiligten anteilig als Quasi-Anschaffungskosten zuzuordnen. Denn diese Rücklagen sind voll versteuert, müssen also den Buchwert des Eigenkapitals der Beteiligten erhöhen, um eine Mehrfachbesteuerung zu verhindern. Selbst bei Publikumsgesellschaften könnte dies für jeden Bilanzstichtag mitgeteilt werden. Es bestehen daher Zweifel am Sinn dieser Pauschalierung. Dies gilt entsprechend für § 52 Abs. 2 BStGB, wonach Kosten im Zusammenhang mit Beteiligungserträgen nicht abgezogen werden dürfen. Denn diese Kosten sind bei Arbeitseinkünften abziehbar und die steuerjuristische Person versteuert ja im Endergebnis „für" die Anteilseigner. Ausschüttungen sind daher nicht steuerfrei, sondern steuervorbelastet.

Kirchhof: Ich möchte versuchen, die von Herrn Bareis hervorgehobenen konzeptionell grundlegend verschiedenen Ansätze nochmals zu verdeutlichen. Zunächst tritt der Erbe im Einkommensteuerrecht in die Rechtstellung des Erblassers ein. Insoweit gilt für die Einkommensteuer die Buchwertverknüpfung. Sind Einkünfte beim Erblasser noch nicht besteuert worden, muss der Erbe diese Einkommensteuer errichten, soweit er diese Einkünfte vereinnahmt. Er kann dann diese gezahlte Einkommensteuer von seiner erbschaftssteuerlichen Bereicherung abziehen, weil sie gleichsam wie ein Schatten auf der Bereicherung lastet. Gleiches gilt für Veräußerungsgewinne, die der Erbe durch Veräußerung bestimmter ererbter Vermögenswerte innerhalb von zwei Jahren erzielt. Er erbt dann – so sagt diese Vereinfachungsregel – nicht die Vermögensgegenstände, sondern die Liquidität des Veräußerungsgewinns, auf dem eine Einkommensteuer lastet, die die erbrechtliche Bereicherung mindert.

Ein anderes Konzept gilt für die Erbschaftssteuer. Der Erblasser hat Vermögen aus versteuertem Einkommen gebildet. Dieses wird vererbt. Der Erbe, ein anderes Rechtssubjekt als der Erblasser, wird durch das ererbte Vermögen bereichert. Diesen Zuwachs an Reichtum, der Anfall eines für den Erben neuen Vermögens, besteuern wir mit der Erbschaftsteuer. Das Verständnis dieser Konzeption ergibt sich aus der Rechtfertigung der Erbschaftsteuer. Wir sehen weniger den Betrieb, der als Erwerbseinheit fortbesteht, nicht stirbt, sich der periodischen Reindividualisierung durch den Erbfall entzieht, sondern wir erfassen den Erblasser, dessen Eigentum endet, und den Erben, dessen Eigentum durch Gesamtrechtsnachfolge beginnt. Die Erbschaftsteuer rechtfertigt sich nunmehr dadurch, dass der Staat diese Gesamtrechtsnachfolge durch sein Erbrecht ermöglicht, sie auch verfassungsrechtlich garantiert, der Staat außerdem die friedliche und unbeschwerte Entgegennahme des

Erbes – eine ersichtliche Besserstellung des Erben im Vergleich zu den Nichterben – in seiner Friedensordnung sichert, die Testierfreiheit des Erblassers garantiert, das Familiengut in der Familie dank gesetzlicher Erbfolge und Pflichtteilsrecht gewährleistet. Diese Rechtfertigung der Steuer ist der Ausgangspunkt für eine folgerichtige und widerspruchsfreie Konzeption des Gesetzes und der Gesetzesanwendung.

C. Rechtsquellen, Nichtanwendungserlass

Kirchhof: Nun würde ich vorschlagen, zu einem dritten Thema überzugehen: das Zusammenwirken der verschiedenen Quellen für Steuerrecht. Die Steuer unterliegt als klassisches Eingriffsrecht dem Gesetzesvorbehalt. Die Belastungsentscheidung trifft also der Gesetzgeber, nach deutschem Verfassungsrecht der Bundesgesetzgeber. Die von uns vorgesehenen vier Steuerarten sind Gegenstand der konkurrierenden Bundesgesetzgebung. Soweit das Recht – insbesondere das Umsatzsteuerrecht – europäisiert ist, beruht die Geltung dieses Europarechts in Deutschland ebenfalls auf einem Gesetzgebungsakt des Bundesgesetzgebers, dem Zustimmungsgesetz zu den Unionsverträgen.

Nach dem Maßstab dieser Gesetze entwickelt sich die Rechtsprechung des Bundesfinanzhofs, der den Auftrag hat, die Einheit des Rechts zu wahren und das Recht fortzubilden. Dieser Rechtfortbildungsauftrag ergibt sich, das erlebt jeder, der mit Gesetzestexten umgeht, dadurch, dass ein Gesetz schon mit der Verkündung veraltet sein kann, weil seine generelle Regel den neuen, noch unbedachten Fall nicht vorausgesehen hat. Nun geht der BFH – wie alle anderen obersten Bundesgerichte – nach diesem Auftrag dazu über, zwar den Einzelfall – der Steuerpflichtige A gegen das Finanzamt – zu entscheiden, die tragenden Grundgedanken der Entscheidung aber in Leitsätzen zu verallgemeinern. Diese Leitsätze sind wie ein Gesetz definiert: Wenn die Voraussetzungen a, b und c gegeben sind, ergibt sich die Rechtsfolge d. Der Leitsatz ist auf Verallgemeinerung angelegt, als Rechtsfortbildung gemeint.

Ein ähnliches Verfahren wählt die Finanzverwaltung bei ihren allgemeinen Verwaltungsvorschriften. Sie gibt dienstliche Anweisungen, wie ein Gesetz auf den Einzelfall anzuwenden ist, regelt aber mit dieser generellen Anweisung tausende von Fällen, erreicht also auch hier eine Allgemeinheit ähnlich dem Gesetz und der Leitsatzentscheidung.

Wenn die Finanzverwaltung mit ihren allgemeinen Verwaltungsvorschriften als Erstinterpret des Gesetzes generelle Regeln aufstellt, der Bundesfinanzhof als Zweitinterpret des Gesetzes mit seinen Leitsatzentscheidungen gleiches erreicht, können sich inhaltliche Gegensätze ergeben. Wir kennen dieses Problem alle unter dem Stichwort des „Nichtanwendungserlasses". Zu diesem Konflikt zwischen dem

BFH und der Finanzverwaltung suchen wir eine vermittelnde Lösung. Für den Steuerpflichtigen ist es unerträglich, dass ein Leitsatz des BFH ihn besserstellt, die Finanzverwaltung aber durch einen Nichtanwendungserlass ihm diese Besserstellung verweigert, er also den Instanzenweg mit Kosten und Zeitaufwand beschreiten müsste, um zu dem Recht zu kommen, das der BFH ihm letztlich geben wird. Ebenso ist es für die Finanzverwaltung kaum zumutbar, sich Massenklageverfahren gegenüber zu sehen, die im Ergebnis die allgemeine Verwaltungsvorschrift durch eine höchstrichterliche Entscheidung im jeweils einfachen Fall widerlegen. Andererseits muss die Finanzverwaltung die Gelegenheit haben, ihre möglicherweise besseren Gründe in einem Verfahren vor dem BFH zur Wirkung zu bringen. Wir schlagen deshalb folgendes Verfahren vor: Zunächst entscheidet der BFH dadurch, dass er seiner Entscheidung Leitsätze voranstellt, dass er diese als Grundsatzentscheidung versteht. Er erklärt damit der Öffentlichkeit, diese Entscheidung solle über den Einzelfall hinaus wirken (Rechtsfortbildung). Eine Entscheidung ohne Leitsätze bleibt eine Einzelfallentscheidung, für die der BFH keine Breitenwirkung beansprucht. Ist nun die Finanzverwaltung mit der Entscheidung des BFH nicht einverstanden, muss sie die Möglichkeit haben, ihre Überlegungen mit ihrer Praxiserfahrung und ihrer Verantwortlichkeit für die Vielzahl der Einzelfälle nochmals in das Bewusstsein des BFH zu bringen. Sie wählt einen geeigneten Einzelfall aus – gibt es keinen Fall, brauchen wir auch keinen Nichtanwendungserlass –, legt in diesem Fall mit Zustimmung des Betroffenen und ohne dessen Kostenrisiko eine Sprungrevision ein, um dem BFH Gelegenheit zu geben, erneut darüber zu befinden, ob er sich die Argumente der Finanzverwaltung zu eigen machen oder aber an seiner bisherigen Entscheidungslinie festhalten will. Wir versuchen also ein Clearing-Verfahren, das die eigenständige Aufgabe der Finanzrechtsprechung – höchstrichterliche Instanz für die Fortbildung des Steuerrechts – und die eigenständige Aufgabe der Finanzverwaltung – höchste Instanz für die Rechtsanwendung in der Verallgemeinerung der Problemkenntnisse und Problemsichten – in einem gemeinsamen Verfahren koordiniert. Finanzverwaltung wie BFH werden so souverän sein, in einer offenen juristischen Debatte das bessere Recht zu suchen, dann gemäß der Friedensfunktion des Rechts das in diesem Verfahren gewonnene Ergebnis zu akzeptieren. Damit wird Millionen Bürgern erspart, bei einer sie begünstigenden Rechtsprechung des BFH jeden der Fälle bis zur Revision nach München zu tragen und damit die Rechtsprechung handlungsunfähig zu machen. Darf ich Sie auf diese Problematik ansprechen, Herr Schmidt?

Schmidt: Das Thema bewegt uns, auch in der Diskussion mit Herrn Spindler, die wir in München immer besonders gut führen konnten. Herr Spindler hat viel zu dieser Frage veröffentlicht. In § 9 Abs. 5 fällt zunächst auf: Künftig würde der BFH nicht nur sagen, welche Urteile er gerne veröffentlicht hätte, wie es heute ist, und dann entscheidet die Verwaltung, ob und wann sie die Entscheidung – allgemeinverbindlich für ihre Mitarbeiter – ins Bundessteuerblatt stellt. Nach § 9 würde der Bundesfinanzhof selbst veröffentlichen, so habe ich das verstanden. Und damit würde auch die Allgemeinverbindlichkeit für die Verwaltung automatisch eintreten. Der Bürger ist nicht daran gebunden, der Gesetzgeber schon gar nicht, das Wort Nichtanwendungsgesetz klingt für mich immer etwas seltsam. Die Verwaltung wäre gebunden. Was ich in der Begründung dazu im Bundessteuergesetzbuch gelesen habe, hat mich allerdings gefreut, da ist nämlich einmal angesprochen worden, was mir auch ganz wichtig wäre: Dass der Bundesfinanzhof sich in solchen Fällen dann auch klar sein sollte, dass er eine Leitsatzentscheidung trifft, die möglichst den Kern der Norm betreffen sollte, und dass er nicht einen Einzelfall als Leitentscheidung darstellt, der eher am Rande der entsprechenden Norm angesiedelt ist. Das ist in der Begründung so angegeben: Man solle sich bei der Formulierung der Leitsätze ihrer Normwirkung bewusst sein. Das würde uns auch sehr helfen in der Umsetzung der Rechtsprechung. Ich finde auch gut, dass Sie betonen, auch die Exekutive habe ein eigenes Recht zur Normauslegung. Dann kommt es natürlich zum Konflikt. Wirklich neu und wirklich kreativ finde ich, dass man für diesen Konflikt eine Art Mediationsverfahren vorgesehen hat. Klar ist natürlich, dass das letzte Wort bei der Rechtsprechung bleibt, das ist so. Aber die Verwaltung hat das Recht, ein Überdenken anzuregen. Dieses Überdenken eröffnet ein ganz neuartiges Verfahren: Die Verwaltung bringt letztlich noch einmal einen Fall vor das oberste Gericht, natürlich mit Zustimmung des Steuerpflichtigen. Das – glaube ich – ist kreativ. Schwierig wird sein festzustellen, was ein vergleichbarer Fall ist. Wir wissen, man kann immer am Sachverhalt eine kleine Variante finden, die den Fall vielleicht nicht ganz vergleichbar macht. Aber es wird schon viele Fälle geben, in denen der eine Fall in der rechtserheblichen Frage dem anderen vergleichbar ist. Dann wäre ein Verfahren gefunden, in dem man auf eine geregelte Weise diesen Konflikt ausfechten könnte, der heute doch oft sehr emotional ausgetragen wird.

Kirchhof: Danke. Herr Vinken, bitte.

Vinken: Wenn Sie mir gestatten, aus der Praxis eine Wahrnehmung beizutragen: Das Thema Nichtanwendungserlass hat sich im Laufe der letzten beiden Legislaturperioden deutlich verändert. In dieser Legislaturperiode unter Herrn Finanzminister Schäuble, den wir ausdrücklich mehrfach darauf angesprochen haben, hat das Thema Nichtanwendungserlass deutlich an Brisanz verloren. Der letzte Finanzminister, Peer Steinbrück, oder sein Ministerium, hatten Nichtanwendungserlasse zu ihrem täglichen Hobby auserkoren. Das bedeutete: Wir haben Nichtanwendungserlasse reihenweise bekommen, denn die Fälle, in denen die Finanzverwaltung höchstrichterliche Urteile mit einem Nichtanwendungserlass belegt hat, mehrten sich.

Ich möchte in diesem Zusammenhang aber noch auf ein weiteres Problem hinweisen: Faktisch erlässt die Finanzverwaltung zusätzlich quasi „stillschweigende"

Nichtanwendungserlasse, indem sie ihr nicht genehme Urteile des BFH nicht oder nur mit großer Verzögerung im Bundessteuerblatt veröffentlicht, so dass die Finanzverwaltung diese Urteile nicht anwenden muss.

Ich stelle das so gegenüber und etwas überzeichnet dar, um deutlich zu machen, dass man Nichtanwendungserlasse unterschiedlich beurteilen kann und dass wir eine Regelung für die Nichtanwendungserlasse benötigen. Deshalb bin ich dankbar für diese Regelung, die im Steuergesetzbuch vorgesehen ist. Ob die Regelung in allen Fällen durchgängig ist, man sie verändern oder nochmals darüber nachdenken sollte, ist eine davon zu unterscheidende Frage. Aber der wichtige Punkt ist: Wir müssen die Nichtanwendungserlasse begrenzen auf besondere Fälle und es muss auch eine Regel geben, wie die Nichtanwendungserlasse ausgelegt werden und wohin sie führen. Selbst wenn ein Nichtanwendungserlass im Einzelfall seine Berechtigung haben mag, so muss er eine ausführliche Begründung der abweichenden Verwaltungsauffassung enthalten und die Finanzverwaltung muss detailliert darstellen, warum sie sich gezwungen sieht, von der Rechtsprechung des BFH abzuweichen.

Denn wenn man so nicht verfährt und die Nichtanwendungserlasse überhand nehmen, dann wird der BFH in eine schlechte Position gerückt. Das heißt, die Gerichtsbarkeit leidet darunter, dass Nichtanwendungserlasse ergangen sind auch zu Themen, die eigentlich nichtig sind. Damit verstößt die Finanzverwaltung aber gegen ihre Loyalitätspflicht gegenüber der rechtsprechenden Gewalt, dem BFH, und verletzt dadurch das verfassungsrechtlich geschützte Gewaltenteilungsprinzip.

Deshalb braucht man ein Verfahren, das die Nichtanwendungserlasse regelt. Ob an der einen oder anderen Stelle etwas geändert werden sollte, möchte ich jetzt nicht beurteilen. Aber ich denke, es ist ein sehr wichtiger Ansatz, dass wir uns einmal das Thema Nichtanwendungserlasse sehr deutlich vor Augen führen und uns darüber im Klaren sind, was es bedeutet, wenn man die eine oder die andere Interpretation wählt. Und wir müssen prüfen, ob es richtig ist, eine einheitliche Regel zu finden, die ein Ausdehnen der Nichtanwendungserlasse verhindert. Das ist unsere praktische Wahrnehmung.

Kirchhof: Danke. Herr Tartler.

Tartler: Vorher wurde schon der Begriff kreativ genannt. Die allgemeine Verbindlichkeit eines Leitsatzes des Bundesfinanzhofs ist in der Tat ein völlig neues Rechtsinstitut, das hier eingeführt wird. Bisher hat es aus meiner Sicht keinen vergleichbaren Fall gegeben. Es stellt sich die Frage nach der Rechtsnatur des Leitsatzes. Er sei gesetzesähnlich, steht in der Begründung zum Bundessteuergesetzbuch. Aber er ist kein Gesetz. Er sei eine hierarchische Anweisung, an die zwar nicht die Finanzgerichte gebunden sind, aber die Finanzbehörden. Allerdings strahlt Hierarchie eigentlich nicht vom Bereich der Dritten Gewalt in die Exekutive hinein. Das ist also in der Tat eine völlig neue Schöpfung, deren rechtstheoretische Begründung zu hinterfragen ist. Eine letzte Frage hierzu: Wie ist der BFH selbst an seine Leitsätze gebunden? In der Antwort auf eine Kleine Anfrage zur Nichtanwendung von Urteilen des Bundesfinanzhofs hat die Bundesregierung ausgeführt, dass sich in einem Zeitraum von wenigen Jahren die Rechtsprechung des BFH 60mal geändert hat, obwohl sich die Gesetzeslage nicht geändert hatte. Häufig geschah dies nur mit der Begründung: An der bisherigen Rechtsprechung wird nicht mehr festgehalten. Dies sind durchaus Punkte, die weiterführend diskutiert werden müssen. Allerdings stimme ich zu, dass es durchaus Sinn macht, eine Regelung zu finden, die Rechtssicherheit zur Frage der Nichtanwendungserlasse bringt.

Kirchhof: Herr Tartler, nur eine Bemerkung. Es soll nicht sechzig Mal eine Rechtsprechungsänderung geben, aber Sie dürfen den Richter auch nicht hindern, klüger zu werden gegenüber seinen früheren Urteilen. Das wäre die Versteinerung auch eines Irrtums. Es muss immer wieder die Weiterentwicklung der Rechtsprechung möglich bleiben. Ich glaube, das war auch zu diesem Thema eine sehr instruktive, sehr konstruktive und vor allem sehr konzentrierte Diskussion. Nun Herr Desens, bitte.

Desens: Mit dem Nichtanwendungserlass habe ich mich in meiner Habilitationsschrift sehr lange beschäftigt. Dieses Verfahren, das Sie beschrieben haben, ist nicht neu. Das wird seit Jahren so praktiziert. Ich habe fast alle Nichtanwendungserlasse aus den letzten 30, 40 Jahren geprüft. Es sind 10 Ordner. Dann habe ich beobachtet, wie viele Nichtanwendungserlasse wieder aufgehoben worden sind: 8 Ordner. Wenn man die Entwicklungsgeschichte der Nichtanwendungserlasse verfolgt, dann gibt es Nichtanwendungserlasse, die, wenn es eine zweite Entscheidung des BFH gibt, in der Regel aufgehoben werden. Der Entwurf knüpft durchaus an die jetzige Praxis an. Man kann in der jetzigen Praxis der Grundsatzentscheidungen schon eine kleine Reaktion sehen. Als ich die Rechtswirklichkeit untersucht habe, hatte ich den Eindruck, als kenne der BFH dieses Clearing-Verfahren schon. Wenn der BFH zunächst zu einem bestimmten Thema eine Grundsatzentscheidung getroffen hat, ist die Frage entschieden. Es gibt Rechtssicherheit, Ruhe in der Rechtsdebatte. Dann folgt ein Nichtanwendungserlass. Wenige Wochen später ergehen 3 oder 4 Entscheidungen, in denen der BFH seine Ursprungsentscheidung noch einmal rechtfertigt. Daraufhin nimmt die Finanzverwaltung, die ihre Verwaltungsverfahren bis zu dieser neuen verbindlichen Entscheidung zurückgehalten hat, ihren Nichtanwendungserlass zurück.

Schließlich stellt sich die interessante Frage, die Herr Vinken angesprochen hat. Was ist die theoretische oder dogmatische Grundlage für dieses Verfahren? Die Antwort ihres Entwurfs ist relativ einfach. Das Verfahren steht im Gesetz. Das Gesetz hat es allgemeinverbindlich vorgesehen. Dies scheint mir irgendwie eine dynamische Verweisung. Was in den Leitsatzentscheidungen des BFH steht, scheint irgendwie Gesetz zu werden. Hier kann man sich fragen, wie weit eine solche gesetzliche Regelung greift. Das hat nichts mit Verfassungsrecht oder verfassungsrechtlichen Grenzen zu tun. Doch die Rechtsquellenfrage muss geklärt werden.

Kirchhof: Wenn Sie zu unserem Clearing-Verfahren sagen, das sei nach Ihren Analysen fast schon geläufige Praxis, so fühlen wir uns bestätigt. Wir verfolgen das Anliegen, das, was ist, normativ zu strukturieren. Wir versuchen, die Klugheiten und Weisheiten, die in unserem Recht und unserer Rechtspraxis angelegt sind, wieder so in das Bewusstsein zu rücken, dass die Struktur sichtbar wird, die Überwucherungen, Verschlackungen und Verfremdungen als systemwidrig beanstandet und deshalb beseitigt werden können. Bei unseren Überlegungen haben wir natürlich den Vorläufer Ihrer großen Schrift – sie haben Ihre Grundgedanken in einem Aufsatz vorveröffentlicht – zu Rate gezogen. Der Geltungsgrund für die richterliche Rechtsfortbildung ist im GVG geregelt. Die Leitsatzentscheidungen sind das Instrumentarium, um diesen Auftrag zu erfüllen. Der BFH entscheidet im Urteilstenor den Einzelfall, A wird verurteilt, 100 Euro zu bezahlen. Dann beschließt der Senat einen Leitsatz, der einer Entscheidung vorangestellt wird: Wenn a, b und c gegeben ist, ergibt sich die Rechtsfolge d. Das ist die in der Idee der Rechtsprechung angelegte Rechtsfortbildung. Wenn der Rechtsstaat sein Gesetz verkündet hat, hat der Gesetzgeber seine Sprechmöglichkeiten aus der Hand gegeben. Er kann seine Rechtsätze nicht durch Gesten – ein Stirnrunzeln, ein Lächeln, durch das Ausbreiten der Hände oder durch abwehrende Hände – unterstützen. Die Sprechsituation des Gesetzgebers ist beendet. Der Rechtsstaat wird dadurch aber nicht sprachlos. Er hat ein eigenes Organ, die „Rechtsprechung", die über „Anspruch" und „Freispruch" entscheidet, einen Rechtssatz, wenn er zu eng ist, „entsprechend" anwendet. Der Richter gewährt in öffentlicher Verhandlung rechtliches „Gehör". Danach gibt der Richter seine „Stimme" ab. Das Urteil wird „verkündet". Wenn wir auf diese Begrifflichkeiten hören, sehen wir, dass der BFH sprechend über das Recht das alte Gesetz für die Gegenwart fortbilden muss. Das ist die Idee der Gewaltenteilung, die der BFH – wie ich meine – in vorzüglicher Weise erfüllt. Richterliche Rechtsfortbildung ist Bedingung gegenwartsgerechten Rechtsetzens durch ein allgemeines, weit in die Zukunft vorgreifendes Gesetz. Der Gesetzgeber kann nicht in die Zukunft vorausschauen, er kann aber abstrahieren, seine Erfahrungen aus der Vergangenheit in verallgemeinernden Texten bündeln. Dabei wird der Gesetzgeber – das ist das Gebot des Gleichheitssatzes – den Grad der Verallgemeinerung wählen, der noch hinreichend Bestimmtheit wahrt, andererseits für alle zukünftigen ungewissen Fälle den Belastungsgrund benennt, der durch die Besonderheit des Einzelfalls nicht verfehlt werden darf.

D. Der bestandskräftige Bescheid

Kirchhof: Nun kommen wir zu einem dritten Punkt, auch einem großen Anliegen unseres Allgemeinen Teils des materiellen Steuerrechts. Darin kommt dem Steuererbescheid eine ähnliche Rolle zu wie dem Vertrag im Zivilrecht. Deswegen ist es wichtig, dass wir wieder einen bestandskräftigen Bescheid bekommen, dass wir die Berichtigungsmöglichkeiten bedenken, dass wir die Verjährung, die anspruchsvernichtend wirkt, prägnant und klar, bewusstseinsbildend ausgestalten. Herr Tartler, ich darf Sie bitten, sich dazu zu äußern. Das war und ist eines Ihrer großen Themen.

Tartler: Das allgemeine Steuerrecht und das Verfahrensrecht sind zumindest in einigen Kernsätzen Bestandteil des BStGB geworden. Dieser Teil wurde jedoch in der Öffentlichkeit bisher kaum diskutiert. Im Vorwort, in den Grundgedanken zum BStGB ist ausgeführt, dass ein kooperatives Bild des Steuerverfahrens geformt werden soll, ein kooperatives Bild vor allem mit Selbsterklärung und Steueranmeldung. Das gewandelte Bild des Steuerrechtsverhältnisses, das dem BStGB durchgehend zugrunde liegt, spiegelt sich auch im Verfahrensrecht wider. Der Steuerbescheid soll erhöht Rechtssicherheit schaffen, die Berichtigung eines Steuerverwaltungsakts soll deutlich erschwert und zudem die Verjährung drastisch verkürzt werden. Vom Selbstveranlagungssystem weicht das BStGB nur im Erbschaftsteuerrecht ab. Kürzer als in § 15 BStGB kann man es nicht ausdrücken: „Mit der Steueranmeldung erklärt und berechnet der Steuerpflichtige die Steuerschuld selbst. Mit Eingang bei der Finanzbehörde wirkt sie wie ein Steuerbescheid." Zur Ermittlung des Sachverhalts wird zwar festgehalten, dass die Finanzbehörde die steuererheblichen Tatsachen ermittelt, aber auch, dass sie der Besteuerung grundsätzlich die Angaben zugrunde legt, soweit sie glaubhaft und plausibel erscheinen. Sie führt dann im Einzelfall Kontrollen durch. Hervorragend finde ich, dass auf den absoluten Untersuchungsgrundsatz verzichtet wird, den die AO noch statuiert, der durch die Praxis an seine Grenzen geführt wurde, wo die Grenzen schon längst überwunden sind. Auf der Basis der Steueranmeldungsvorschriften sieht § 24 Abs. 1 vor, dass Tatsachen oder Beweismittel, die nachträglich bekannt werden, nur dann zu einer Berichtigung führen, wenn der Steuerpflichtige eine Steuerhinterziehung begangen hat. Da die leichtfertige Steuerverkürzung im System des BStGB weggefallen ist, entfällt auch die Berichtigungsmöglichkeit bei grober Fahrlässigkeit des Steuerpflichtigen. Dies ist ein ebenso grundlegender Paradigmenwechsel wie die Vorschrift des § 24 Abs. 4. Danach ist zu berichtigen, soweit die Finanzbehörde ihre tatsächliche oder rechtliche Beurteilung nach einer Außenprüfung ändert. Diese Regelung kommt wahrscheinlich vielen bekannt vor; es gab sie schon einmal, bis zur Reform der Abgabenordnung 1977. Die Änderung nach Außenprüfung wurde abgeschafft, weil viele Außenprüfungen nur deshalb durchgeführt wurden, um zu einer Änderungsmöglichkeit zu kommen. Wegen des durchgehenden Selbstveranlagungsverfahrens des BStGB berechtigen nach § 24 Abs. 2 bei einer erstmaligen Überprüfung einer Steueranmeldung auch unrichtige oder unvollständige Angaben des Steuerpflichtigen sowie abweichende rechtliche Würdigungen zur Berichtigung. Berichtigung deshalb, weil die Erklärung wie ein Steuerbescheid wirkt. Hier stellt sich für die Praxis die Kernfrage: was ist eine erstmalige Überprüfung? Da nach dieser erstmaligen Überprüfung eine Änderung nur noch nach einer Außenprüfung oder bei Steuerhinterziehung möglich ist, gibt das BStGB für Berichtigungen ein sehr, sehr enges Korsett. Nach der Erläuterung zum Reformentwurf liegt eine erstmalige Überprüfung vor, wenn, nach Eingang der Steuererklärung, diese einer Kontrolle unterzogen wird. Damit läge eine Überprüfung bereits dann vor, wenn computergestützt Widersprüchlichkeiten aufgezeigt werden oder im Rahmen einer Stichprobe nur ein bestimmtes Feld geprüft wird. Lediglich Rechen- oder Schreibfehler, die computergesteuert angezeigt werden, sollen keine erstmalige Überprüfung darstellen. Heute erfolgt jede Besteuerung durchgehend rechnergestützt. Steuererklärungen werden elektronisch ab- oder eingegeben, von der Finanzbehörde durch Datenbanken gejagt und geprüft, ob es zu vorliegenden Daten Abweichungen gibt. In diesem Fall wird nachgefragt. Das muss aus meiner Sicht der Mindestbestand an Prüfung sein, der sicherstellt, dass der Steuerpflichtige keine Fehler gemacht hat, die offenkundig sind. Das ist internationaler Standard. Entscheidend ist, dass der Steuerpflichtige nicht durch eine kleine Unrichtigkeit, die hier auffällt und berichtigt wird, eine weitere Überprüfung oder eine spätere Überprüfung aufgrund neuer Tatsachen oder Beweismittel aushebeln kann, dass er also nicht die weitere Richtigstellung des Steuerbescheides blockieren und so ungerechtfertigt einen Steuervorteil erlangen kann. Insgesamt wird bei der Abwägung zwischen der materiellen Richtigkeit und der Rechtssicherheit das Berichtigungssystem im BStGB zu Gunsten der Rechtssicherheit für den Steuerpflichtigen verschoben.

Kirchhof: Ich bin Ihnen, Herr Tartler, sehr dankbar, dass Sie unser Grundkonzept noch einmal so verdeutlicht haben. Wir wollen Belastungsgleichheit in der Zeit herstellen. Im Budgetrecht gilt das Jährlichkeitsprinzip. Jedes Jahr bestimmt der Gesetzgeber, welche Steuererträge für welche Ausgaben zur Verfügung stehen. Der Steuerpflichtige soll nach seiner gegenwärtigen Leistungsfähigkeit den heutigen Haushalt finanzieren. Wenn wir jedoch in der Rechtswirklichkeit Fälle haben, in denen Steuernachforderungen für das Jahr 2001 im Jahr 2011 bezahlt werden müssen – aus der Leistungsfähigkeit des Jahres 2011 –,dann wird der Steuerpflichtige in diesem Jahr übermäßig belastet. Das Jährlichkeitsprinzip ist ein materielles Prinzip, ein wesentliches Element für die Rechtfertigung der Einkommensteuer. Wer heute die Infrastruktur für den Einkommenserfolg nutzen konnte, muss heute zur Finanzierung des Staatshaushaltes beitragen. Deswegen bemüht sich unser

Vorschlag, die Veranlagung, den Gesetzesvollzug, die Zahlung möglichst in die Gegenwart – in die Nähe gegenwärtiger Leistungsfähigkeit – zu rücken. Das bedeutet dogmatisch, dass wir den Bescheid gegenwartsnah organisieren, er gegenwartsnah bestandskräftig werden muss. Auch wollen wir die Verjährung stärken. Ist eine gewisse Zeit abgelaufen - drei, vier Jahre allenfalls - und ist bis dahin die Feststellung nicht gelungen, wer die Steuer schuldet und in welcher Höhe er sie schuldet, dann sind die zurückliegenden Haushalte abgewickelt, es besteht kein Bedürfnis für deren gegenwartsgerechte Finanzierung. Bei einer festgesetzten Steuer, der Vollstreckung, gelten natürlich andere Regeln. Der Rechtsstaat sucht stets eine Balance zwischen materieller Gerechtigkeit und Rechtssicherheit. Je mehr sich der zu finanzierende Haushalt in der Vergangenheit verflüchtigt, desto mehr tritt das Anliegen der Rechtssicherheit in den Vordergrund. Der Steuerpflichtige muss wissen, dass sein Altfall erledigt ist. Doch auch hier haben wir einen großen Gesprächsbedarf. Herr Drüen, bitte.

Drüen: Man kann ja eine Kultur der Aufrichtigkeit feststellen, weil einerseits das Richterrecht als Rechtsquelle anerkannt wird, was ja im Finanzrechtsstreit seit Jahren wegen der Breitenwirkung eigentlich der Alltag ist. Dass Sie das Problem hier angehen, ist sicherlich ein Zugewinn. Ein Zugewinn ist ebenfalls die Aufrichtigkeit, dass Sie die Selbstveranlagung so, wie sie faktisch vollzogen wird, auch in das Gesetz aufnehmen. Wo ich allerdings ein Fragezeichen anbringen möchte, ist die Frage der Verwirklichung der gegenwartsnahen verlässlichen Besteuerung. Das Ziel in allen Ehren, ob es ein materielles oder nur technisches Besteuerungsprinzip ist, ist umstritten. Darüber brauchen wir nicht weiterzustreiten. Ich schätze sehr die Verkürzung der Verjährungsfrist. Das ist übrigens nicht revolutionär, das ist evolutionär. Als die AO 1977 reformiert wurde, wollte man schon auf die 3 Jahre zurückgehen.

Das leitet jetzt über zu dem nächsten Punkt: Verwirklichungschancen. 1977 hat man die Verkürzung von 4 Jahren auf 3 Jahre bei der Verjährungsfrist als nicht möglich angesehen und hat für eine Übergangszeit eine vierjährige Frist weiter fortgelten lassen. Ich möchte Sie nachdrücklich bestätigen, dass die Verkürzung richtig ist. Wie das dann im Vollzug gelebt wird, dazu hat Herr Tartler schon sehr viele wichtige Punkte angesprochen. Nämlich einmal die Möglichkeit der Außenprüfung. Es besteht die Gefahr, dass in sehr vielen Fällen jetzt vorsorglich, um ändern zu können, eine Außenprüfung angeordnet wird. Sie haben auch eine Ablaufhemmung für die Außenprüfung vorgesehen. Aber Sie haben keine Verfallsfrist, in der die Außenprüfung tatsächlich abgeschlossen werden muss. Das ist der eine Punkt. Das andere Problem beim bestandskräftigen Verwaltungsakt ist der Vorbehalt, den die Verwaltung machen kann. Nach § 24 ist eine Berichtigung vorbehalten. Dadurch könnte der Vorbehalt der Nachprüfung, wenn er nicht näher zu begründen ist, auf kaltem Wege wieder eingeführt werden. Dann wäre die vermeintliche Stärkung der Verlässlichkeit des Verwaltens im gelebten Vollzug – nicht im Gesetz, sondern in der Durchsetzung des Gesetzes – möglicherweise verloren gegangen. Das Vollzugthema betrifft den risikoorientierten Vollzug. Dazu haben Sie vieles Bedenkenswertes für das heutige Massenverfahren vorgesehen, das über einen Filter läuft. Doch reicht dieser schon aus? Ist damit jede Möglichkeit der Korrektur verbaut oder eröffnet? Auch hier gehen sie den richtigen Weg und sind sicherlich weiter als die AO, die dieses Phänomen noch aus der Sicht von 1977 gesehen hat. Doch der neue Vollzug hängt davon ab, wie er tatsächlich durchgesetzt wird.

Kirchhof: Danke. Herr Hufeld, bitte.

Hufeld: Lassen Sie mich an das Stichwort „lex posterior" anknüpfen und aufmerksam machen auf jene Vorschrift, die den Kodifikationscharakter des Steuergesetzbuchs verdeutlicht: „Das Steuerrecht des Bundes kann nur durch ein Gesetz geändert werden, das den Wortlaut des Bundessteuergesetzbuchs ausdrücklich ändert oder ergänzt." Dieser § 11 Satz 1 BStGB will in der Zeit wirken, den Kodifikationsanspruch auf Dauer stellen, spätere Änderungsgesetzgeber auf die kodifikatorische Geschlossenheit des Gesetzbuchs verpflichten.

In diesem Anliegen folgt § 11 Satz 1 BStGB dem Vorbild des Art. 79 Abs. 1 GG. Gegen die Weimarer Tradition der „Verfassungsdurchbrechung" drängt das Grundgesetz mit seinem Gebot der Textänderung auf die kodifikatorische Geschlossenheit der Verfassungsurkunde. Das verfassungsrechtliche Inkorporationsgebot wehrt Nebenverfassungsrecht ab, setzt eine Erzeugungsbedingung für Verfassungsrecht: keine Verfassungsänderung ohne Textänderung. Unmittelbarkeit und Sichtbarkeit des Zugriffs halten den Textkorpus zusammen und reduzieren so die Gefahr des unsystematischen Sonderrechts. Der Vergleich mit Art. 79 Abs. 1 GG führt zu der Frage, ob § 11 Satz 1 BStGB Nebensteuerrecht aus eigener Kraft abwehren kann. Was vermag die Kodifikationsnorm auszurichten gegen ein gleichrangiges Gesetz, das auf die materielle Durchbrechung des allgemeinen Steuerrechts und die formelle Durchbrechung des § 11 Satz 1 ausgeht, womöglich „ausdrücklich" im BStGB abgesichert wird über eine salvatorische Öffnungsklausel?

Eine Erzeugungsbedingung für Steuerrecht des Bundes läßt sich aus § 11 Satz 1 BStGB wohl nur gewinnen, wenn wir der Kodifikationsnorm Rückhalt geben in der Folgerichtigkeitsdogmatik. Gestützt auf ein Prinzip der formellen Folgerichtigkeit, steigt § 11 Satz 1 BStGB zu einer „Grundentscheidung" auf, die nicht mehr in legislativer Beliebigkeit durchbrochen werden kann. Dann bietet die Norm Flankenschutz für das materielle Kodifikationsanliegen, steuerliche Belastungsgleichheit zu gewährleisten in der elementaren Allgemeinheit einer geschlossenen Urkunde des Steuerrechts. Dann verstärkt sie die Verpflichtung des Gesetzgebers, das BStGB folgerichtig fortzuschreiben, das heißt aber: als Kodifikation zu erhalten. Angeschlossen an die Folgerichtigkeitsdogmatik, wächst § 11 Satz 1 BStGB über sich hinaus, verwandelt sich eine fragile Selbstverpflichtung in den formellen Grundtatbestand einer „perfekten" Kodifikation.

Kirchhof: Wir sind uns bewusst, dass alle gesetzlichen Selbstbindungen den nachfolgenden Gesetzgeber formal nicht binden können. Der Gesetzgeber kann seinerseits klüger werden, auch in derselben Legislaturperiode. Vor allem aber wählen wir einen neuen Gesetzgeber, damit er es besser macht und die alten Fehler aus dem Gesetz ausräumt. Aber § 11 zeigt den Anspruch des Gesetzgebers seinem eigenen Werk gegenüber, wenn er die Neuregelung inkorporieren muss. Die Vorschrift bindet, solange sie gilt, durchaus auch den Gesetzgeber. Er müsste sie, wenn er von ihr abweichen will, zunächst förmlich aufheben, damit bekunden, dass er sich nicht mehr in der dort vorgesehenen geistigen Disziplin bewegen will. Insofern übt der § 11 auch eine Warnfunktion gegenüber der Öffentlichkeit aus. Natürlich verbinden wir mit dieser Norm auch die Erwartung, dass, wenn diese Regel einer Gesetzänderung ausschließlich durch Änderung der Gesetzesurkunde einmal eingeführt ist, sich die Rechtspraxis an dieses System und seine disziplinierende Wirkung gewöhnt, alle Beteiligten sich auf die dadurch bedingte Erleichterung einlassen: Der Unternehmer, der Steuerberater, die Steuerverwaltung, die Rechtsprechung finden in dem einschlägigen Gesetz alle Regelungen, die gelten. Außerhalb des Gesetzes müssen sie nicht suchen. Hat man mit diesem System gute praktische Erfahrung gemacht, wird man kaum noch davon abrücken.

Mit Blick auf die Rechtsquellelehre schlagen wir allerdings keine Verfassungsänderung vor, weil das der Zwei-Drittel-Mehrheit in Bundestag und Bundesrat bedürfte, wir unser Reformvorhaben nicht an diese sehr hohe Hürde binden wollen. Auch ein einfaches Gesetz kann den Finanzstaat entwöhnen, im Steuerrecht tagespolitische Bedürfnisse zu verfolgen. Der Gesetzgeber muss zum Instrumentarium des allgemeinen, in die Zukunft vorgreifenden Gesetzes zurückkehren. Nur die Allgemeinheit des Gesetzes sichert die Gleichheit vor dem Gesetz, das Vertrauen in das vertraute Gesetz, die gefestigte Gewohnheit im Gesetzesvollzug, ohne die eine rechtsstaatliche Finanzverwaltung letztlich nicht gelingen wird.

Desens: Eine Bemerkung zur Belastungsobergrenze. Ich habe die im Entwurf enthaltenen Belastungen hochgerechnet und ich bin froh, dass Herr Bareis nochmals nachgerechnet hat. 20% die Verbrauchsteuern, 25% die Einkommensteuer, es bleiben 5% für die kommunale Zuschlagsteuer. Mit anderen Worten: Nach der jetzigen Fassung könnte man dann den Hebesatz für die kommunale Zuschlagsteuer auf maximal 5% begrenzen. Oder die Gemeinde macht es anders. Sie nimmt 40%. Das ginge dann zu Lasten der Einkommensteuer. Das führte dann nur zu einer Umverteilung der Steueraufkommen vom Bund zu den Gemeinden.

Kirchhof: Zum Zusammenwirken von Einkommensteuer, indirekten Steuer und kommunaler Zuschlagssteuer, Herr Desens, möchte ich darauf verweisen, dass die kommunale Satzung genehmigt werden muss. Sie wird dadurch in die Rechtsordnung eingebettet. Der Zuschlagssatz steht nicht völlig in der Autonomie der Gemeinde. Die Satzung darf nicht genehmigt werden, wenn sie dazu führt, dass nach gegenwärtigem Recht im Zusammenwirken der Steuern die bundesgesetzlich vorgesehene Belastungsobergrenze überschritten wird. Wir haben also im Genehmigungsvorbehalt ein präventives Korrektiv.

E. Die Realisierungschancen

Kirchhof: Nun rufe ich unseren letzten Punkt, die Realisierungschancen des Entwurfs, auf und bitte das Podium, sich dazu nochmals zu äußern.

Bareis: Es gibt eine ökonomische Theorie der Politik, die sagt, Politiker haben Anreize, ihre potentiellen Grenzwähler zu bevorzugen und diesen Sondervorteile zu gewähren. Deren Kosten werden hinter hohen Steuersätzen, die allgemein gelten, verborgen, oder – wir sehen es ja jetzt deutlicher als je zuvor – durch Schulden auf nachfolgende Generationen verlagert. Das stimmt sehr skeptisch. Auf der anderen Seite gibt es die Erfahrung, dass man durch solche Publikationen mit ganz langem Atem ab und zu doch einige Dinge durchsetzen kann. Und da habe ich Hoffnung.

Kirchhof: Herr Schmidt.

Schmidt: Zunächst einmal möchte ich den Dank zurückgeben für die Gespräche in Heidelberg wie schon manche meiner Kollegen heute. Da haben auch wir immer etwas mitgenommen. Und um das vielleicht ein wenig zu erweitern: Ich glaube, aus dem ganzen Projekt sollte auch unsere Gesellschaft etwas mitnehmen. Ganz gleich, ob für den ganz großen Wurf jetzt schon eine Realisierungschance besteht oder jemals eine bestehen wird, gesellschaftspolitisch gesehen. Mitnehmen kann man auf jeden Fall, dass wir einen Spiegel haben, den man dem Gesetzgeber vorhalten kann: So kann gutes Recht aussehen. Das ist der erste Punkt. Der zweite aber, viel konkreter, dieses dicke Buch ist auch eine Fundgrube. Es wäre sehr schade, wenn über der gesellschaftspolitischen Diskussion vergessen würde, dass viele Dinge darin stehen, die man gleich verwirklichen könnte. Wir haben heute in diesem Sinne über die Umsatzsteuer gesprochen, vielleicht auch über die Erbschaftsteuer, wenn es nötig wäre, hier wieder eine Neuregelung zu finden. Meine Hoffnung wäre, dass es nicht über eine globale, vielleicht ideologisch bedingte Verwerfung dazu käme, dass das viele Wertvolle, was aus diesem Projekt hervorgegangen ist, vergessen würde.

Kirchhof: Herr Vinken, bitte.

Vinken: Die Bundessteuerberaterkammer vertritt schon immer die Meinung, dass wir ein einfaches Steuerrecht brauchen, ein einfaches und praktikables Steuerrecht. Und deshalb haben wir den Vorschlag von Professor Kirchhof sehr stark begrüßt, weil er die Frage des einfachen Steuerrechts wieder in den Fokus gerückt hat, und zwar sehr deutlich. Wir finden das ja in vielen Publikationen. In allen Zeitungen ist das Thema in den Fokus gerückt worden. Das ist die allgemeine Leistung, von der wir meinen, dass sie Bestand haben sollte.

Bei der Frage allerdings, ob das so, und zwar in allen Punkten, zu realisieren ist, da haben wir unsere Bedenken. Nicht, weil wir nicht glauben, dass dies nicht möglich wäre, sondern weil wir glauben, dass die Politik das nicht mitmachen wird und nicht mitmachen kann. Denn sie ist zu ängstlich, eine große Reform auf einmal in Angriff zu nehmen.

Aber genau wie Herr Schmidt gesagt hat, stehen im Bundessteuergesetzbuch ein paar Punkte, von denen ich glaube, dass wir sie sehr schnell, sehr gut und sehr praktisch umsetzen sollten. Ich darf nochmals erwähnen: Nichtanwendungserlasse, zu denen ich mich bereits zuvor auf diesem Symposion ausführlicher geäußert habe, Doppelbelastung mit Einkommensteuer und Erbschaftsteuer, Beschränkung auf nur ein Steuergesetz im Jahr und dergleichen, was alles in die Richtung Vereinfachung geht. Wenn uns das gelingt, die zahlreichen Punkte, Herr Schmidt, die Sie angesprochen haben, aus dem Bundessteuergesetzbuch in vereinfachte Regeln umzusetzen, dann sind wir einen großen Schritt weiter und vielleicht ist das dann der Auftakt dazu, die Vorschläge eines Tages in die Realität umzusetzen.

Kirchhof: Herr Tartler.

Tartler: Ich denke, man muss bei den Realisierungschancen für eine Reform nach verschiedenen Themengebieten differenzieren. Zur Umsatzsteuer ist schon gesagt worden: die Europäische Union sieht selber, dass auch das Umsatzsteuerrecht an seine Grenzen gekommen ist. Sie will ein Grünbuch mit grundlegenden Änderungen erarbeiten. Ich denke, hier hat das Bundessteuergesetzbuch eine wunderbare Vorlage geleistet. Bei der Erbschaftsteuer sieht es stark danach aus, dass ohnehin völlig neu nachgedacht werden muss, wenn ein entsprechendes Verfahren beim BVerfG angelandet ist. Bei der Einkommensteuer denke ich an die Diskussionen meiner letzten 20 Jahre. Die einkommensteuerliche Progression wird wie ein Mantra vor sich hergetragen, als ob das der Kern jeder Umverteilung wäre. Ich denke, genau das muss hinterfragt werden. Herr Reimer hat heute schon gesagt, dass es durchaus Möglichkeiten gäbe, bei einer Vereinfachung, bei einer Flat Tax, andere Komponenten des Sozialausgleichs entsprechend heranzuziehen. Wenn wir nur beim geltenden Einkommensteuergesetz alle Paragraphen weglassen würden, die mit der Progression zu tun haben, wären wir schon bei einem sehr schlanken Gesetz. Und wir haben bei den östlichen Nachbarn eine Reihe von Ländern, die bereits eine Flat Tax haben. Gerade wegen der Progression ist die Art unserer Besteuerung unglaublich aufwändig. In den OECD-Untersuchungen sieht man, dass wir pro eingenommenen Euro mit die höchsten Verwaltungskosten haben. Diese Verwaltungskosten lasten auf jedem Produkt, mit dem wir weltweit konkurrenzfähig sein wollen und das wird künftig ein Knackpunkt sein. Wenn das Ertrags-steuerrecht europarechtlich einmal vereinheitlicht werden sollte, könnte ein wei-terer Knackpunkt sein: unser Ertragssteuerrecht ist geprägt durch geschichtlich ge-wachsene Besonderheiten und jedes Land hat hier seine eigenen Besonderheiten. Wenn sich die Länder Europas auf ein einheitliches Ertragssteuerrecht verständi-gen würden, müssten sie jeweils auf ihre Besonderheiten verzichten. Dann könnte man sich sehr leicht auf ein so pures Recht einigen, wie es jetzt im BStGB vorgelegt wurde. Ich hege hier doch Einiges an Hoffnung.

Kirchhof: Zum Schluss bleibt mir nur die schöne Aufgabe, diesem Podium ganz herzlich zu danken, auch den vorausgehenden Podien Dank zu sagen und allen, die sich in der Diskussion beteiligt haben, die mit uns das Anliegen einer grundlegen-den Steuerreform in dieser Alten Aula unserer Universität bedacht und kritisch gewürdigt haben.

Als zweites möchte ich einen Wunsch äußern: Wenn Sie meinen, Sie hätten heute hier und da etwas Anregendes gehört, sprechen Sie darüber, sprechen Sie häufig darüber, sprechen Sie insbesondere mit Politikern darüber. Der einzige Weg, um aus dem Text unserer Buches einen Text im Bundesgesetzblatt zu machen, ist es, unsere Gedanken den Politikern zu vermitteln.

Drittens schließlich habe ich den Wunsch: Kommen Sie gut nach Hause. Ge-nießen Sie einen schönen Advent und dann schöne Festtage.

Bundessteuergesetzbuch (BStGB)

Abschnitt 10. Aufzeichnung und Verwaltungszuschlag

Buch 5. Verbrauchsteuer

Abschnitt 1. Grundlagen der Besteuerung

Abschnitt 2. Erhebung der Verbrauchsteuer

Abschnitt 3. Bemessung der Steuer

Gesetzestext

Buch 1. Allgemeiner Teil

Abschnitt 1. Grundsätze der Besteuerung

§ 1 Steuern

[1]Steuern sind Abgaben zur Finanzierung öffentlicher Aufgaben ohne besondere Gegenleistung. [2]Eine Steuer belastet die finanzielle Leistungsfähigkeit des Betroffenen. [3]Sie wird erhoben, wenn der Steuerpflichtige die Infrastruktur der Rechts- und Wirtschaftsgemeinschaft nutzen konnte, um seine finanzielle Leistungsfähigkeit zu mehren oder einen Bedarf zu befriedigen.

§ 2 Steuerarten

Nach dem Bundessteuergesetzbuch werden folgende Steuern erhoben:
1.   Einkommensteuer einschließlich Kommunaler Zuschlagsteuer;
2.   Erbschaft- und Schenkungsteuer;

3. Umsatzsteuer;
4. Verbrauchsteuer.

§ 3 Belastungsgrund der Steuern

(1) Die Einkommensteuer belastet das am Markt erzielte Einkommen natürlicher und steuerjuristischer Personen. Die Kommunale Zuschlagsteuer belastet dieses in der Gemeinde erwirtschaftete Einkommen.

(2) Die Erbschaft- und Schenkungsteuer belastet den Vermögenszuwachs durch unentgeltlichen Erwerb bei natürlichen und steuerjuristischen Personen.

(3) [1]Die Umsatzsteuer belastet die Kaufkraft des Verbrauchers. [2]Sie wird beim Unternehmer erhoben, der die Leistung erbringt.

(4) [1]Die Verbrauchsteuer belastet den Verbrauch von Gütern, der Gemeinlasten verursachen kann. [2]Sie wird beim Hersteller der verbrauchsteuerpflichtigen Güter erhoben.

§ 4 Besteuerungsbefugnis

(1) [1]Die Bundesrepublik Deutschland besteuert die Personen, die im Inland ansässig sind. [2]Eine natürliche Person ist dort ansässig, wo sie ihren Wohnsitz oder dauernden Aufenthalt hat. [3]Eine steuerjuristische Person ist dort ansässig, wo der Schwerpunkt ihres Erwerbshandelns liegt oder dort, wo der für die Geschäftsführung maßgebende Wille gebildet wird.

(2) Die Bundesrepublik Deutschland besteuert auch Personen, die im Inland einen steuerlichen Belastungsgrund erfüllen.

Abschnitt 2. Zusammenwirken der Steuern

§ 5 Einkommensteuer und Kommunale Zuschlagsteuer

Einkommensteuer und Kommunale Zuschlagsteuer werden nebeneinander erhoben.

§ 6 Einkommensteuer und Erbschaft- und Schenkungsteuer

(1) [1]Einkünfte, die beim Erblasser noch nicht besteuert worden sind, unterliegen beim Erben der Einkommensteuer, soweit dieser sie vereinnahmt. [2]Der Erbe kann diese Einkommensteuer von seiner erbschaftsteuerlichen Bereicherung abziehen.

(2) [1]Veräußert der Erbe innerhalb von zwei Jahren nach dem Erwerb eine Erwerbsgrundlage, Anteile an einer steuerjuristischen Person oder ein Grundstück, kann er die für den Veräußerungsgewinn festgesetzte Einkommensteuer von seiner erbschaftsteuerlichen Bereicherung abziehen. [2]Das Gleiche gilt für die Schenkung-steuer.

§ 7 Umsatzsteuer und Verbrauchsteuer

Ist ein Gegenstand mit einer Verbrauchsteuer belastet, ist diese Bestandteil des Entgelts, das der Umsatzsteuer unterliegt.

§ 8 Obergrenze der Gesamtbelastung

[1]Die jährliche Belastung aus Steuern darf die Hälfte des jährlichen Einkommens nicht übersteigen (Obergrenze). [2]Dabei ist die Belastung mit Umsatzsteuer und Verbrauchsteuern mit 20 vom Hundert des Einkommens anzusetzen. [3]Die Erbschaft- und Schenkungsteuer bleibt in diesem Belastungsvergleich unberücksichtigt. [4]Übersteigt die individuelle Jahresbelastung die Obergrenze, ist bis zu einer gesetzlichen Korrektur die veranlagte Einkommensteuer entsprechend zu mindern.

Abschnitt 3. Rechts- und Erkenntnisquellen

§ 9 Rechtsquellen des Steuerrechts

(1) Erkenntnisquellen für das Steuerrecht sind die Steuergesetze, das Recht der Europäischen Union, das Völkerrecht, die Verwaltungsvorschrift und die Rechtsprechung.

(2) [1]Steuergesetze sind das Parlamentsgesetz, die Rechtsverordnung und die Satzung. [2]Das Parlamentsgesetz regelt den Belastungsgrund der Steuer in den Tatbeständen des Steuergegenstandes, des Steuerschuldners, der Bemessungsgrundlage und des Steuersatzes. [3]Die Gemeinden bestimmen ihren Hebesatz zur Kommunalen Zuschlagsteuer durch Satzung.

(3) [1]Das Recht der Europäischen Union genießt Anwendungsvorrang vor den Vorschriften dieses Gesetzes, soweit die Bundesrepublik Deutschland durch Gesetz Hoheitsgewalt übertragen hat. [2]Verträge mit anderen Staaten über die Besteuerung gehen, soweit sie unmittelbar anwendbares innerstaatliches Recht geworden sind, den Steuergesetzen vor. [3]Im Ausland erworbene statusbegründende Merkmale werden der Besteuerung zugrunde gelegt.

(4) [1]Die Bundesregierung kann Steuerrichtlinien erlassen. [2]Soweit die Verwaltung den Landesfinanzbehörden obliegt, bedarf sie hierzu der Zustimmung des Bundesrates. [3]Der Bundesminister der Finanzen kann den Bundesfinanzbehörden allgemeine Verwaltungsanweisungen erteilen. [4]Soweit die Landesfinanzbehörden Steuern im Auftrag des Bundes verwalten, kann er im Einvernehmen mit der Mehrheit der obersten Finanzbehörden der Länder Texte für gleich lautende Erlasse herausgeben. [5]Er kann den obersten Landesfinanzbehörden Einzelweisungen erteilen.

(5) [1]Der Bundesfinanzhof bestimmt die zur Veröffentlichung in der amtlichen Sammlung geeigneten Urteile. [2]Er kann deren tragende Gründe als allgemein verbindliche höchstrichterliche Leitsätze veröffentlichen. [3]Der Bundesminis-

ter der Finanzen kann durch Erlass nach Absatz 4 die Finanzverwaltung innerhalb von sechs Monaten nach Verkündung des Urteils anweisen, diese tragenden Gründe nicht über den entschiedenen Einzelfall hinaus anzuwenden (Nichtanwendungserlass). [4]Nach einem Nichtanwendungserlass legt die Finanzverwaltung dem Bundesfinanzhof einen weiteren Fall mit vergleichbarem Sachverhalt zur erneuten Entscheidung vor. [5]Mit Zustimmung des Steuerpflichtigen kann sie diesen Fall unmittelbar dem Bundesfinanzhof zur Entscheidung vorlegen; dieses Verfahren ist für den Steuerpflichtigen kostenfrei. [6]Bestätigt der Bundesfinanzhof seine Rechtsprechung, ist sein Leitsatz allgemein verbindlich. [7]Jeder Nichtanwendungserlass ist zu begründen.

§ 10 Auslegung des Bundessteuergesetzbuchs

[1]Das Bundessteuergesetzbuch ist so auszulegen, dass alle Steuerpflichtigen nach dem Belastungsgrund der Steuer gleichheitsgerecht besteuert werden. [2]Der vom Steuerpflichtigen verwirklichte Sachverhalt ist in einer vom Maßstab des Steuergesetzes geprägten Beurteilung zu ermitteln (steuerjuristische Betrachtungsweise).

§ 11 Änderung des Bundessteuergesetzbuchs

[1]Das Steuerrecht des Bundes kann nur durch ein Gesetz geändert werden, das den Wortlaut des Bundessteuergesetzbuchs ausdrücklich ändert oder ergänzt. [2]Ein Gesetz soll alle Änderungen pro Kalenderjahr zusammenfassen (Jahressteuergesetz). [3]Es soll frühestens drei Monate nach seiner Verkündung in Kraft treten. [4]Steuergesetze dürfen nicht rückwirkend bereits erworbene Rechte entziehen.

Abschnitt 4. Steuerrechtsverhältnis

§ 12 Personen

(1) [1]Steuerpflichtig können natürliche und steuerjuristische Personen sein. [2]Steuerjuristische Personen sind Personenvereinigungen und Zweckvermögen des privaten Rechts.

(2) Steuerjuristische Personen sind auch Betriebe der öffentlichen Hand, die im Wettbewerb mit der Privatwirtschaft erwerbswirtschaftlich tätig sind, sowie ausländische und internationale Körperschaften des öffentlichen Rechts.

§ 13 Beteiligte

(1) [1]An dem Steuerrechtsverhältnis mit der Finanzbehörde ist jeder beteiligt, der steuerliche Rechte und Pflichten hat (Steuerpflichtiger). [2]Die Rechte und Pflichten kann der gesetzliche Vertreter oder ein Bevollmächtigter wahrnehmen (Vertreter). [3]Steuerliche Rechte und Pflichten können auch dem zukommen, der fremdes Vermögen verwaltet (Vermögensverwalter).

(2) Besteht die Pflicht in der Erfüllung eines Zahlungsanspruchs, trifft sie denjenigen, der den jeweiligen Tatbestand erfüllt hat (Steuerschuldner).

(3) ¹Mehrere Steuerschuldner können nebeneinander zur Erfüllung eines Anspruchs verpflichtet sein (Gesamtschuldner). ²Soweit ein Gesamtschuldner die Schuld erfüllt, sind auch die übrigen Gesamtschuldner befreit.

(4) Die Pflicht kann auch darin bestehen, Steuern des Steuerschuldners einzubehalten und abzuführen (Entrichtungspflichtiger).

(5) ¹Ein Steuerpflichtiger kann in die Rechtsposition eines anderen Steuerpflichtigen eintreten (Gesamtrechtsnachfolger). ²Dies gilt nicht für Rechtsverhältnisse, die unlösbar mit der Person des Rechtsvorgängers verknüpft sind.

§ 14 Steuernummer, Datenspeicherung

(1) ¹Das Bundeszentralamt für Steuern erteilt jedem Steuerpflichtigen eine Steuernummer. ²Die Steuernummer darf nur für steuerliche Zwecke genutzt werden. ³Sie besteht aus einer Ziffernfolge, die nicht aus anderen Daten über den Steuerpflichtigen gebildet oder abgeleitet worden ist.

(2) Das Bundeszentralamt für Steuern speichert alle personenbezogenen Daten, die für die Besteuerung erheblich sind.

§ 15 Steueranmeldung

¹Mit der Steueranmeldung erklärt und berechnet der Steuerpflichtige die Steuerschuld selbst. ²Mit Eingang bei der Finanzbehörde wirkt sie wie ein Steuerbescheid.

§ 16 Sachverhaltsermittlung, verbindliche Auskunft

(1) ¹Die Finanzbehörde ermittelt die steuererheblichen Tatsachen. ²Der Steuerpflichtige wirkt an seinem Besteuerungsverfahren mit. ³Er hat die steuererheblichen Tatsachen vollständig und wahr mitzuteilen und die ihm bekannten Beweismittel zu benennen. ⁴Die Behörde kann zur Ermittlung alle für die Sachaufklärung geeigneten, erforderlichen und angemessenen Auskünfte einholen, Sachverständige zuziehen, Urkunden und Akten nutzen und Augenschein einnehmen.

(2) Ist die Finanzbehörde auf eine weitere Mitwirkung des Steuerpflichtigen angewiesen, hat der Steuerpflichtige das ihm Zumutbare zur Sachverhaltsaufklärung beizutragen.

(3) ¹Die Finanzbehörde legt der Besteuerung die Angaben in der Steuererklärung zugrunde, soweit sie schlüssig und glaubhaft sind. ²Zusätzlich führt sie regelmäßige Kontrollen im Einzelfall durch. ³Weitere Ermittlungen bestimmen sich nach dem Aufklärungsbedürfnis.

(4) [1]Der Steuerpflichtige hat einen Anspruch auf eine verbindliche Auskunft über die steuerliche Beurteilung eines geplanten Sachverhalts, sofern er ein berechtigtes Interesse glaubhaft macht. [2]Erteilt die Finanzbehörde die Auskunft, ist sie an ihre Rechtsauffassung gebunden, wenn der Steuerpflichtige den geplanten Sachverhalt verwirklicht.

§ 17 Aufklärungsmangel

(1) [1]Ist ein steuerlich erheblicher Sachverhalt verwirklicht, schätzt die Finanzbehörde dessen Besteuerungsgrundlagen, soweit diese nicht ermittelt werden können. [2]Im Rahmen der Schätzung können die Finanzbehörde und der Steuerpflichtige die Besteuerungsgrundlagen einvernehmlich festlegen. [3]Das Einvernehmen bindet, soweit die Voraussetzungen der Schätzung andauern.

(2) Sind steuermindernde Umstände wegen der Verletzung der Mitwirkungspflicht nicht feststellbar, werden sie nicht berücksichtigt.

§ 18 Grundlagenbescheid

(1) Ein Bescheid, der Besteuerungsgrundlagen feststellt (Grundlagenbescheid), bindet die Verwaltung bei den Folgebescheiden.

(2) Ein Grundlagenbescheid verjährt nicht.

(3) Entscheidungen, die ein Grundlagenbescheid trifft, können nur durch einen Einspruch gegen diesen Bescheid angegriffen werden, nicht auch durch einen Einspruch gegen den Folgebescheid.

§ 19 Fälligkeit

[1]Trifft das Gesetz keine Regelung, wird ein Anspruch aus dem Steuerschuldverhältnis mit seinem Entstehen fällig. [2]Macht die Finanzbehörde den Anspruch durch Bescheid geltend, wird der Anspruch einen Monat nach Bekanntgabe des Bescheids oder nach Ablauf der von der Finanzbehörde bestimmten Frist fällig.

§ 20 Zinsen

[1]Soweit ein Anspruch aus dem Steuerschuldverhältnis bei Fälligkeit noch nicht erfüllt ist, sind hierauf Zinsen zu entrichten. [2]Der Zinslauf beginnt am Tag nach der Fälligkeit und endet am Tag, an dem der Anspruch erlischt. [3]Die Zinsen betragen für jeden vollen Kalendermonat 0,5 vom Hundert des rückständigen Betrags. [4]Zinsen, Verwaltungszuschläge und Zwangsgelder werden nicht verzinst.

§ 21 Zahlung

[1]Zahlungen sollen bargeldlos geleistet werden. [2]Der Zahlanspruch erlischt an dem Tag, an dem der Betrag einem Konto des Gläubigers gutgeschrieben wird, im Falle

einer Barzahlung mit Übereignung des Zahlungsmittels. ³Reicht eine Zahlung nicht zur Tilgung sämtlicher Ansprüche aus, werden zunächst die Steuerschulden, danach die Zinsen, Zwangsgelder, Kosten und Verwaltungszuschläge getilgt.

§ 22 Aufrechnung

(1) ¹Der Steuerpflichtige und die Finanzbehörde können gegenseitige Zahlungsansprüche aus dem Steuerschuldverhältnis aufrechnen; die Forderung des Aufrechnenden muss fällig, die des Aufrechnungsgegners erfüllbar sein. ²Die Finanzbehörde kann gegen unpfändbare Forderungen und gegen einen Schadensersatzanspruch aus Amtspflichtverletzung nicht aufrechnen.

(2) ¹Die Aufrechnung wird durch Erklärung gegenüber dem Aufrechnungsgegner geltend gemacht. ²Durch die Aufrechnung gelten die Forderungen in dem Zeitpunkt als erloschen, in dem die Voraussetzungen des Absatzes 1 zum ersten Mal vorlagen.

(3) ¹Für die Aufrechnung gilt die Körperschaft als Gläubiger oder Schuldner, die die Ansprüche verwaltet. ²Dies gilt nicht für die Kommunale Zuschlagsteuer.

§ 23 Abtretung, Verpfändung, Pfändung

(1) ¹Der Steuerpflichtige kann Ansprüche gegen die Finanzbehörde abtreten oder verpfänden. ²Ein Dritter kann diese Ansprüche pfänden.

(2) ¹Die Abtretung ist erst wirksam, wenn der Steuerpflichtige sie der zuständigen Finanzbehörde schriftlich anzeigt. ²Nach der Anzeige müssen der Steuerpflichtige und der Abtretungsempfänger der Finanzbehörde gegenüber die Abtretung gegen sich auch gelten lassen, wenn sie unwirksam ist. ³Für die Verpfändung gelten die Sätze 1 und 2 sinngemäß.

(3) Eine Pfändung ist an die Finanzbehörde zu richten, die für die Entscheidung über den gepfändeten Anspruch zuständig ist.

§ 24 Berichtigung

(1) ¹Die Finanzbehörde berichtigt einen Verwaltungsakt, auch nachdem er unanfechtbar geworden ist, soweit

1. Tatsachen oder Beweismittel nachträglich bekannt werden, die zu einer abweichenden Rechtsfolge führen, wenn der Steuerpflichtige eine Steuerhinterziehung begangen hat;

2. der Verwaltungsakt auf einem steuerlichen Sachverhalt beruht, der sich rückwirkend geändert hat;

3. die Finanzbehörde die Berichtigung im Verwaltungsakt vorbehalten hat;

4. die Finanzbehörde ihre tatsächliche oder rechtliche Beurteilung des Sachverhalts nach einer Außenprüfung ändert.

[2]Zu Gunsten des Steuerpflichtigen darf nur berichtigt werden, soweit er schuldlos außerstande war, die Rechtswidrigkeit in dem früheren Verfahren, insbesondere durch Rechtsbehelf, geltend zu machen.

(2) Bei der erstmaligen Überprüfung einer Steueranmeldung berechtigen auch unrichtige oder unvollständige Angaben des Steuerpflichtigen sowie abweichende rechtliche Würdigungen zur Berichtigung.

(3) Schreibfehler, Rechenfehler und ähnliche offenbare Unrichtigkeiten in einem Verwaltungsakt können berichtigt werden.

(4) Soweit die Berichtigung den Verwaltungsakt ändert, werden Fehler, die nicht die Berichtigungsvoraussetzungen erfüllen, mitberücksichtigt.

(5) Bei einer Berichtigung darf eine Änderung der Rechtslage nicht zu Ungunsten des Steuerpflichtigen berücksichtigt werden.

§ 25 Unzumutbare Härte

(1) Führt die Besteuerung für den Steuerpflichtigen zu einer unzumutbaren Härte, hat die Finanzbehörde den Anspruch aus dem Steuerschuldverhältnis auf Antrag zu stunden, zu mindern oder zu erlassen.

(2) Die Stundung kann von einer Sicherheitsleistung abhängig gemacht werden.

§ 26 Verjährung

(1) [1]Ansprüche aus dem Steuerschuldverhältnis verjähren in drei Jahren nach Ablauf des Kalenderjahrs, in dem sie entstanden sind. [2]Soweit eine Steuer hinterzogen worden ist, beträgt die Frist zwölf Jahre.

(2) Mit der Verjährung erlöschen die Ansprüche.

(3) [1]Ist eine Steuererklärung abzugeben oder eine Anzeige zu erstatten, beginnt die Frist mit Ablauf des Kalendermonats, in dem die Erklärung oder die Anzeige eingereicht wird. [2]Veranlasst ein nachträglich veränderter Sachverhalt eine andere steuerliche Beurteilung für die Vergangenheit, beginnt die Frist mit Ablauf des Kalendermonats, in dem die Veränderung eintritt. [3]Die Frist beginnt spätestens mit Ablauf des zweiten Kalenderjahrs, das auf das Entstehen des Anspruchs folgt.

(4) [1]Die Frist endet nicht,

1. soweit der Anspruchsgläubiger aus objektiven, ihm nicht unmittelbar zuzurechnenden Gründen gehindert ist, den Anspruch zu verfolgen;

2. bevor die Steuerfestsetzung unanfechtbar geworden ist;

3. soweit dem Steuerpflichtigen gestattet worden ist, den Anspruch später zu begleichen;

4. bevor die Steuerfestsetzung, die auf Grund einer vor Ablauf der Frist angeordneten Außenprüfung ergeht, unanfechtbar geworden ist;

5. soweit eine vor Ablauf der Frist begonnene Vollstreckung des Anspruchs nicht beendet ist, spätestens jedoch mit Ablauf des sechsten, bei hinterzogenen Steuern mit Ablauf des dreizehnten Jahres nach Fristbeginn.

[2]In den Fällen des Satzes 1 Nummer 1 bis 4 endet die Frist sechs Monate, nachdem der fristverlängernde Grund entfallen ist.

Abschnitt 5. Gemeinnützigkeit

§ 27 Anerkennung der Gemeinnützigkeit

(1) Eine inländische Körperschaft wird als gemeinnützig anerkannt, wenn sie ausschließlich gemeinnützige Zwecke verfolgt und selbstlos das Gemeinwohl fördert.

(2) Gemeinnützige Körperschaften sind von der Einkommensteuer und der Erbschaft- und Schenkungsteuer befreit, soweit sie keinen wirtschaftlichen Geschäftsbetrieb unterhalten.

(3) Eine gemeinnützige Stiftung kann bis zu einem Viertel ihres Einkommens dazu verwenden, in angemessener Weise den Stifter, seine Verwandten und Verschwägerten in gerader Linie zu unterhalten, ihre Gräber zu pflegen und ihr Andenken zu ehren, ohne dadurch die Steuerbegünstigung zu verlieren.

§ 28 Gemeinnützige Zwecke

Gemeinnützig sind folgende Zwecke:
1. Religion;
2. Sport;
3. Wohlfahrtswesen;
4. Jugend-, Alten- und Behindertenhilfe;
5. öffentliches Gesundheitswesen;
6. Feuer- und Katastrophenschutz, Zivilschutz, Unfallverhütung, Arbeitsschutz, Rettung aus Lebensgefahr;
7. Verbraucherschutz;
8. Pflege und Erhaltung von Kulturwerken wie Kunstsammlungen, Bibliotheken, Museen und Archiven;
9. Kunst in den Bereichen der Musik, der Literatur, der darstellenden und der bildenden Kunst einschließlich der kulturellen Einrichtungen sowie der kulturellen Veranstaltungen wie Konzerte und Ausstellungen;
10. Wissenschaft und Forschung;
11. Denkmalpflege;
12. Erziehung, Volksbildung und Berufsbildung einschließlich der Studentenhilfe;
13. Schutz von Ehe und Familie;
14. Gleichberechtigung von Frauen und Männern;

15. Umwelt-, Natur- und Landschaftsschutz;
16. Tierschutz und Bekämpfung von Tierseuchen;
17. Kriminalprävention;
18. Hilfe für Opfer von Straftaten;
19. Betreuung von Strafgefangenen und ehemaligen Strafgefangenen;
20. Hilfe für die Opfer von Krieg und Verfolgung;
21. Entwicklungshilfe.

§ 29 Mittelverwendung

(1) Eine gemeinnützige Körperschaft verwendet ihre Einkünfte zeitnah, spätestens im Kalenderjahr nach dem Zufluss.

(2) [1]Sie kann nach vorheriger Anzeige an die Finanzverwaltung zweckgebundene Rücklagen für konkrete Projekte in unbegrenzter Höhe bilden, ohne die Selbstlosigkeit zu gefährden. [2]Zusätzlich kann sie freie Rücklagen bilden. [3]Die freien Rücklagen dürfen pro Jahr nicht mehr als ein Viertel der Summe betragen, die sich aus Spenden, Mitgliedsbeiträgen und dem Überschuss der Einnahmen über die Kosten aus der Vermögensverwaltung ergibt. [4]Zuwendungen Dritter zum Vermögen der gemeinnützigen Körperschaft sind unbeschränkt zulässig.

(3) [1]Hat eine gemeinnützige Körperschaft Rücklagen gebildet, die nicht die Voraussetzungen des Absatz 2 erfüllen, setzt die Finanzverwaltung ihr eine Frist für eine zeitnahe Verwendung der Mittel. [2]Verwendet die Körperschaft die Mittel innerhalb dieser Frist zweckgemäß, bleibt sie gemeinnützig. [3]Die Finanzbehörde kann wegen der fehlerhaften Rücklagenbildung zusammen mit der Fristsetzung einen Verwaltungszuschlag in Höhe von bis zu 10.000 Euro erheben.

§ 30 Satzung

(1) Jede gemeinnützige Körperschaft bindet sich in einer Satzung.

(2) Aus der Satzung muss sich ergeben, welche gemeinnützigen Zwecke verfolgt und wie diese verwirklicht werden.

(3) [1]Die tatsächliche Geschäftsführung muss der Satzung entsprechen. [2]Werden die Gelder anders als zum Satzungszweck verwendet, wird die gemeinnützigkeit aberkannt.

§ 31 Wirtschaftlicher Geschäftsbetrieb

(1) Gemeinnützige Körperschaften können wirtschaftliche Geschäftsbetriebe unterhalten, ohne die Gemeinnützigkeit zu verlieren.

(2) [1]Ein wirtschaftlicher Geschäftsbetrieb ist eine selbständige nachhaltige Tätigkeit, durch die Einnahmen oder andere wirtschaftliche Vorteile erzielt werden und die über den Rahmen einer Vermögensverwaltung hinausgeht. [2]Eine Ver-

mögensverwaltung liegt in der Regel vor, wenn Vermögen genutzt, insbesondere Kapitalvermögen ertragbringend angelegt oder unbewegliches Vermögen vermietet oder verpachtet wird.

(3) Einkommen und Umsätze aus dem wirtschaftlichen Geschäftsbetrieb sind steuerpflichtig.

(4) Verluste aus dem wirtschaftlichen Geschäftsbetrieb dürfen nicht mit Mitteln ausgeglichen werden, die aus dem ideellen Bereich der gemeinnützigen Körperschaft stammen.

(5) Einkommen, das bei der Erfüllung gemeinnütziger Zwecke erzielt wird, ist steuerfrei.

§ 32 Zuwendungen

(1) [1]Zuwendungen an gemeinnützige Körperschaften mit Sitz in Deutschland werden gefördert. [2]Zuwendungen an Körperschaften mit Sitz in Mitgliedstaaten der Europäischen Union werden gefördert, wenn diese Körperschaften nach den deutschen Rechtsvorschriften als gemeinnützig anzuerkennen wären und Gegenseitigkeit gewährleistet ist. [3]Zuwendungen sind Spenden und Mitgliedsbeiträge sowie Vermögensübertragungen an Stiftungen.

(2) [1]Zuwendungen einer gemeinnützigen Körperschaft werden nicht gefördert. [2]Mitgliedsbeitäge an Körperschaften, die wegen der Förderung des Sports als gemeinnützig anerkannt sind, werden nicht gefördert.

(3) Zuwendungen an inländische Parteien und Wählervereinigungen werden gefördert, wenn sie von natürlichen Personen geleistet werden.

(4) [1]Gefördert wird durch einen Zuschuss an den Zuwendungsempfänger. [2]Die Höhe des Zuschusses beträgt ein Drittel der Zuwendung. [3]Der Zuschuss zu Zuwendungen an Parteien und Wählervereinigungen ist auf höchstens 1.500 Euro pro Zuwender und Jahr begrenzt.

(5) Voraussetzung für den Zuschuss ist, dass der Zuwender in Deutschland unbeschränkt einkommensteuerpflichtig ist.

(6) [1]Als Zuwendung gilt auch die Zuwendung von Wirtschaftsgütern mit Ausnahme von Nutzungen und Dienstleistungen. [2]Die Höhe der Zuwendung bestimmt sich nach dem gemeinen Wert. [3]Wird die Zuwendung aus dem Betriebsvermögen erbracht, kann auch der Buchwert angesetzt werden, sofern der Zuwendungsempfänger keine politische Partei oder Wählervereinigung ist.

Abschnitt 6. Steuerverantwortlichkeiten

§ 33 Haftung, Verwaltungszuschlag, Steuerstrafrecht

(1) Wer den Besteuerungsgegenstand eines anderen der Besteuerung entzieht oder daran mitwirkt, haftet nach Maßgabe der §§ 34 bis 37 für den dadurch verursachten Steuerausfall.

(2) Wer Verwaltungsunrecht begeht, kann nach Maßgabe der in den einzelnen Büchern dieses Gesetzes enthaltenen Vorschriften mit einem Verwaltungszuschlag belastet werden.

(3) Wer einen Besteuerungsgegenstand vorsätzlich der Besteuerung entzieht, an einer solchen Tat mitwirkt oder dies versucht, kann nach Maßgabe der §§ 38 bis 40 hierfür bestraft werden.

§ 34 Haftung

(1) [1]Wer haftet, kann von der Finanzbehörde für Ansprüche aus dem Steuerschuldverhältnis gegen einen anderen Steuerpflichtigen in Anspruch genommen werden. [2]Mehrere Haftende sind Gesamtschuldner.

(2) Der Haftungsanspruch wird durch Haftungsbescheid geltend gemacht.

(3) Schließt die Finanzbehörde einen Haftungsvertrag, so hat sie den Vertragspartner vor Vertragsabschluss über dessen Rechtsfolgen und insbesondere darüber zu belehren, dass er durch Haftungsbescheid in Anspruch genommen werden kann.

(4) [1]Der Haftende darf erst auf Zahlung in Anspruch genommen werden, wenn die Vollstreckung in das Vermögen des Steuerpflichtigen erfolglos versucht worden ist oder aussichtslos erscheint. [2]Der Steuerpflichtige kann für einen Entrichtungspflichtigen nur in Anspruch genommen werden, wenn der Entrichtungspflichtige für ihn erkennbar die Steuer nicht vorschriftsmäßig einbehalten oder nicht ordnungsgemäß angemeldet hat und der Steuerpflichtige dies der Finanzbehörde nicht unverzüglich mitteilt, sobald er davon erfährt.

§ 35 Haftungstatbestände

(1) [1]Der Vertreter des Steuerpflichtigen oder der Verwalter seines Vermögens haftet, soweit er ihm obliegende steuerliche Pflichten verletzt hat und dadurch Steuern des Steuerpflichtigen verkürzt. [2]Die Haftung ist beschränkt auf den Wert des Vermögensvorteils, der ihm aufgrund seiner Stellung als Vertreter oder Verwalter im oder für den Haftungszeitraum zugeflossen ist.

(2) Der Beteiligte an einer Steuerhinterziehung haftet für die unter seiner Beteiligung verkürzten Steuern unbegrenzt.

(3) [1]Der Entrichtungspflichtige haftet für die Steuer, die er einzubehalten und abzuführen hat. [2]Dies gilt nicht für einen Steuerentlastungsbetrag, soweit ihm

dieser unzutreffend übermittelt worden ist. [3]Dem Entrichtungspflichtigen steht derjenige gleich, der Arbeitsleistungen eines Arbeitnehmers anstelle des Arbeitgebers nutzt.

§ 36 Duldung

(1) [1]Wer verpflichtet ist, die Vollstreckung zu dulden, kann durch Duldungsbescheid in Anspruch genommen werden. [2]Soweit Vorschriften eine Klage voraussetzen, steht dieser der Erlass des Duldungsbescheids gleich. [3]Für einen Duldungsvertrag gilt die Belehrungspflicht des § 34 Abs. 3 entsprechend.

(2) Wer fremdes Vermögen verwaltet und Steuerschulden aus diesem Vermögen zu begleichen hat, ist verpflichtet, die Vollstreckung in dieses Vermögen zu dulden.

§ 37 Pfandrecht der Finanzbehörde

(1) [1]Die Finanzbehörde hat an verbrauchsteuerpflichtigen Gütern als Sicherheit für die darauf ruhenden Steuern ein Pfandrecht. [2]Das Pfandrecht geht Rechten Dritter vor.

(2) [1]Das Pfandrecht entsteht, wenn das verbrauchsteuerpflichtige Gut im Inland gewonnen oder hergestellt wird oder wenn die Steuer entsteht. [2]Das Pfandrecht erlischt, wenn die Steuerschuld erlischt oder die Finanzbehörde verzichtet.

(3) Solange das Pfandrecht besteht, kann die Finanzbehörde zur Sicherung des Steueranspruchs das Gut in Gewahrsam nehmen.

§ 38 Steuerhinterziehung

(1) Wer pflichtwidrig steuererhebliche Tatsachen nicht oder nicht richtig angibt oder pflichtwidrig keine Steuerzeichen verwendet und dadurch Steuern verkürzt, wird mit Freiheitsstrafe bis zu fünf Jahren oder mit Geldstrafe bestraft.

(2) Der Versuch ist strafbar.

§ 39 Geringfügige Steuerverkürzung

[1]Beträgt eine verkürzte Steuer in einem Jahr nicht mehr als 5.000 Euro und hat sich der Täter in den letzten fünf Jahren nicht wegen einer Steuerhinterziehung strafbar gemacht, wird die Tat nicht verfolgt. [2]In diesem Fall verdoppelt sich die verkürzte Steuer.

§ 40 Selbstanzeige

(1) Wer in den Fällen des § 38 alle nicht oder nicht richtig angegebenen Tatsachen oder die unterlassene Verwendung von Steuerzeichen nachholt oder berichtigt, bleibt straffrei, wenn die Finanzbehörde noch keine Maßnahmen eingeleitet

hat, die zur Überprüfung der Angaben des Steuerpflichtigen oder zur Ermittlung der Steuer dienen.

(2) [1]Hat die Finanzbehörde in den Fällen des Absatzes 1 bereits die dort genannten Maßnahmen eingeleitet, die Tat aber noch nicht entdeckt, ist die Strafe zu mildern. [2]Die Verurteilung zu einer Freiheitsstrafe ist ausgeschlossen.

(3) Wurden bereits Steuern verkürzt, bleibt ein an der Tat Beteiligter nur straffrei oder wird nur milder bestraft, wenn er seine verkürzten Steuern unverzüglich nachentrichtet.

(4) Erlangt der Steuerpflichtige durch die Selbstanzeige Straffreiheit oder Strafmilderung, verdoppelt sich die verkürzte Steuer.

Abschnitt 7. Verordnungsermächtigung

§ 41 Verordnungsermächtigung

Die Bundesregierung wird ermächtigt, mit Zustimmung des Bundesrates Vorschriften durch Rechtsverordnung zu erlassen,

1. zum Buch 1 (Allgemeiner Teil) über
   a. Gebietsbestimmungen;
   b. die nähere Bestimmung der Ansässigkeit gemäß § 4;
   c. die nähere Bestimmung von steuerjuristischen Personen gemäß § 12;
   d. die Erlangung, Speicherung und Umfang der personenbezogenen Daten gemäß § 14;
   e. die Zulässigkeit eines Antrags auf verbindliche Auskunft gemäß § 16 Abs. 4;
   f. den Tag der Zahlung gemäß § 21;
   g. die Satzung einer gemeinnützigen Körperschaft gemäß § 30;
   h. das Verfahren zur Auszahlung der Zuschüsse an gemeinnützige Körperschaften und politische Parteien und Wählervereinigungen gemäß § 32;
   i. die Inanspruchnahme eines Haftenden gemäß §§ 34, 35;
2. zum Buch 2 (Einkommensteuer) über
   a. die nähere Bestimmung von gemischten Kosten gemäß § 45. Lässt sich der Erwerbsanteil praktisch bedeutsamer gemischter Kosten anhand vom Bundesministerium der Finanzen ermittelter Erfahrungswerte pauschalieren, können sie begrenzt zum Abzug zugelassen werden;
   b. die Übertragung persönlicher Steuerentlastungsbeträge gemäß § 51;
   c. die Verfahren der Quellenbesteuerung und der Veranlagung gemäß §§ 57, 62;
   d. die nähere Bestimmung des Orts der Einkünfteerzielung gemäß § 67;
   e. die Aufteilung der Steuerberechtigung in besonderen Fällen gemäß § 70;

    f. die Auskunfts- und Teilnahmerechte der Gemeinden im Besteuerungsverfahren gemäß § 71;

3. zum Buch 3 (Erbschaft- und Schenkungsteuer) über

    a. die nähere Bestimmung des Erwerbs von Todes wegen gemäß § 74 und durch Schenkung gemäß § 75;

    b. die Begriffe des Inlands- und Auslandsvermögens gemäß §§ 79 und 100;

    c. den Zeitpunkt der Steuerentstehung gemäß § 80;

    d. die nähere Bestimmung der Verfahren zur Wertermittlung;

    e. die nähere Bestimmung der Anzeigepflichten gemäß § 95;

    f. die nähere Bestimmung der Steuererklärungspflichten gemäß § 96;

4. zum Buch 4 (Umsatzsteuer) über

    a. die Zuordnung von Gegenständen gemäß § 102 und die gemischte Veranlassung einer Leistung gemäß § 103;

    b. die einzelnen Voraussetzungen zwischenunternehmerischer Umsätze gemäß § 106;

    c. die nähere Bestimmung der Steuerbefreiung gemäß § 111 Nr. 1;

    d. die nähere Bestimmung der Bemessungsgrundlage gemäß § 112;

    e. die nähere Ausgestaltung des Vorsteuervergütungsverfahrens gemäß § 124;

    f. die weitere Behandlung von Unternehmern mit geringen Umsätzen gemäß § 125;

    g. den näheren Inhalt der Rechnung gemäß §§ 127, 129;

    h. den näheren Inhalt der Aufzeichnung gemäß § 130;

5. zum Buch 5 (Verbrauchsteuer) über

    a. über die einzelnen Anforderungen an ein Steuerlager gemäß § 133 Abs. 1;

    b. über den näheren Inhalt der Aufzeichnungen gemäß § 133 Abs. 2;

    c. über die genauen Anforderungen an einen versteuernden Empfänger gemäß § 134;

    d. über die einzelnen Anforderungen an den berechtigten Verwender gemäß § 136 Abs. 1 Nr. 4;

    e. über die nähere Ausgestaltung der Beförderung unversteuerter Güter, § 136 Abs. 2;

    f. über die weitere Verwendung von Steuerzeichen, § 139 Abs. 2;

    g. über die Standardisierung des Energiegehalts in Gigajoule bei Gütern des § 132 Nr. 1 gemäß § 142 Abs. 1;

    h. über die nähere Ausgestaltung des Vergällens von Alkohol gemäß § 144 Abs. 2 Nr. 2.

Buch 2. Einkommensteuer

Abschnitt 1. Steuerpflicht

§ 42 Persönliche Steuerpflicht

Natürliche Personen und steuerjuristische Personen sind einkommensteuerpflichtig.

Abschnitt 2. Einkommen

§ 43 Steuergegenstand, Steuersatz

(1) Der Einkommensteuer unterliegt das Einkommen eines Kalenderjahres.

(2) Einkommen sind die Einkünfte des Steuerpflichtigen aus Erwerbshandeln abzüglich der existenzsichernden Aufwendungen und des Sozialausgleichs.

(3) [1]Einkünfte sind die Erwerbserlöse abzüglich der Erwerbskosten. [2]Erwerbshandeln ist die Nutzung von Erwerbsgrundlagen, um Einkünfte am Markt zu erzielen. [3]Eine Erwerbsgrundlage ist eine zur Vermögensmehrung bestimmte und geeignete Einkunftsquelle.

(4) [1]Die Einkommensteuerschuld beträgt ein Viertel des Einkommens. [2]Die Steuer entsteht mit Ablauf des Kalenderjahres und wird am 30.6. des Folgejahres fällig. [3]Hiervon abweichend entsteht die Quellensteuer in dem Zeitpunkt, in dem die Erwerbseinnahmen dem Steuerpflichtigen zufließen.

§ 44 Ermittlung der Einkünfte

(1) [1]Die Einkünfte werden in der Regel als Gewinn, bei Quellenbesteuerung als Überschuss ermittelt. [2]Gewinn sind die Erwerbserträge abzüglich der Erwerbsaufwendungen. [3]Überschuss sind die Erwerbseinnahmen abzüglich der Erwerbsausgaben.

(2) [1]Erwerbserträge sind Vermögensmehrungen, die durch das Erwerbshandeln veranlasst sind. [2]Erwerbsaufwendungen sind Vermögensminderungen, die der Steuerpflichtige durch sein Erwerbshandeln veranlasst.

(3) [1]Erwerbseinnahmen sind Einnahmen in Geld, die Entgelt des Erwerbshandelns sind. [2]Als Einnahmen in Geld zählen auch, die als Leistungsentgelt vereinnahmt werden. [3]Erwerbsausgaben sind Ausgaben in Geld, die durch die Erzielung von Erwerbseinnahmen veranlasst sind. [4]Ausgaben für Werte, die mehrjährig verbraucht werden können, sind auf die Jahre der Gesamtnutzung zu verteilen.

§ 45 Gemischte Kosten

[1]Lasten eigener oder fremder Lebensführung mindern die Einkünfte nicht. [2]Dies gilt auch, wenn sie durch Erwerbshandeln mitveranlasst und von diesem nicht zu

trennen sind (gemischte Kosten). [3]Übernimmt der Steuerpflichtige Lebensführungslasten für einen Dritten, so ist dieser Vorteil für den Dritten kein Einkommen.

§ 46 Vereinfachungspauschale

Natürliche Personen können von ihren Erwerbserlösen bis zu 2 000 Euro abziehen (Vereinfachungspauschale), wenn sie nicht höhere Erwerbskosten nachweisen.

§ 47 Grundfreibetrag, Kirchensteuerabzug

(1) [1]Von den Einkünften natürlicher Personen werden 8000 Euro für gegenwärtige existenzsichernde Aufwendungen abgezogen (Grundfreibetrag). [2]Steuerpflichtigen, die staatliche Leistungen zur Sicherung des Existenzminimums beziehen oder für die ein Anspruch auf Kindergeld besteht, steht insoweit kein Grundfreibetrag zu. [3]Vergleichbare Leistungen ausländischer Staaten stehen den staatlichen Leistungen zur Sicherung des Existenzminimums und dem Kindergeld gleich.

(2) Die Einkommensteuerschuld verringert sich um ein Viertel der zu zahlenden Kirchensteuer (Einkommensteuerzahllast).

§ 48 Sozialausgleichsbetrag

[1]Von den Einkünften natürlicher Personen wird nach ihrem Grundfreibetrag ein Sozialausgleichsbetrag abgezogen. [2]Er beträgt anteilig für die ersten 5000 Euro 40 vom Hundert und für die folgenden 5000 Euro 20 vom Hundert.

Abschnitt 3. Verlustberücksichtigung

§ 49 Verlustausgleich

(1) Eine natürliche Person kann Verluste mit positiven Einkünften desselben Veranlagungszeitraums ausgleichen.

(2) Soweit Gewinne einer steuerjuristischen Person auf einen Beteiligten entfallen, kann er diese mit seinen Verlusten desselben Veranlagungszeitraums ausgleichen (Verlustübernahme).

(3) Soweit Verluste einer steuerjuristischen Person auf eine unmittelbar beteiligte natürliche Person entfallen, kann der Beteiligte sie wie eigene Verluste mit positiven Einkünften ausgleichen, wenn er für die Verbindlichkeiten der steuerjuristischen Person gesellschaftsrechtlich unbeschränkt haftet (Verlustübergabe).

(4) Voraussetzung für Verlustübernahme und Verlustübergabe ist die Zustimmung der steuerjuristischen Person und des Beteiligten.

§ 50 Verlustberücksichtigung in der Zeit

Negative Einkünfte, die nach § 49 nicht ausgeglichen worden sind, können mit positiven Einkünften künftiger Veranlagungszeiträume derselben Erwerbsgrundlage ausgeglichen werden.

Abschnitt 4. Besteuerung von Ehe und Familie

§ 51 Unterhaltsgemeinschaft; Erwerbsgemeinschaft

(1) Ein Unterhaltsberechtigter kann seinen Grundfreibetrag auf denjenigen übertragen, der ihm gegenüber eine gesetzliche Unterhaltspflicht erfüllt.

(2) [1]Ehegatten und Lebenspartner bilden eine Erwerbsgemeinschaft, wenn sie zusammenleben. [2]Sie können untereinander Einkünfte ausgleichen, die Vereinfachungspauschale, den Grundfreibetrag und den Sozialausgleichsbetrag (persönliche Steuerentlastungsbeträge) übertragen.

Abschnitt 5. Besteuerung bei steuerjuristischen Personen

§ 52 Beteiligungserlöse

(1) Soweit Beteiligungserlöse aus dem Anteil an einer steuerjuristischen Person erzielt werden, sind sie beim Empfänger nicht zu versteuern.

(2) Kosten, die mit nicht zu versteuernden Erlösen unmittelbar wirtschaftlich zusammenhängen, dürfen nicht als Erwerbskosten abgezogen werden.

§ 53 Veräußerung von Anteilen an steuerjuristischen Personen

(1) Einkünfte aus der Veräußerung von Anteilen an steuerjuristischen Personen sind steuerpflichtig (Veräußerungseinkünfte).

(2) [1]Veräußerungseinkünfte sind die zugeflossenen Veräußerungserlöse abzüglich der Veräußerungskosten. [2]Veräußerungskosten sind die anteiligen Vermögenserwerbskosten, Erwerbsfolgekosten und Übertragungskosten. [3]Sie werden mit neun Zehnteln des zugeflossenen Veräußerungspreises vermutet (Kostenpauschale), wenn der Steuerpflichtige nicht höhere Kosten nachweist.

(3) Negative Veräußerungseinkünfte können nur mit nichtpauschalierten, positiven Veräußerungseinkünften desselben Kalenderjahres ausgeglichen werden.

(4) Für die Veräußerung einer Erwerbsgrundlage einer natürlichen Person gelten die Absätze 1 bis 3 entsprechend.

§ 54 Steuerbefreiungen

(1) Gemeinnützige Körperschaften und die Deutsche Bundesbank sind von der Einkommensteuer befreit, soweit sie keinen wirtschaftlichen Geschäftsbetrieb unterhalten.

(2) [1]Die Befreiung gilt für inländische, dem Steuerabzug unterliegende Einkünfte nur, wenn auch der Schuldner dieser Einkünfte nach Absatz 1 steuerbefreit ist. [2]Von der Befreiung ausgenommen sind Beteiligungseinnahmen, die an natürliche Personen oder nicht nach Absatz 1 steuerbefreite steuerjuristische Personen ausgeschüttet werden.

Abschnitt 6. Zukunftssicherung

§ 55 Beiträge zur persönlichen Zukunftssicherung

(1) [1]Erwerbserlöse, die für Beiträge zur eigenen persönlichen Zukunftssicherung, der des Partners einer Erwerbsgemeinschaft oder der Kinder verwendet werden, sind bis zu ihrer Auszahlung steuerfrei. [2]§ 52 Absatz 2 kommt insoweit nicht zur Anwendung.

(2) [1]Der persönlichen Zukunftssicherung dienen nur gesetzliche oder von der Bundesanstalt für Finanzdienstleistungsaufsicht anerkannte Versicherungen, die dem Steuerpflichtigen Ansprüche auf Altersrente ab dem 60. Lebensjahr, auf eine Hinterbliebenenrente oder eine Rente wegen verminderter Erwerbsfähigkeit einräumen. [2]Die Ansprüche dürfen auf den Ehegatten oder Lebenspartner übertragen werden, nicht jedoch vererblich, beleihbar, veräußerbar oder kapitalisierbar sein.

§ 56 Einnahmen aus der persönlichen Zukunftssicherung

(1) Leistungen aus der persönlichen Zukunftssicherung und die Auszahlungen der erwirtschafteten Erträge sind als inländische Erwerbseinnahmen zu versteuern.

(2) Gibt der Versicherte seinen Wohnsitz oder dauernden Aufenthalt in der Europäischen Union oder im Europäischen Wirtschaftsraum auf, gilt der bis dahin entstandene Versicherungsanspruch als ausbezahlt.

(3) Begründet der Versicherte erneut einen Wohnsitz oder dauernden Aufenthalt in der Europäischen Union oder im Europäischen Wirtschaftsraum, wird die Steuerfreistellung der Erwerbserlöse zur persönlichen Zukunftssicherung nachgeholt, soweit bei der vorangegangenen Aufgabe des Wohnsitzes der Versicherungsanspruch einer inländischen Besteuerung unterlag.

Abschnitt 7. Verfahren der Einkommensbesteuerung

§ 57 Verfahren der Quellen- und Veranlagungsbesteuerung

(1) [1]Arbeitslohn, Kapitaleinnahmen, Leistungen aus der persönlichen Zukunftssicherung sowie Veräußerungserlöse aus dem Verkauf börsennotierter Anteile an steuerjuristischen Personen werden an der Quelle besteuert. [2]Der Schuldner dieser Erwerbserlöse hat die Steuer für den Steuerpflichtigen einzubehalten

und abzuführen (Entrichtungspflichtiger) sowie die Beiträge zur persönlichen Zukunftssicherung von der Steuer freizustellen (Quellenfreistellung). [3]Ansonsten wird der Steuerpflichtige veranlagt; die Beiträge zur persönlichen Zukunftssicherung werden in diesem Verfahren freigestellt (Veranlagungsfreistellung). [4]Veranlagungszeit-raum ist das Kalenderjahr.

(2) [1]Die persönlichen Steuerentlastungsbeträge werden in der Reihenfolge Vereinfachungspauschale, Grundfreibetrag und Sozialausgleichsbetrag angerechnet. [2]Für jeden Monat des Veranlagungszeitraums kann ein Zwölftel der Steuerentlastungsbeträge beansprucht werden. [3]Eigene oder übertragene persönliche Steuerentlastungsbeträge werden vorrangig bei der Einkunftsquelle berücksichtigt, aus der die höchsten Erwerbseinnahmen zu erwarten sind.

§ 58 Antragsveranlagung

[1]Der Entrichtungspflichtige hat dem Steuerpflichtigen schriftlich bekannt zu geben, in welcher Höhe er die Quellenbesteuerung durchgeführt und welche Steuerentlastungsbeträge er berücksichtigt hat. [2]Entsteht hierüber zwischen den Beteiligten Streit, kann der Steuerpflichtige bei der für ihn zuständigen Finanzbehörde Veranlagung beantragen.

§ 59 Vorauszahlungen

(1) [1]Der Steuerpflichtige hat am 31. März, 30. Juni, 30. September und 31. Dezember Vorauszahlungen auf die Einkommensteuer für den laufenden Veranlagungszeitraum zu leisten. [2]Die Höhe der Vorauszahlungen beträgt jeweils ein Sechzehntel des bei der letzten Veranlagung festgestellten Gewinns, anderenfalls des Gewinns, den der Steuerpflichtige im Veranlagungszeitraum voraussichtlich erzielen wird. [3]Grundstücksbezogene Einkünfte fließen in die Berechnung nicht ein.

(2) [1]Die Finanzbehörde kann die Vorauszahlungen nachträglich an den im Veranlagungszeitraum voraussichtlich zu erzielenden Gewinn anpassen. [2]Der Steuerpflichtige kann bis zum Ende des dem Veranlagungszeitraum vorangehenden Kalenderjahrs beantragen, dass seine persönlichen Steuerentlastungsbeträge gegenüber der Finanzbehörde berücksichtigt werden.

§ 60 Verwaltungszuschlag

[1]Die Finanzbehörde kann vom Steuerpflichtigen einen Verwaltungszuschlag bis zu 5.000 € erheben, wenn er den für die Einkommensteuererhebung vorgesehenen Anzeige-, Melde- oder Mitteilungspflichten nicht oder nicht rechtzeitig nachkommt. [2]Gleiches gilt, wenn der Entrichtungspflichtige die Quellensteuerabzugsmerkmale nicht beim Bundeszentralamt für Steuern abruft oder nicht verwendet.

Abschnitt 8. Grenzüberschreitende Sachverhalte

§ 61 Unbeschränkte Steuerpflicht

(1) Wer im Inland ansässig ist, ist mit seinem weltweiten Einkommen unbeschränkt steuerpflichtig.

(2) Wer in einem anderen Mitgliedstaat der Europäischen Union oder in einem Staat des Europäischen Wirtschaftsraums seinen Wohnsitz hat, ist auf Antrag unbeschränkt steuerpflichtig, wenn sein Einkommen im Veranlagungszeitraum zu mindestens 80 vom Hundert der Einkommensteuer in Deutschland unterliegt (beantragte unbeschränkte Steuerpflicht).

(3) Auch der Ehegatte oder Lebenspartner eines unbeschränkt Steuerpflichtigen ist auf Antrag unbeschränkt steuerpflichtig, wenn beide Einkommen im Veranlagungszeitraum zusammen zu mindestens 80 vom Hundert der Einkommensteuer in Deutschland unterliegen.

§ 62 Beschränkte Steuerpflicht

(1) [1]Wer nicht sein weltweites Einkommen nach § 61 zu versteuern hat, ist mit seinen inländischen Einkünften beschränkt steuerpflichtig. [2]Inländische Einkünfte sind Einkünfte aus inländischem Erwerbshandeln. [3]Inländisches Erwerbshandeln nutzt in Deutschland belegene Erwerbsgrundlagen, um Einkünfte am Markt zu erzielen. [4]Als inländische Einkünfte gelten auch Erwerbseinnahmen, die ein Auslandsbediensteter von einer inländischen juristischen Person des öffentlichen Rechts bezieht.

(2) [1]Beschränkt Steuerpflichtige dürfen persönliche Steuerentlastungsbeträge, die Rechte einer Erwerbsgemeinschaft und die Steuerfreiheit der Erwerbserlöse für Beiträge zur persönlichen Zukunftssicherung nicht in Anspruch nehmen. [2]Satz 1 gilt nicht für Steuerpflichtige mit Einkünften im Sinne des Absatzes 1 Satz 4 und deren Ehegatten oder Lebenspartnern.

(3) Erwerbseinnahmen, die beschränkt Steuerpflichtige für Beiträge zur persönlichen Zukunftssicherung verwenden, sind steuerfrei, wenn sie auf sozialversicherungsrechtlicher Grundlage erbracht werden und der Steuerpflichtige in einem anderen Mitgliedstaat der Europäischen Union oder in einem Staat des Europäischen Wirtschaftsraums wohnt.

§ 63 Ausländische Einkünfte und Beteiligungen

(1) [1]Wer sein weltweites Einkommen nach § 61 zu versteuern hat, ist auch mit seinen Einkünften aus ausländischem Erwerbshandeln steuerpflichtig. [2]Die ausländischen Einkünfte werden wie inländische ermittelt. [3]Bei Freistellung ausländischer Einkünfte sind Erlöse und Kosten unbeachtlich.

(2) ¹Ein Verlustausgleich ist nur unter Einkünften möglich, die einer deutschen Besteuerung unterliegen. ²Ein Verlustausgleich nach § 49 Abs. 2 und 3 setzt voraus, dass die daran beteiligten Personen mit diesen Einkünften steuerpflichtig sind.

(3) ¹Erhebt ein ausländischer Staat auf die Einkünfte einer steuerjuristischen Person weniger als die Hälfte der entsprechenden deutschen Steuer (Niedrigsteuerstaat), sind die Beteiligungserlöse steuerpflichtig, soweit die Einkünfte weder einer deutschen Besteuerung unterlagen noch steuerfrei wären, wenn der Beteiligte sie unmittelbar erzielt hätte. ²Beteiligungserlöse bleiben steuerfrei, wenn die steuerjuristische Person in einem anderen Mitgliedstaat der Europäischen Union oder einem Staat des Europäischen Wirtschaftsraums wirtschaftet und ihre Einkünfte dort einer Regelbesteuerung unterliegen.

§ 64 Anrechnung und Abzug ausländischer Einkommensteuer

(1) ¹Auf die deutsche Einkommensteuer auf ausländische Einkünfte ist die ihr entsprechende, keinem Ermäßigungsanspruch unterliegende, entrichtete ausländische Steuer des jeweiligen Quellenstaates anzurechnen. ²Bei einer Besteuerung nach § 63 Abs. 3 ist die von der Gesellschaft gezahlte ausländische Steuer anteilig ihren Gesellschaftern zuzurechnen.

(2) ¹Nicht anrechenbare ausländische Steuern sind Erwerbskosten. ²Vom Quellenstaat erstattete ausländische Steuern sind Erwerbserlöse.

Abschnitt 9. Kommunale Zuschlagsteuer

§ 65 Erhebung einer Kommunalen Zuschlagsteuer

¹Die Gemeinden erheben eine Kommunale Zuschlagsteuer. ²Die Kommunale Zuschlagsteuer belastet das in der Gemeinde erwirtschaftete Einkommen. ³Bestehen in einem Land keine Gemeinden, so gelten die Vorschriften dieses Abschnitts sinngemäß für das Land.

§ 66 Steuerpflicht

Steuerpflichtiger der Kommunalen Zuschlagsteuer ist, wer einkommensteuerpflichtig ist.

§ 67 Steuerberechtigung

¹Steuerberechtigt ist die Gemeinde, in der ein Steuerpflichtiger durch Erwerbshandeln Einkünfte erzielt. ²Die Einkünfte werden erzielt:

1. bei einem Unternehmen in der Gemeinde, in der das Unternehmen Betriebsstätten unterhält;
2. bei Arbeitslohn in der Gemeinde, in der sich der Arbeitsplatz befindet;

3. bei Einkünften aus der Überlassung oder dem Verkauf von Grundstücken in der Gemeinde, in der sich das Grundstück befindet;

4. im Übrigen in der Gemeinde, in welcher der Steuerpflichtige ansässig ist.

§ 68 Bemessungsgrundlage

Bemessungsgrundlage der Kommunalen Zuschlagsteuer ist das Einkommen eines Kalenderjahres (§ 43 Abs. 1) in der jeweils steuerberechtigten Gemeinde.

§ 69 Hebesatz

(1) [1]Die Gemeinde bestimmt einen Hundertsatz (Hebesatz) von der Bemessungsgrundlage, nach dem sich die Kommunale Zuschlagsteuer bemisst. [2]Er beträgt mindestens 2 vom Hundert.

(2) [1]Der Hebesatz kann für ein oder mehrere Kalenderjahre festgesetzt werden. [2]Der Beschluss ist vor Ablauf des 30. September mit Wirkung für das oder die Folgejahre zu fassen.

§ 70 Aufteilung der Steuerberechtigung in besonderen Fällen

(1) [1]Verlagert ein Steuerpflichtiger seinen Ort der Ansässigkeit, seinen Arbeitsplatz oder eine Betriebsstätte während des Veranlagungszeitraums in eine andere Gemeinde, sind die jeweiligen Einkünfte auf die beteiligten Gemeinden nach Monaten aufzuteilen. [2]Der Wechsel der Steuerberechtigung wird mit Beginn des darauf folgenden Monats wirksam, bei Kapitaleinnahmen mit Beginn des darauf folgenden Jahres. [3]Im Verfahren der Quellenbesteuerung (§ 57 Abs. 1 Sätze 1 und 2) hat der Steuerpflichtige dem Entrichtungspflichtigen die Änderung unverzüglich mitzuteilen; dies gilt nicht beim Wechsel des Arbeitsortes.

(2) [1]Unterhält ein Unternehmen im Veranlagungszeitraum Betriebsstätten in verschiedenen Gemeinden, so ist der Unternehmensgewinn auf die beteiligten Gemeinden nach dem Verhältnis der Gemeindelasten aufzuteilen, die durch das Vorhandensein der Betriebsstätte entstehen. [2]Als Richtgröße hierfür gilt die Zahl der in der Betriebsstätte beschäftigten Arbeitnehmer. [3]Erstreckt sich eine Betriebsstätte über mehrere Gemeinden oder führt die Aufteilung zu einem offenbar unbilligen Ergebnis, so ist ein Maßstab zu wählen, der die Lasten angemessen berücksichtigt.

(3) In den Fällen des Absatzes 1 und 2 ergeht auf Antrag ein Aufteilungsbescheid.

§ 71 Verwaltung

[1]Die Verwaltung der Kommunalen Zuschlagsteuer ist den Finanzbehörden übertragen. [2]Die Verwaltungshilfe wird durch ein Verwaltungsentgelt in Höhe von 2 vom Hundert entgolten.

§ 72 Steuererhebung

(1) Die Erhebung der Steuer richtet sich nach den für die Einkommensteuer geltenden Vorschriften.

(2) ¹Im Verfahren der Quellenbesteuerung hat der Entrichtungspflichtige die Kommunale Zuschlagsteuer mit der Einkommensteuer einzubehalten und abzuführen. ²Im übrigen wird die Kommunale Zuschlagsteuer mit der Einkommensteuer veranlagt und erhoben.

Buch 3. Erbschaft- und Schenkungsteuer

Abschnitt 1. Grundlagen der Besteuerung

§ 73 Gegenstand der Besteuerung

Der Erbschaft- und Schenkungsteuer unterliegen Erwerbe
1. von Todes wegen (§ 74);
2. durch Schenkung (§ 75).

§ 74 Erwerb von Todes wegen

Erwerb von Todes wegen ist jeder durch den Tod des Erblassers verursachte Vermögensanfall, der den Erwerber bereichert.

§ 75 Schenkung

(1) Schenkung ist jede freigebige Zuwendung unter Lebenden, die den Empfänger ohne entsprechende Gegenleistung bereichert.

(2) Als Schenkung gelten auch
1. der Übergang von Vermögen bei Errichtung einer Stiftung unter Lebenden oder Bildung eines Zweckvermögens sowie die Bereicherung, die jemand bei Erlöschen einer Stiftung, Auflösung eines Zweckvermögens oder eines auf Vermögensbindung angelegten Vereines erlangt;
2. die Zuwendungen an die Destinatäre einer Stiftung, an die Begünstigten eines Zweckvermögens oder die Mitglieder eines auf Vermögensbindung angelegten Vereins;
3. der Übergang eines Anteils an einer Gesellschaft beim Ausscheiden eines Gesellschafters, soweit sein Steuerwert den Abfindungsanspruch übersteigt;
4. die Abfindung, die jemand erhält, weil er auf ein Erbrecht, ein Pflichtteilsrecht oder einen unentgeltlich erworbenen Anspruch, der aufschiebend bedingt, betagt oder befristet ist, vor Eintritt der Bedingung oder des Ereignisses ganz oder zum Teil verzichtet. ²Dies gilt entsprechend für eine

Abfindung, wenn die Schenkung selbst aufschiebend bedingt, betagt oder befristet ist.

§ 76 Steuerpflichtige Bereicherung

(1) Steuerpflichtig ist jede Bereicherung, die ein Erwerber von Todes wegen oder durch Schenkung erlangt, soweit sie nicht von der Besteuerung befreit ist.

(2) [1]Entrichtet auf Veranlassung des Erblassers oder Schenkers ein Dritter die Steuer anstelle des Erwerbers, erhöht sich ihre Bemessungsgrundlage um die gezahlte Steuer. [2]Entsprechendes gilt, wenn der Schenker die Steuer anstelle des Beschenkten entrichtet.

(3) [1]Vom gesamten Erwerb sind abzuziehen:

1. der Steuerwert aller vom Erblasser oder Schenker herrührenden Verbindlichkeiten und Lasten, soweit sie ein der Besteuerung unterliegendes Vermögensgut betreffen und nicht bereits nach einer anderen Vorschrift dieses Gesetzes berücksichtigt wurden;

2. der Steuerwert der Vermögensgüter, die in Erfüllung von Auflagen, Vermächtnissen und geltend gemachten Pflichtteilsansprüchen übereignet werden;

3. die Kosten für die Bestattung des Erblassers und die Grabpflege in Höhe von 10.000 Euro sowie die dem Erwerber durch den Erwerb entstehenden Kosten;

[2]Nicht abzugsfähig sind Auflagen, die dem Beschwerten selbst zugute kommen.

(4) [1]Vermögensgüter, deren Erwerb, und Lasten, deren Entstehen aufschiebend bedingt sind, werden erst berücksichtigt, wenn die Bedingung eingetreten ist. [2]Vermögensgüter, deren Erwerb, und Lasten, deren Bestehen auflösend bedingt sind, werden wie unbedingte berücksichtigt. [3]Tritt die auflösende Bedingung innerhalb von fünf Jahren nach der Entstehung der Steuer ein, ist die Steuer nach dem tatsächlichen Steuerwert zu berichtigen. [4]Die Sätze 1 bis 3 sind auf befristet zugewiesene Vermögensgüter und Lasten entsprechend anzuwenden.

(5) Forderungen und Verbindlichkeiten oder Rechte und Belastungen, die durch Vereinigung infolge Erwerbs erloschen sind, bleiben für die Besteuerung bestehen.

§ 77 Steuerbefreiungen

Steuerfrei sind

1. Erwerbe unter Ehegatten oder Partnern einer eingetragenen Lebensgemeinschaft;
2. Unterhaltsleistungen, die Familienangehörige des Erblassers in den ersten 30 Tagen nach dem Erbfall vom Erben erhalten, wenn sie zur Zeit seines Todes zu seinem Hausstand gehören und von ihm Unterhalt bezogen haben;
3. Erwerbe durch gemeinnützige steuerjuristische Personen oder für gemeinnützige Zwecke;
4. Erwerbe politischer Parteien oder kommunaler Wählervereinigungen;
5. Erwerbe des Bundes, eines Landes oder einer inländischen Gemeinde;
6. Erwerbe von inländischen Religionsgemeinschaften des öffentlichen Rechts oder von inländischen jüdischen Kultusgemeinden.
7. Hausrat bis zu einer Höhe von 20.000 Euro;
8. übliche Gelegenheitsgeschenke.

§ 78 Steuerschuldner

Der Erwerber schuldet die Erbschaft- oder Schenkungsteuer für die Bereicherung, die er von Todes wegen oder durch Schenkung erlangt.

§ 79 Persönliche Steuerpflicht

(1) [1]Ein Erwerber, der im Zeitpunkt des Entstehens der Steuer Inländer ist, ist mit seinem Weltvermögen erbschaft- und schenkungsteuerpflichtig. [2]Als Inländer gelten
1. eine Person, die in der Bundesrepublik Deutschland ansässig ist;
2. ein deutscher Staatsangehöriger, der sich seit höchstens zwei Jahren dauernd im Ausland aufhält, ohne in der Bundesrepublik Deutschland ansässig zu sein.
(2) [1]Ein Erwerber, der im Zeitpunkt des Entstehens der Steuer kein Inländer ist, ist erbschaft- und schenkungsteuerpflichtig, soweit Inlandsvermögen vererbt oder verschenkt wird. [2]Zum Inlandsvermögen gehören alle Vermögensgegenstände, die durch die Bundesrepublik Deutschland geschützt werden.

§ 80 Entstehen der Steuer

Die Steuer entsteht in dem Zeitpunkt, in dem der Erwerber rechtlich über das zugewandte Vermögensgut verfügen kann.

§ 81 Vor- und Nacherbschaft

(1) [1]Die Vorerbschaft wird wie eine wiederkehrende Nutzung am Nachlass besteuert. [2]Der Nacherbe oder sein Rechtsnachfolger wird mit Eintritt des Nacherbfalles Erbe des Erblassers. [3]Der Nacherbfall gilt auch als eingetreten, soweit der Vorerbe dem Nacherben wegen der Nacherbschaft etwas aus dem Nachlass herausgibt; Absatz 2 Satz 3 gilt entsprechend.

(2) [1]Der befreite Vorerbe wird wie ein Erbe besteuert. [2]Die vom Vorerben aus der Vorerbschaft geschuldete Steuer gilt als aus dem Nachlass entrichtet. [3]Die von dem befreiten Vorerben entrichtete Erbschaftsteuer wird auf Antrag dem Nacherben erstattet, soweit sie auf den Teil seines Erwerbs entfällt, der zur Nacherbschaft gehört, und den Betrag übersteigt, den der Vorerbe nach Absatz 1 Satz 1 zu zahlen gehabt hätte.

Abschnitt 2. Steuerwert

§ 82 Bewertungsgrundsatz, Steuerwert

(1) [1]Der Steuerwert eines Vermögensgutes folgt aus seinem Verkehrswert. [2]Verkehrswert ist der Veräußerungspreis, der im gewöhnlichen Geschäftsverkehr für ein Vermögensgut erzielt werden kann. [3]Der Wert wird für den Zeitpunkt ermittelt, in dem die Steuer entsteht.

(2) [1]Der Steuerwert von Grundstücken, Unternehmen, Anteilen an steuerjuristischen Personen, wiederkehrenden Nutzungen und Leistungen sowie Kapitalforderungen und Kapitalschulden ist nach den Vorschriften dieses Abschnitts zu ermitteln. [2]Weist der Steuerpflichtige nach, dass der Verkehrswert eines dieser Vermögensgüter am Bewertungsstichtag geringer ist als sein Steuerwert, ist der nachgewiesene Verkehrswert anzusetzen. [3]Der Nachweis wird insbesondere durch Veräußerung des Vermögensgutes im gewöhnlichen Geschäftsverkehr im Zeitraum zwischen Bewertungsstichtag und Steuerfestsetzung erbracht.

1. Bewertung von Grundstücken

§ 83 Begriff des Grundstücks

[1]Jede wirtschaftliche Einheit des Grundvermögens, die nicht land- und forstwirtschaftlich genutzt wird, bildet ein Grundstück. [2]Zu einem Grundstück gehören der Grund und Boden, die Gebäude, die sonstigen Bestandteile und das Zubehör. [3]Nicht zum Grundstück gehören aufgeschlossene Bodenschätze und Betriebsvorrichtungen, auch wenn sie wesentliche Bestandteile sind.

§ 84 Steuerwert von Grund und Boden

(1) [1]Ein Grundstück, auf dem keine benutzbaren Gebäude stehen oder errichtet werden, wird mit seinem Bodenwert bewertet.

(2) Der Bodenwert eines Grundstücks bestimmt sich aus seiner Fläche und dem aktuellen Bodenrichtwert je Quadratmeter.

§ 85 Selbstgenutztes Grundstück

(1) [1]Ein Grundstück mit einem benutzbaren Gebäude, das ausschließlich eigenen Wohn- oder Geschäftszwecken dient, wird mit der Summe aus dem Bodenwert und dem Gebäudesachwert bewertet. [2]Diese Summe ist um einen Abschlag von 10 vom Hundert zu vermindern. [3]Mindestens ist der Wert anzusetzen, den das Grundstück hätte, wenn es unbebaut wäre.

(2) [1]Der Gebäudesachwert bestimmt sich aus dem Herstellungswert, vermindert um einen Altersabschlag. [2]Der Altersabschlag ergibt sich aus dem Verhältnis zwischen dem Alter des Gebäudes und seiner Gesamtnutzungsdauer. [3]Hat sich die Restnutzungsdauer eines Gebäudes durch nachträgliche Veränderungen wesentlich verlängert oder verkürzt, vermindert oder erhöht sich der Altersabschlag entsprechend.

(3) Der Herstellungswert eines Gebäudes ergibt sich aus den Herstellungskosten des Gebäudes je Quadratmeter seiner Bruttogrundfläche.

§ 86 Fremdgenutztes Grundstück

(1) [1]Ein Grundstück mit einem benutzbaren Gebäude, das auch fremden Wohn- oder Geschäftszwecken dient, wird mit der Summe aus dem Bodenwert und dem Gebäudeertragswert bewertet. [2]Diese Summe ist um einen Abschlag von 10 vom Hundert zu vermindern. [3]Mindestens ist der Wert anzusetzen, den das Grundstück hätte, wenn es unbebaut wäre.

(2) [1]Der Gebäudeertragswert bemisst sich nach den Jahreserträgen, die aus dem Grundstück für seine Restnutzungsdauer zu erzielen sind. [2]Der Gebäudeertragswert wird in einen Gebäudejahresertrag und einen Kapitalisierungsfaktor typisiert. [3]Gebäudejahresertrag ist die vereinbarte Jahresmiete für das Grundstück abzüglich der Bewirtschaftungskosten, vermindert um die marktübliche Verzinsung des Bodenwertes. [4]Der Kapitalisierungsfaktor ergibt sich aus Anlage 4.

(3) Ist keine Jahresmiete vereinbart oder ist die vereinbarte Jahresmiete um mehr als 20 vom Hundert geringer als die marktübliche Jahresmiete, ist die marktübliche Jahresmiete anzusetzen.

§ 87 Erbbaurechte und Erbbaugrundstücke

(1) Ist ein Grundstück mit einem Erbbaurecht belastet, sind die Steuerwerte des Erbbaurechts und des belasteten Grundstücks (Erbbaugrundstück) einzeln zu ermitteln und dem jeweiligen Erwerber zuzuordnen.

(2) Der Steuerwert des Erbbaurechts ergibt sich aus dem Gebäudesachwert (§ 85 Abs. 2) oder Gebäudeertragswert (§ 86 Abs. 2) und dem über die Restlaufzeit des Erbbaurechts kapitalisierten Nutzungswert des Erbbaugrundstücks.

(3) [1]Das Erbbaugrundstück wird mit dem auf den Bewertungsstichtag abgezinsten Bodenwert zuzüglich des kapitalisierten Erbbauentgelts bewertet. [2]Der Abzinsungsfaktor für den Bodenwert und der Kapitalisierungsfaktor für das Erbbauentgelt sind den Anlagen 5 und 4 zu entnehmen; maßgeblich sind die Restlaufzeit des Erbbaurechts und die marktübliche Verzinsung. [3]Ein Gebäudewert ist nur nach Maßgabe des Absatzes 4 anzusetzen.

(4) [1]Ist die verbleibende Restnutzungsdauer des Gebäudes länger als die Restlaufzeit des Erbbaurechts und geht das Gebäude bei Erlöschen des Erbbaurechts entschädigungslos auf den Grundstückseigentümer über, ist der Gebäudewert zwischen Erbbaurecht und Erbbaugrundstück entsprechend aufzuteilen. [2]Gleicht die Entschädigung nur einen Teil des Gebäudewertes aus, gilt Satz 1 nur, soweit der Gebäudewert die Entschädigung übersteigt.

(5) Für Wohnungserbbaurechte und Teilerbbaurechte gelten die vorstehenden Absätze entsprechend.

§ 88 Gebäude auf fremdem Grund und Boden

(1) Befindet sich ein Gebäude auf fremdem Grund und Boden, sind Gebäude sowie Grund und Boden selbständige wirtschaftliche Einheiten, die getrennt bewertet werden.

(2) [1]Grund und Boden werden mit dem auf den Bewertungsstichtag abgezinsten Bodenwert zuzüglich des kapitalisierten Entgelts für die Nutzung bewertet. [2]Der Abzinsungsfaktor für den Bodenwert und der Kapitalisierungsfaktor für das Entgelt sind den Anlagen 5 und 4 zu entnehmen; maßgeblich sind die Dauer des Nutzungsrechts und die marktübliche Verzinsung.

(3) [1]Gebäude auf fremdem Grund und Boden werden mit dem Gebäudeertragswert (§ 86 Abs. 2) oder Gebäudesachwert (§ 85 Abs. 2) bewertet. [2]Als Gesamtnutzungsdauer des Gebäudes ist die Dauer des Nutzungsrechts des Gebäudeeigentümers anzusehen.

§ 89 Grundstücke im Zustand der Bebauung

[1]Sind auf einem Grundstück Abgrabungen begonnen oder Baustoffe eingebracht worden, um planmäßig ein Gebäude zu errichten, so wird das Grundstück zunächst ohne Berücksichtigung des im Bau befindlichen Gebäudes bewertet und sodann

der Herstellungswert des im Bau befindlichen Gebäudes nach dem Grad der Fertigstellung hinzugerechnet. [2]Der Grad der Fertigstellung entspricht dem Verhältnis der am Bewertungsstichtag bereits entstandenen Herstellungskosten zu den gesamten Herstellungskosten im Zeitpunkt der Bezugsfertigkeit.

2. Bewertung von Unternehmensvermögen

§ 90 Umfang und Bewertung von Unternehmensvermögen

(1) [1]Zum Vermögen eines Unternehmens gehören alle Vermögensgüter, die ihm in seiner Bilanz zugewiesen sind. [2]Ausgenommen sind Wirtschaftsgüter, die ein Beteiligter dem Unternehmen dauerhaft überlassen hat, auch wenn sie dem Unternehmen zugerechnet werden.

(2) [1]Das Vermögen eines Unternehmens wird in seiner Gesamtheit bewertet. [2]Bei der Bewertung wird erwartet, dass das Unternehmen unverändert fortgeführt wird.

(3) Der Steuerwert des Unternehmensvermögens leitet sich aus Verkäufen des Unternehmens im Ganzen oder von Anteilen daran im gewöhnlichen Geschäftsverkehr innerhalb der letzten zwölf Monate vor dem Bewertungsstichtag ab.

(4) [1]Lässt sich der Steuerwert des Unternehmensvermögens nicht aus Verkäufen ableiten, ist er unter Berücksichtigung der zukünftigen Erträge und der übergehenden Wirtschaftsgüter zu schätzen. [2]Mindestens ist der Vermögenswert der einzelnen Wirtschaftsgüter anzusetzen.

3. Wiederkehrende Nutzungen und Leistungen

§ 91 Bewertung von wiederkehrenden Nutzungen und Leistungen

[1]Der Steuerwert wiederkehrender Nutzungen und Leistungen ist ihr Kapitalwert. [2]Der Kapitalwert ist ein der Dauer der Nutzung oder Leistung entsprechendes Vielfaches des Jahreswertes.

4. Kapitalforderungen und Kapitalschulden

§ 92 Bewertung von Kapitalforderungen und Kapitalschulden

(1) [1]Der Steuerwert von Kapitalforderungen und Kapitalschulden ist ihr Nennwert. [2]Uneinbringliche Kapitalforderungen bleiben außer Ansatz.

(2) Der Steuerwert noch nicht fälliger Ansprüche aus Lebens-, Kapital- oder Rentenversicherung ist ihr Rückkaufswert.

Abschnitt 3. Festsetzung der Steuer

§ 93 Steuersatz

Die Steuer beträgt zehn vom Hundert der Bereicherung.

§ 94 Freibeträge

(1) Von der steuerpflichtigen Bereicherung wird ausgenommen der Erwerb
   1. jedes Kindes in Höhe von 400.000 Euro;
   2. jedes sonstigen Erwerbers in Höhe von 50.000 Euro.
(2) [1]Innerhalb von zehn Jahren nach dem ersten Vermögensübergang darf der jeweilige Freibetrag nur einmal ausgeschöpft werden, wenn nacheinander mehrere Erwerbe von derselben Person anfallen. [2]Bleibt die erste Zuwendung unter dem Freibetrag, kann der noch nicht ausgeschöpfte Teil des Freibetrags für weitere Zuwendungen innerhalb der Zehnjahresfrist genutzt werden.

§ 95 Anzeige des Erwerbs

(1) [1]Der Erwerber hat jeden Erwerb nach § 73 innerhalb einer Frist von drei Monaten nach Kenntnis von dem Anfall des Erwerbs der zuständigen Finanzbehörde anzuzeigen, es sei denn, der Erwerb ist ersichtlich nicht steuerpflichtig. [2]Gleiches gilt für
   1. Personen, die einem Erwerber etwas unentgeltlich nach § 75 zuwenden;
   2. Personen, die einem Erwerber in Erfüllung eines Vermächtnisanspruchs, eines Pflichtteilsanspruchs oder einer Auflage etwas übereignen;
   3. den überlebenden Ehegatten bei fortgesetzter Gütergemeinschaft.
(2) Der zuständigen Finanzbehörde schriftlich anzuzeigen sind auch
   1. innerhalb einer Frist von drei Monaten nach Kenntnis des Todesfalls die Vermögensgegenstände, die sich im Gewahrsam einer dritten Person befinden und alle Forderungen, die sich gegen eine sich geschäftsmäßig mit der Verwahrung und Verwaltung fremden Vermögens befassenden Person richten und beim Tod eines Erblassers zu dessen Vermögen gehörten oder über die dem Erblasser zur Zeit seines Todes die Verfügungsmacht zustand;
   2. der Antrag, auf den Namen lautende Aktien oder Schuldverschreibungen auf den Namen anderer Personen umzuschreiben, bevor dem Antrag stattgegeben wird;
   3. die geplante Auszahlung oder das Bereitstellen von Versicherungssummen oder Leibrenten an einen anderen als den Versicherungsnehmer.
(3) Gerichte, Behörden, Beamte und Notare haben der zuständigen Finanzbehörde über diejenigen Beurkundungen, Zeugnisse und Anordnungen, die für die

Festsetzung der Erbschaft- und Schenkungsteuer von Bedeutung sein können, schriftlich Anzeige zu erstatten.

(4) [1]Kommen die in den Absätzen 1 und 2 genannten Personen ihren Anzeigepflichten nicht oder nicht fristgemäß nach, kann die Finanzbehörde von ihnen einen Verwaltungszuschlag erheben. [2]Der Verwaltungszuschlag beträgt bis zu 5.000 Euro.

§ 96 Steuererklärung

(1) [1]Die Finanzbehörde kann von jedem Erwerber die Abgabe einer Steuererklärung innerhalb einer von ihr zu bestimmenden Frist verlangen. [2]Die Frist muss mindestens einen Monat betragen. [3]Die Steuererklärung hat ein Verzeichnis der zum Erwerb gehörenden Gegenstände und die sonstigen für die Feststellung des Gegenstands und des Werts des Erwerbs erforderlichen Angaben zu enthalten.

(2) Ist ein Nachlasspfleger bestellt, ist dieser zur Abgabe der verlangten Steuererklärung verpflichtet.

Abschnitt 4. Erhebung der Steuer

§ 97 Stundung in besonderen Fällen

(1) [1]Solange ein Erwerb in Unternehmensvermögen oder wiederkehrenden Nutzungen und Leistungen besteht, ist die darauf entfallende Steuer dem Erwerber auf Antrag auf höchstens zehn Jahre ab Fälligkeit der Steuer zu stunden. [2]Stundungszinsen werden nicht erhoben.

(2) [1]Erwirbt ein Kind von Todes wegen von seinen Eltern auch Vermögensgüter, die seine Eltern selbst innerhalb der letzten fünf Jahre von ihren Eltern von Todes wegen erworben haben, so ist die Steuer, die das Kind für diesen Teil des Erwerbs zu zahlen hat, auf Antrag auf fünf Jahre zu stunden. [2]Stundungszinsen werden nicht erhoben.

§ 98 Steuerermäßigung bei nachträglichem Wertverlust

[1]Der Steuerbescheid wird auf Antrag geändert, wenn der Erwerber von Todes wegen zum Zeitpunkt der Steuerentstehung über ein zugewandtes Vermögensgut nicht verfügen kann, er die Unmöglichkeit nicht zu vertreten hat und dieses Gut bis zum Zeitpunkt, in dem der Erwerber die Verfügungsmacht erlangt, eine wesentliche Wertminderung erfährt. [2]Die Steuerschuld verjährt nicht vor Ablauf von zwei Jahren nach dem Zeitpunkt, an dem der Erwerber die Verfügungsmacht erlangt hat.

§ 99 Steuerliche Rückabwicklung von Zuwendungen

(1) Die Steuer für den vorausgegangenen Erwerbsvorgang erlischt mit Wirkung für die Vergangenheit, soweit eine Zuwendung wegen eines Rückforderungsrechts herausgegeben oder die Herausgabe wegen eines Rückforderungsrechts durch Zahlung eines entsprechenden Geldbetrages abgewendet worden ist.

(2) ¹Erwirbt der Zuwendende das Eigentum einvernehmlich an dem ursprünglich geschenkten Vermögensgut zurück, so wird auf Antrag sowohl für den Rückerwerb als auch für den vorausgegangenen Erwerbsvorgang die Steuer nicht festgesetzt oder die Steuerfestsetzung aufgehoben, wenn der Rückerwerb innerhalb von fünf Jahren seit dem Zeitpunkt der Entstehung der Steuer abgeschlossen ist. ²Ist für den Rückerwerb eine Eintragung in das Grundbuch erforderlich, muss innerhalb der Frist die Auflassung erklärt und die Eintragung im Grundbuch beantragt worden sein.

§ 100 Anrechnung ausländischer Steuer

(1) Bei Inländern, die in einem ausländischen Staat mit ihrem jeweiligen Auslandsvermögen zu einer der deutschen Erbschaft- und Schenkungsteuer entsprechenden Steuer herangezogen werden, ist die festgesetzte, auf den Erwerber entfallende, gezahlte und keinem Ermäßigungsanspruch unterliegende ausländische Steuer auf Antrag insoweit anzurechnen, als das Auslandsvermögen auch der deutschen Erbschaft- und Schenkungsteuer unterliegt.

(2) Besteht der Erwerb nur zum Teil aus Auslandsvermögen, so ist der darauf entfallende Teilbetrag der deutschen Erbschaft- und Schenkungsteuer so zu ermitteln, dass die für den steuerpflichtigen Gesamterwerb anfallende Erbschaft- und Schenkungsteuer im Verhältnis des steuerpflichtigen Auslandsvermögens zum steuerpflichtigen Gesamterwerb aufgeteilt wird.

Buch 4. Umsatzsteuer

Abschnitt 1. Gegenstand der Besteuerung

§ 101 Umsatz

Der Umsatzsteuer unterliegen die folgenden Umsätze im Inland:
1. die Leistung, die ein Unternehmer an Verbraucher gegen Entgelt erbringt;
2. die Leistung, die ein Unternehmer entnimmt;
3. die Einfuhr von Gegenständen.

§ 102 Unternehmer

(1) Als Unternehmer handelt, wer selbständig eine Einkunftsquelle planmäßig zur Erzielung von Entgelten am Markt nutzt.

(2) Das Unternehmen umfasst das gesamte unternehmerische Handeln eines Unternehmers.

§ 103 Verbraucher

(1) Als Verbraucher handelt, wer eine Leistung für andere als unternehmerische Zwecke erwirbt.

(2) Lässt sich nicht deutlich unterscheiden, ob eine Leistung für unternehmerische oder private Zwecke verwendet wird (gemischte Veranlassung), wird die Leistung als Verbraucher erworben.

§ 104 Öffentliche Hand

[1]Die öffentliche Hand handelt nicht als Verbraucher. [2]Sie kann unter den Voraussetzungen des § 102 Abs. 1 Unternehmer sein.

Abschnitt 2. Leistungen zwischen Unternehmern

§ 105 Steuerbarkeit der Leistungen zwischen Unternehmern

[1]Die Leistung eines Unternehmers an einen anderen Unternehmer im Inland unterliegt nur dann der Umsatzsteuer, wenn sie nicht ersichtlich ausschließlich dem unternehmerischen Handeln des Leistungsempfängers dient. [2]Ein ausschließlich unternehmerisches Handeln ist insbesondere ersichtlich, wenn der Leistungsempfänger seine umsatzsteuerliche Identifikationsnummer verwendet und das Entgelt durch Banküberweisung bezahlt.

§ 106 Identifikation von Unternehmern

(1) [1]Wird das Entgelt für eine Leistung im Unionsgebiet zwischen zwei Unternehmern mit Sitz im Unionsgebiet durch Banküberweisung bezahlt, sind die umsatzsteuerliche Identifikationsnummer und besondere, für die Finanzbehörde einsehbare Bankkonten (Gewährkonten) zu verwenden. [2]Der Leistungsempfänger darf seine umsatzsteuerliche Identifikationsnummer nur verwenden, wenn die Leistung ausschließlich seinem unternehmerischen Handeln dient.

(2) [1]Die Finanzbehörde erteilt jedem Unternehmer mit Sitz im Inland eine umsatzsteuerliche Identifikationsnummer. [2]Sie entzieht diese Nummer, sobald der Unternehmer seine unternehmerische Tätigkeit einstellt. [3]Der leistende Unternehmer darf auf einen ausschließlich unternehmerischen Erwerb des Leistungsempfängers vertrauen, bis die Entziehung der umsatzsteuerlichen Identifikationsnummer in das Unternehmerregister eingetragen wurde.

§ 107 Unrichtige Angaben des Leistungsempfängers

Erwirbt der Leistungsempfänger aufgrund unrichtiger Angaben eine Leistung von einem Unternehmer nichtsteuerbar, schuldet er die Umsatzsteuer, soweit er als Verbraucher handelt.

§ 108 Vorsteuerabzug

(1) Der Leistungsempfänger kann als Vorsteuer abziehen, soweit er als Unternehmer handelt:
 1. die bezahlte Umsatzsteuer für Leistungen eines anderen Unternehmers, wenn er eine ordnungsgemäße Rechnung besitzt;
 2. die entrichtete Einfuhrumsatzsteuer.
(2) ¹Bei der Einlage eines Gegenstands kann die beim Erwerb angefallene Umsatzsteuer unter den Voraussetzungen des Absatzes 1 abgezogen werden. ²Die Vorsteuern sind jedoch zeitanteilig zu kürzen, soweit sie innerhalb des Gebrauchszeitraums auf die außerunternehmerische Nutzung entfallen; dieser beträgt bei Grundstücken 20 Jahre, bei den übrigen Gegenständen fünf Jahre. ³Der Abzug ist beschränkt auf die Vorsteuern aus dem Angebotspreis des Gegenstands im Zeitpunkt der Einlage.

Abschnitt 3. Leistungen an die öffentliche Hand

§ 109 Steuerbarkeit der Leistungen an die öffentliche Hand

(1) ¹Die Leistung eines Unternehmers an die öffentliche Hand im Inland unterliegt nur dann der Umsatzsteuer, wenn sie nicht ersichtlich von einer Verwaltungseinheit erworben wird. ²Ein Erwerb durch eine Verwaltungseinheit ist insbesondere ersichtlich, wenn diese ihre umsatzsteuerliche Identifikationsnummer verwendet und das Entgelt durch Banküberweisung bezahlt.
(2) Die Finanzbehörde erteilt jeder Verwaltungseinheit mit Sitz im Inland eine umsatzsteuerliche Identifikationsnummer.

§ 110 Vergütung von Vorsteuern

Die Finanzbehörde vergütet der Verwaltungseinheit auf Antrag die nach § 108 Abs. 1 Nr. 1 und Nr. 2 abziehbaren Vorsteuern.

Abschnitt 4. Steuerbefreiungen

§ 111 Steuerbefreiungen

Steuerfrei sind:

1. die Ausfuhrlieferung, wenn sie zollamtlich und buchmäßig nachgewiesen ist;
2. die Einfuhr eines Gegenstands, wenn eine Zollbefreiung nach der Zollbefreiungsverordnung besteht;
3. Versicherungen, die der persönlichen Zukunftssicherung dienen;
4. gemeinnützige Leistungen;
5. heilmedizinische Leistungen am Menschen, Medikamente, medizinische Hilfsgeräte und Prothesen sowie die Krankenversicherung;
6. die Überlassung von Wohnraum;
7. die Gewährung eines Kredits, Leistungen im Zusammenhang mit einem Bankkonto und Leistungen im Zusammenhang mit der Veräußerung von Wertpapieren.

Abschnitt 5. Bemessungsgrundlage und Steuersatz

§ 112 Bemessungsgrundlage

(1) [1]Bemessungsgrundlage der Leistung ist das Entgelt. [2]Entgelt ist, was der Leistungsempfänger für den Erhalt der Leistung aufwendet, abzüglich der Umsatzsteuer. [3]Wird eine endgültig mit Umsatzsteuer vorbelastete Leistung erbracht, ist Bemessungsgrundlage die Differenz zwischen Verkaufs- und Einkaufsentgelt, abzüglich der darauf entfallenden Umsatzsteuer (Differenzbesteuerung).

(2) [1]Die Entnahme ist mit dem Angebotspreis zu bemessen. [2]Die Leistung an einen Unternehmenszugehörigen ist mit dem Angebotspreis als Mindestbetrag zu bemessen. [3]Wird eine endgültig mit Umsatzsteuer vorbelastete Leistung entnommen, ist Bemessungsgrundlage die Differenz zwischen Angebotspreis und Einkaufsentgelt, abzüglich der darauf entfallenden Umsatzsteuer.

(3) Die Bemessungsgrundlage der Einfuhr ist entsprechend der Vorschriften über den Zollwert zu bestimmen.

§ 113 Änderung der Bemessungsgrundlage

Ändert sich die Bemessungsgrundlage, ist die Änderung in dem Berechnungszeitraum zu berücksichtigen, in dem die Unternehmer die Änderung des Entgelts vollziehen.

§ 114 Steuersatz, Fälligkeit

[1]Die Umsatzsteuer beträgt 19 vom Hundert der Bemessungsgrundlage. [2]Die im Kalenderjahr entstandene Umsatzsteuer wird am 30.6. des Folgejahres fällig.

Abschnitt 6. Ort des Umsatzes

§ 115 Grundregel zum Ort der Lieferung

[1]Die Lieferung wird an dem Ort ausgeführt, an dem sich der Gegenstand bei Verschaffung der Verfügungsmacht befindet (Verschaffungsort). [2]Eine Lieferung ist eine Leistung, bei der dem Leistungsempfänger die Verfügungsmacht an einem Gegenstand verschafft wird.

§ 116 Sonderregel zum Ort der Lieferung

Bei der Lieferung eines Gegenstands an Bord eines Beförderungsmittels ist Verschaffungsort das Inland, wenn der Abgangsort des Beförderungsmittels im Inland liegt.

§ 117 Sonderregeln bei Ausfuhrlieferung und Einfuhrlieferung

(1) Wird der Gegenstand der Lieferung vom Inland ins Drittland befördert, wird die Lieferung im Inland ausgeführt.

(2) Wird der Gegenstand der Lieferung vom Drittland ins Inland befördert, wird die Lieferung im Inland ausgeführt, wenn der leistende Unternehmer Schuldner der Einfuhrumsatzsteuer ist.

§ 118 Grundregel zum Ort der Dienstleistung

[1]Die Dienstleistung wird an dem Ort erbracht, an dem sie vom Leistungsempfänger empfangen wird (Empfangsort). [2]Eine Dienstleistung ist eine Leistung, die keine Lieferung darstellt.

§ 119 Sonderregeln zum Ort der Dienstleistung

(1) Empfangsort ist das Inland

1. bei einer Dienstleistung im Zusammenhang mit einem Grundstück, wenn das Grundstück im Inland liegt;

2. bei Arbeiten an einem beweglichen Gegenstand einschließlich seiner Begutachtung, wenn sich der Gegenstand im Inland befindet;

3. bei einer Dienstleistung im Zusammenhang mit einer kulturellen, künstlerischen, wissenschaftlichen, unterrichtenden, sportlichen, unterhaltenden, werbenden oder ähnlichen Veranstaltung, wenn die Veranstaltung im Inland stattfindet;

4. bei einer Beförderungsleistung, wenn die Beförderung im Inland beginnt;
5. bei einer Reiseleistung, wenn die Reise im Inland beginnt;
6. bei einer Dienstleistung an Bord eines Beförderungsmittels, wenn der Abgangsort des Beförderungsmittels im Inland liegt.

(2) Die folgenden Dienstleistungen werden im Inland erbracht, wenn der Leistungsempfänger seinen Sitz im Inland hat, soweit kein besonderer Empfangsort nach Absatz 1 besteht:
1. auf elektronischem Weg erbrachte Dienstleistung;
2. Übertragung von Rundfunk und Fernsehen;
3. Dienstleistung auf dem Gebiet der Telekommunikation;
4. langfristige Überlassung von beweglichen Gegenständen;
5. Verwaltung und Verwahrung von Wertpapieren;
6. Versicherung;
7. Beratung und Übersetzung.

§ 120 Ort der Entnahme

Auf die Entnahme werden die Vorschriften zum Ort der Lieferung oder Dienstleistung entsprechend angewandt.

Abschnitt 7. Entstehen der Umsatzsteuer und Steuerschuldner

§ 121 Entstehen der Umsatzsteuer

(1) Bei einer Leistung entsteht die Umsatzsteuer, sobald das Entgelt zugeflossen ist.
(2) Bei der Entnahme entsteht die Umsatzsteuer, sobald der Unternehmer den Gegenstand entnommen oder die Dienstleistung empfangen hat.
(3) Die Einfuhrumsatzsteuer entsteht entsprechend der Vorschriften zum Entstehen der Zollschuld.

§ 122 Steuerschuldner

(1) Bei einer Leistung schuldet der leistende Unternehmer die Umsatzsteuer.
(2) Bei der Entnahme schuldet der Unternehmer die Umsatzsteuer.
(3) Der Schuldner der Einfuhrumsatzsteuer bestimmt sich nach den Vorschriften zum Zollschuldner.

Abschnitt 8. Verfahren der Umsatzbesteuerung

§ 123 Berechnung der Zahllast

[1]Zur Berechnung der Zahllast sind die im Berechnungszeitraum entstandenen Umsatzsteuern zu addieren. [2]Diese Summe ist um die im Berechnungszeitraum ab-

ziehbaren Vorsteuern (§ 108) und korrigierten Umsatzsteuern (§ 113) zu verringern sowie um zu Unrecht ausgewiesene Beträge (§ 129) und korrigierte Vorsteuern (§ 113) zu erhöhen. [3]Der Berechnungszeitraum umfasst für die Monatsanmeldung den Kalendermonat, für die Jahresanmeldung das Kalenderjahr.

§ 124 Umsatzsteueranmeldungen und -zahlungen

(1) [1]Ein Unternehmer mit Sitz im Inland hat regelmäßig Umsatzsteueranmeldungen abzugeben. [2]Ein Unternehmer mit Sitz im Ausland hat Umsatzsteueranmeldungen abzugeben, soweit er Umsätze im Inland ausgeführt hat; hat er im Inland keine Umsätze ausgeführt, kann er die im Inland abziehbaren Vorsteuern nur im Vorsteuervergütungsverfahren geltend machen.

(2) [1]Der Unternehmer hat für den Kalendermonat (Monatsanmeldung) und für das Kalenderjahr (Jahresanmeldung) eine Umsatzsteueranmeldung abzugeben. [2]In der Anmeldung berechnet er die Zahllast selbst und benennt die nichtsteuerbaren Leistungen zwischen Unternehmern und an die öffentliche Hand, für die in diesem Zeitraum Entgelt überwiesen wurde. [3]Die abgegebene Jahresanmeldung tritt an die Stelle der Monatsanmeldungen.

(3) [1]Die Monatsanmeldung hat der Unternehmer bis zum Ablauf des nachfolgenden Kalendermonats in elektronischer Form an die zuständige Finanzbehörde zu übermitteln. [2]Die Zahllast wird mit Ablauf des nachfolgenden Kalendermonats fällig (Monatszahlung).

(4) Die Jahresanmeldung hat der Unternehmer bis zum 30. Juni des nachfolgenden Kalenderjahres eigenhändig unterschrieben nach amtlichem Vordruck bei der zuständigen Finanzbehörde abzugeben.

§ 125 Unternehmer mit geringen Umsätzen

(1) [1]Die Umsatzsteuer wird von einem Unternehmer nicht erhoben, solange er nicht mehr als 20.000 Euro Entgelte zuzüglich der darauf entfallenden Umsatzsteuer im Jahr vereinnahmt (Freibetrag). [2]Überschreitet der Unternehmer diesen Betrag, wird die Umsatzsteuer erhoben. [3]Satz 1 findet erst wieder Anwendung, wenn der Unternehmer in drei aufeinander folgenden Jahren diesen Betrag unterschritten hat.

(2) Solange die Umsatzsteuer nicht erhoben wird, ist der Unternehmer für den Betrag nicht zum Vorsteuerabzug nach § 108 berechtigt, der 20.000 Euro Entgelte aus Eingangsleistungen zuzüglich der darauf entfallenden Umsatzsteuer und zuzüglich des Werts der Einlagen im Jahr nicht übersteigt.

§ 126 Vorsteuerguthaben

(1) Der Anspruch des Unternehmers auf Auszahlung eines Vorsteuerguthabens wird erst einen Monat nach Abgabe der Umsatzsteueranmeldung für den Berechnungszeitraum, in dem das Vorsteuerguthaben entstanden ist, fällig.

(2) ^{1}Nach Ablauf dieses Monats kann die Finanzbehörde bei Zweifeln an der Rechtmäßigkeit des Vorsteueranspruchs die Auszahlung von einer Sicherheitsleistung des Unternehmers abhängig machen. ^{2}Sie ist dann verpflichtet, den Sachverhalt umgehend zu überprüfen.

Abschnitt 9. Rechnung

§ 127 Rechnung

^{1}Der Unternehmer hat dem Leistungsempfänger innerhalb von zwei Monaten, nachdem er eine Leistung erbracht hat, eine Rechnung zu stellen. ^{2}Wird das Entgelt für eine Leistung mit Bargeld bezahlt, ist die Rechnung sofort zu stellen.

§ 128 Aufbewahrung von Rechnungen

^{1}Der Unternehmer hat die von ihm ausgestellten und die ihm erteilten Rechnungen zehn Jahre in einer für die Finanzbehörde lesbaren Form aufzubewahren. ^{2}Die Aufbewahrungspflicht beginnt mit Ablauf des Kalenderjahres, in dem die Steuer entstanden ist.

§ 129 Unrichtiger Steuerausweis in einer Rechnung

^{1}Der Aussteller einer Rechnung schuldet den zu Unrecht als Umsatzsteuer ausgewiesenen Betrag. ^{2}Sofern das Steueraufkommen nicht gefährdet ist, kann die Rechnung berichtigt werden. ^{3}Die Auswirkung der Berichtigung ist in dem Berechnungszeitraum zu berücksichtigen, in dem sie vollzogen wird.

Abschnitt 10. Aufzeichnung und Verwaltungszuschlag

§ 130 Aufzeichnung eines Umsatzes

^{1}Der Unternehmer hat über alle empfangenen und ausgeführten, die öffentliche Hand über empfangene nichtsteuerbare Leistungen Aufzeichnungen zu führen. ^{2}Die Aufzeichnungen sind zehn Jahre in einer für die Finanzbehörde lesbaren Form aufzubewahren.

§ 131 Verwaltungszuschlag zur Umsatzsteuer

(1) ^{1}Ist eine zwischenunternehmerische Leistung als nichtsteuerbar behandelt worden, kann die Finanzbehörde von einem Beteiligten einen Verwaltungszuschlag erheben, wenn er entgegen § 106 Abs. 1 sein Gewährkonto nicht ver-

wendet. [2]Gleiches gilt, wenn durch Verwendung eines Gewährkontos oder einer umsatzsteuerlichen Identifikationsnummer bei der Finanzbehörde Fehlvorstellungen über eine zwischenunternehmerische Leistung verursacht werden. [3]Der Verwaltungszuschlag beträgt bis zu zehn vom Hundert der Bemessungsgrundlage der Leistung.

(2) Die Finanzbehörde kann vom Unternehmer einen Verwaltungszuschlag bis zu 5.000 Euro erheben, wenn er nicht rechtzeitig eine ordnungsgemäße Rechnung erteilt, Leistungen nicht korrekt aufgezeichnet oder Rechnungen und Aufzeichnungen nicht aufbewahrt hat.

(3) Richtet ein Kreditinstitut unberechtigt ein Gewährkonto ein oder stellt es das Gewährkonto verspätet wieder um, kann die Finanzbehörde einen Verwaltungszuschlag bis zu 5.000 Euro erheben.

Buch 5. Verbrauchsteuer

Abschnitt 1. Grundlagen der Besteuerung

§ 132 Steuergegenstand

Der Verbrauchsteuer unterliegen folgende im Inland verfügbaren Güter:
1. Stoffe, die als Heiz- oder Kraftstoff verwendet werden können;
2. Strom;
3. Alkohol;
4. Tabak.

§ 133 Steuerlager

(1) [1]Steuerlager sind
1. Betriebe, in denen verbrauchsteuerpflichtige Güter hergestellt werden;
2. Lagerstätten, in denen verbrauchsteuerpflichtige Güter zwischengelagert werden.

[2]Als Steuerlager gelten auch Leitungsnetze (Gas) und Versorgungsnetze (Strom).

(2) Inhaber eines Steuerlagers haben ihre Tätigkeit der Finanzbehörde anzuzeigen und Aufzeichnungen zu führen.

§ 134 Entstehen der Steuer

Die Steuer entsteht, wenn
1. ein Gut aus einem Steuerlager entnommen wird;
2. ein Gut in das Inland befördert wird; bei der Einfuhr bestimmt sich das Entstehen der Steuer nach den zollrechtlichen Vorschriften. Die Steuer entsteht nicht, wenn ein Verbraucher ein Gut persönlich für den eigenen Bedarf aus dem übrigen Unionsgebiet ins Inland befördert;

3. ein unversteuertes Gut aus dem übrigen Unionsgebiet in den Betrieb eines
    Unternehmers aufgenommen wird, der die Güter in seinem Unternehmen ver-
    wendet (versteuernder Empfänger);
4. eine verbrauchsteuerliche Identifikationsnummer unberechtigt verwendet
    wird oder der Grund für die Steuerfreiheit eines unversteuerten Gutes entfällt.

§ 135 Steuerschuldner

Steuerschuldner ist
1. wer ein Gut aus einem Steuerlager entnimmt;
2. bei der Beförderung in das Inland der Zollschuldner, andernfalls der Beförde-
    rer;
3. der versteuernde Empfänger;
4. wer eine verbrauchsteuerliche Identifikationsnummer unberechtigt verwendet
    oder den Grund für die Steuerfreiheit entfallen lässt.

§ 136 Beförderung unversteuerter Güter

(1) Güter bleiben unversteuert, wenn sie befördert werden
1. zwischen Steuerlagern im Unionsgebiet;
2. in ein inländisches Steuerlager nach der Einfuhr;
3. aus einem inländischen Steuerlager aus dem Unionsgebiet;
4. zu einem versteuernden Empfänger;
5. zu einem zur steuerfreien Verwendung Berechtigten (berechtigter Ver-
    wender).

(2) [1]Die Güter bleiben nur dann unversteuert, wenn die beteiligten, im Unionsgebiet ansässigen Unternehmer bei der Beförderung ihre verbrauchsteuerlichen
Identifikationsnummern verwenden und die Beförderung mit einem elektronischen Begleitverfahren nachweisen. [2]Alkohol oder Tabak in vergälltem Zustand oder Güter des § 132 Abs. 1 Nr. 1, die nicht mehr als Heiz- oder Kraftstoffe verwendbar sind, dürfen formlos zu einem steuerfreien Verwender befördert werden.

§ 137 Verbrauchsteuerliche Identifikationsnummer

[1]Die Finanzbehörde erteilt dem Inhaber eines Steuerlagers, einem versteuernden
Empfänger sowie einem berechtigten Verwender eine verbrauchsteuerliche Identifikationsnummer, wenn diese benötigt wird, um das Recht zu belegen, Güter unversteuert befördern zu dürfen. [2]Kommen diese Personen ihren Pflichten nicht
nach, kann die Behörde die Erteilung verweigern oder eine erteilte Identifikationsnummer entziehen.

§ 138 Steuerentlastung

Die inländische Steuer wird erstattet oder vergütet, wenn ein versteuertes Gut
1. durch einen Unternehmer in das Ausland oder ein Steuerlager befördert wird;
2. steuerfrei verwendet wird.

Abschnitt 2. Erhebung der Verbrauchsteuer

§ 139 Steueranmeldung, Verwenden von Steuerzeichen

(1) [1]Der Schuldner hat für die in einem Monat entstandene Steuer eine Steueranmeldung abzugeben, in der er die Steuerschuld selbst berechnet. [2]Die Monatsmeldung ist bis zum 15. des nächsten Monats in elektronischer Form an die zuständige Finanzbehörde zu übermitteln. [3]Die Steuer ist mit Ablauf dieses Monats fällig.

(2) [1]Die Steuer für Tabakwaren ist durch Verwenden von Steuerzeichen zu entrichten. [2]Der Schuldner erwirbt die Steuerzeichen bei der Finanzbehörde und bezahlt sie einen Monat nach Erwerb. [3]Die Steuerzeichen sind an den Kleinverkaufspackungen anzubringen und dabei zu entwerten.

§ 140 Aufbewahrungspflichten

Versandmeldungen, Empfangsmeldungen, Ausfuhrbestätigungen sowie Aufzeichnungen sind zehn Jahre in einer für die Finanzbehörde lesbaren Form aufzubewahren.

§ 141 Verwaltungszuschlag zur Verbrauchsteuer

(1) Die Finanzbehörde kann von einem Empfänger unversteuerter Güter, der eine verbrauchsteuerliche Identifikationsnummer unberechtigt verwendet und bei der Finanzbehörde Fehlvorstellungen über seine Bezugsberechtigung verursacht sowie vom Inhaber eines Steuerlagers, der Güter jenseits der Bindungen des § 136 befördert oder mangelhafte Begleitdokumente ausstellt, einen Verwaltungszuschlag bis zu 100.000 Euro erheben.

(2) Die Finanzbehörde kann von dem Inhaber eines Steuerlagers, einem versteuernden Empfänger oder einem steuerfreiem Verwender einen Verwaltungszuschlag bis zu 10.000 Euro erheben, wenn er gegen Anzeige-, Aufzeichnungs- oder Aufbewahrungspflichten verstößt.

Abschnitt 3. Bemessung der Steuer

§ 142 Heiz- und Kraftstoffe

(1) Die Steuer für die Güter des § 132 Nr. 1 beträgt 10 Euro je Gigajoule.

(2) Die Verwendung verbrauchsteuerpflichtiger Heiz- oder Kraftstoffe zur Stromerzeugung ist steuerfrei.

(3) Werden verbrauchsteuerpflichtige Güter des § 132 Nr. 1 nicht als Heiz- oder Kraftstoff verwendet, ist die Nutzung steuerfrei.

§ 143 Strom

(1) Die Steuer für Strom beträgt 20 Euro je Megawattstunde.

(2) Strom aus Anlagen mit einer elektrischen Nennleistung von bis zu zwei Megawatt, die der Erzeuger zum Eigenverbrauch entnimmt oder an Abnehmer im räumlichen Zusammenhang zur Anlage abgibt, ist steuerfrei.

§ 144 Alkohol

(1) Bei alkoholischen Erzeugnissen bis zu einem Anteil reinen Alkohols von 15 Volumenprozent beträgt die Steuer 2 Euro je Liter reinen Alkohols. Bei anderen alkoholischen Erzeugnissen beträgt die Steuer 13 Euro je Liter reinen Alkohols.

(2) Steuerfrei ist

1. die Verwendung zur Herstellung von Arzneimitteln;

2. die Verwendung von zum menschlichen Verzehr unbrauchbar gemachtem (vergälltem) Alkohol.

§ 145 Tabak

(1) Die Tabaksteuer beträgt 130 Euro je Kilogramm Tabak.

(2) Steuerfrei ist die Verwendung vergällten Tabaks.

(3) [1]Tabak darf nur in geschlossenen und verkaufsfertigen Kleinverkaufspackungen in den steuerlich freien Verkehr gebracht werden, es sei denn, die Verwendung ist steuerfrei. [2]Die Steuerzeichen sind bis zur Abgabe an den Verbraucher unversehrt zu erhalten.

§ 146 Steuerfreie Verwendung verbrauchsteuerpflichtiger Güter

(1) Verbrauchsteuerpflichtige Güter können als Proben steuerfrei zu Untersuchungen durch den Betrieb selbst, die Finanzbehörde oder die Gewerbeaufsicht sowie zu wissenschaftlichen Zwecken verwendet werden.

(2) [1]Steuerfrei ist die Vernichtung und Vergällung verbrauchsteuerpflichtiger Güter. [2]Verbrauchsteuerpflichtige Güter dürfen nur unter Aufsicht der Finanzbehörde vergällt oder vernichtet werden.

Bundessteuerverordnung (BStVO)

Rechtsverordnungstext

zu Buch 1 Abschnitt 1

§ 1 Gebiete

(1) Inland ist das Gebiet der Bundesrepublik Deutschland einschließlich des der Bundesrepublik Deutschland zustehenden Anteils am Festlandsockel.

(2) ¹Unionsgebiet ist das Gebiet der Europäischen Union. ²Übriges Unionsgebiet ist das Gebiet der Europäischen Union ohne das Inland.

(3) Drittland ist das Gebiet, das kein Unionsgebiet ist.

(4) Ausland ist das Gebiet, das kein Gebiet der Bundesrepublik Deutschland ist.

§ 2 Wohnsitz, dauernder Aufenthalt

(1) Eine natürliche Person begründet einen Wohnsitz, wenn sie über eine Wohnung verfügen kann und sie nicht nur vorübergehend nutzt.

(2) Verweilt eine natürliche Person länger als sechs Monate im Inland, hält sie sich von Beginn an hier dauernd auf.

zu Buch 1 Abschnitt 4

§ 3 Privatrechtliche steuerjuristische Personen

(1) Personenvereinigungen im Sinne von § 12 Abs. 1 Satz 2 BStGB sind:

1. Europäische Gesellschaften (SE);
2. Aktiengesellschaften;
3. Kommanditgesellschaften auf Aktien;
4. Gesellschaften mit beschränkter Haftung;
5. Unternehmergesellschaften;
6. Erwerbs- und Wirtschaftsgenossenschaften;
7. Versicherungsvereine auf Gegenseitigkeit;
8. rechtsfähige und nichtrechtsfähige Vereine;
9. offene Handelsgesellschaften;
10. Kommanditgesellschaften;
11. Gesellschaften bürgerlichen Rechts;
12. Partenreedereien;
13. freiberufliche Partnerschaften;
14. Europäische Wirtschaftliche Interessenvereinigungen;

15. Erbengemeinschaften;

16. Personenvereinigungen ausländischen Rechts.

(2) Zweckvermögen im Sinne von § 12 Abs. 1 Satz 2 BStGB sind:

1. rechtsfähige und nichtrechtsfähige Stiftungen;

2. sonstige Zweckvermögen;

3. Zweckvermögen ausländischen Rechts.

§ 4 Betriebe der öffentlichen Hand

Betriebe der öffentlichen Hand im Sinne von § 12 Abs. 2 BStGB sind deren Einrichtungen, die eine Erwerbsgrundlage bilden und die sich innerhalb der Gesamtbetätigung der juristischen Person als wirtschaftlicher Organismus verselbständigt haben, sowie die entgeltliche Überlassung solcher Einrichtungen.

§ 5 Anzeigepflichten

(1) [1]Steuerjuristische Personen haben der zuständigen Finanzbehörde die Gründung und den Erwerb der Rechtsfähigkeit, die Änderung der Rechtsform, die Verlegung der Geschäftsleitung oder des Sitzes, die Auflösung und die vertretungsberechtigten Personen anzuzeigen. [2]Natürliche Personen, die eine Erwerbstätigkeit aufnehmen, verlegen oder aufgeben, haben dies der zuständigen Finanzbehörde anzuzeigen, wenn die Einkünfte aus der Erwerbstätigkeit als Gewinn ermittelt werden.

(2) [1]Die Anzeigen sind innerhalb eines Monats nach dem meldepflichtigen Ereignis zu erstatten. [2]Unterbleibt eine Besteuerung, weil eine Anzeige nicht erstattet wurde, hat die Finanzbehörde die zuwenig erhobene Steuer vom Steuerpflichtigen nachzufordern.

(3) Die Finanzbehörden leiten die für die Besteuerung notwendigen Daten des Steuerpflichtigen an das Bundeszentralamt für Steuern weiter.

§ 6 Umfang der personenbezogenen Daten

(1) Das Bundeszentralamt für Steuern speichert bei natürlichen Personen folgende steuererhebliche Daten:

1. Steuernummer;

2. Familienname;

3. frühere Namen;

4. Firma oder Namen des Unternehmens;

5. Vornamen;

6. Wirtschaftszweignummer;

7. akademische Titel;

8. Tag und Ort der Geburt;

9. Familienstand, falls verheiratet: Steuernummer des Ehegatten und dessen Religionszugehörigkeit;
10. Kinder mit ihrer Steuernummer;
11. Religion;
12. gegenwärtige oder letzte bekannte Anschrift;
13. amtlicher Gemeindeschlüssel;
14. Anschrift des Unternehmens oder Firmensitzes;
15. Registereintrag;
16. Datum der Betriebseröffnung oder Zeitpunkt der Aufnahme der Tätigkeit;
17. Datum der Betriebseinstellung oder Zeitpunkt der Beendigung der Tätigkeit;
18. zuständige Finanzbehörden;
19. Übermittlungssperren nach dem Melderechtsrahmengesetz und den Meldegesetzen der Länder;
20. Sterbetag.

(2) Das Bundeszentralamt für Steuern speichert zu steuerjuristischen Personen folgende Daten:
1. Steuernummer;
2. Namen der gesetzlichen Vertreter und deren Steuernummer;
3. Firma;
4. frühere Firmennamen;
5. Rechtsform;
6. Wirtschaftszweignummer;
7. amtlicher Gemeindeschlüssel;
8. Sitz der steuerjuristischen Person;
9. Datum der Gründung oder des Gesellschaftsvertrages;
10. Registereintrag;
11. Datum der Betriebseröffnung oder Zeitpunkt der Aufnahme der Tätigkeit;
12. Datum der Betriebseinstellung oder Zeitpunkt der Beendigung der Tätigkeit;
13. Datum der Löschung aus dem Register;
14. Zeitpunkt der Auflösung oder Beendigung;
15. verbundene Unternehmen;
16. zuständige Finanzbehörden.

(3) Die Meldebehörden teilen dem Bundeszentralamt für Steuern für jeden in ihrem Zuständigkeitsbereich mit alleiniger Wohnung oder Hauptwohnung im Melderegister registrierten Einwohner unter Angabe der Steuernummer die im Melderegister gespeicherten Daten, soweit sie in Absatz 1 aufgezählt werden, und deren Änderungen mit.

(4) Auf die gespeicherten Daten können alle Finanzbehörden im Rahmen ihres steuerlichen Amtsauftrags zugreifen.

§ 7 Zulässigkeit des Antrags auf Erteilung einer verbindlichen Auskunft

[1]Beantragt der Steuerpflichtige nach § 16 Abs. 4 BStGB die Erteilung einer verbindlichen Auskunft über die steuerliche Beurteilung eines in der Zukunft geplanten Sachverhalts, ist dieser Antrag unter folgenden Voraussetzungen zulässig:

1. Der Antrag wird schriftlich bei der zuständigen Finanzbehörde gestellt;
2. der geplante Sachverhalt wurde noch nicht verwirklicht;
3. der geplante Sachverhalt wird umfassend dargestellt;
4. das Rechtsproblem wird dargelegt;
5. der eigene Rechtsstandpunkt des Antragstellers wird formuliert und begründet;
6. die beantragte Rechtsauskunft wird als konkrete Frage formuliert;
7. der Antragsteller legt sein steuerliches Interesse an der Beantwortung der Rechtsfrage dar;
8. der Antragsteller erklärt, dass er bei keiner anderen Behörde einen Antrag auf Erteilung einer verbindlichen Auskunft über den gleichen geplanten Sachverhalt gestellt hat;
9. der Antragsteller versichert, dass seine Angaben vollständig sind und der Wahrheit entsprechen.

[2]Die Auskunft ist kostenfrei.

§ 8 Tag der Zahlung

Bei bargeldlosen Zahlungen wird für die Zinsberechnung vermutet, dass der Betrag am dritten Tag nach der Abbuchung vom Konto dem Gläubiger gutgeschrieben wurde.

zu Buch 1 Abschnitt 5

§ 9 Satzung

Die Satzung gemäß § 30 BStGB muss mindestens enthalten:

1. Die Versicherung, dass ausschließlich gemeinnützige Zwecke verfolgt werden;
2. Die Versicherung, dass die Körperschaft selbstlos tätig ist und keine eigennützigen Ziele verfolgt;
3. Die Nennung des gemeinnützigen Zwecks, der verfolgt wird;
4. Die Nennung der vorgesehenen Maßnahmen, durch die der gemeinnützige Zweck verwirklicht wird;
5. Die Versicherung, dass die Mittel nur für die satzungsmäßigen Zwecke verwendet werden;

6. Die Bestimmung, dass keine Mittel für die Unterstützung oder Förderung politischer Parteien oder kommunaler Wählervereinigungen verwendet werden;
7. Die Versicherung, dass die Körperschaft niemanden durch unverhältnismäßig hohe Vergütungen begünstigt;
8. Die Bestimmung, dass Mitglieder oder Gesellschafter der Körperschaft keine Gewinnanteile und keine sonstigen Zuwendungen aufgrund ihrer Eigenschaft als Mitglied oder Gesellschafter erhalten;
9. Die Bestimmung, dass die Körperschaft ihre Mittel gegenwartsnah für ihre satzungsmäßigen gemeinnützigen Zwecke verwendet, spätestens jedoch in dem auf den Zufluss folgenden Kalenderjahr;
10. Die Bestimmung, dass die Mitglieder der Körperschaft bei ihrem Ausscheiden oder bei Auflösung oder Aufhebung der Körperschaft oder bei einem Wegfall der Gemeinnützigkeit nicht mehr als ihre eingezahlten Anteile und den gemeinen Wert ihrer Sacheinlage zurückerhalten;
11. Die Bestimmung, dass das Vermögen der Körperschaft bei deren Auflösung oder Aufhebung oder bei einem Wegfall der Gemeinnützigkeit nur für gemeinnützige Zwecke verwendet werden darf oder einer anderen gemeinnützigen Körperschaft zufällt, die das Vermögen für gemeinnützige Zwecke verwenden muss; die andere Körperschaft ist zu benennen.

§ 10 Zuwendungen

[1]Der Empfänger von Zuwendungen im Sinne des § 32 BStGB kann seinen Zuschuss nach Ablauf eines Kalenderjahres beantragen. [2] Der Zuschuss wird innerhalb eines Monats nach Eingang der vollständigen Antragsunterlagen ausbezahlt. [3]Zuständig ist das Bundeszentralamt für Steuern.

zu Buch 1 Abschnitt 6

§ 11 Geringfügige Haftung

Von der Geltendmachung der Forderung ist abzusehen, wenn sie zehn Euro nicht übersteigt.

§ 12 Inanspruchnahme des Entrichtungspflichtigen

Ein Haftungsbescheid oder ein Leistungsgebot ist für die Inanspruchnahme des Entrichtungspflichtigen nicht erforderlich, soweit er:
1. die einzubehaltende Steuer angemeldet hat oder
2. nach Abschluss einer Außenprüfung seine Zahlungsverpflichtung schriftlich anerkennt.

§ 13 Haftung des Entrichtungspflichtigen, Haftungsfreistellung des Arbeitgebers

(1) Der Haftungsanspruch gegen den Entrichtungspflichtigen entsteht mit Ablauf des Tages, an dem er die Steuer hätte anmelden und abführen müssen.

(2) Der Arbeitgeber haftet nicht, soweit die Steuer gemäß § 25 Abs. 5 Satz 4 BStVO vom Arbeitnehmer nachzufordern ist und der Arbeitgeber seiner Anzeigepflicht nach § 25 Abs. 5 Satz 3 BStVO nachgekommen ist.

§ 14 Haftung arbeitgeberähnlicher Personen

(1) [1]Soweit an einen Dritten Leistungen eines Arbeitnehmers nach § 1 Abs. 1 Arbeitnehmerüberlassungsgesetz erbracht werden, haftet er neben dem Arbeitgeber für die Einkommensteuer auf die Arbeitslöhne. [2]Dies gilt auch für die Arbeitsvermittlung nach § 1 Abs. 2 Arbeitnehmerüberlassungsgesetz.

(2) Der Dritte haftet nicht,

1. bei Leistungen eines Arbeitnehmers nach § 1 Abs. 3 des Arbeitnehmerüberlassungsgesetzes,

2. wenn den Leistungen eines Arbeitnehmers eine Erlaubnis nach § 1 des Arbeitnehmerüberlassungsgesetzes zugrunde liegt, und soweit er nachweist, dass er die Meldepflichten nach §§ 28 a bis 28 c des Vierten Buches Sozialgesetzbuch sowie die in einem Doppelbesteuerungsabkommen niedergelegten Mitwirkungspflichten zur Sicherstellung der Besteuerung des Arbeitnehmers erfüllt hat, oder

3. wenn er sich ohne Verschulden über die Voraussetzungen des Arbeitnehmerüberlassungsgesetzes irrte.

(3) Der Dritte haftet nur für die Einkommensteuer auf den Arbeitslohn aus der Zeit, in der ihm der Arbeitnehmer zur Arbeitsleistung überlassen worden ist.

(4) [1]Soweit die Haftung reicht, sind der Dritte und der Arbeitgeber Gesamtschuldner. [2]Der Dritte darf auf Zahlung nur in Anspruch genommen werden, soweit die Vollstreckung in das inländische bewegliche Vermögen des Arbeitgebers fehlgeschlagen ist oder keinen Erfolg verspricht. [3]§§ 12 und 13 BStVO sind entsprechend anzuwenden. [4]Zuständig ist die Betriebsstättenfinanzbehörde des Arbeitgebers.

(5) Ist der Dritte Arbeitgeber, haftet er nach den vorstehenden Absätzen.

(6) [1]Die Betriebsfinanzbehörde kann für die Einkommensteuer der Arbeitnehmer anordnen, dass der Dritte einen bestimmten Teil des mit dem Entrichtungspflichtigen vereinbarten Entgelts einzubehalten und abzuführen hat, wenn dies zur Sicherung des Steueranspruchs notwendig ist. [2]Die Einbehaltungs- und Abführungspflicht beschränkt sich auf die Zeit, für die der Arbeitnehmer dem Dritten überlassen worden ist.

§ 15 Abzugsfähigkeit gemischter Aufwendungen

(1) Nicht abziehbare Lasten der Lebensführung im Sinne von § 45 Satz 2 BStGB sind insbesondere Lasten für

1. die Wohnung des Steuerpflichtigen, auch wenn sie teilweise zu Erwerbszwecken genutzt wird,
2. Fahrten zwischen Wohnung und Arbeitsstätte,
3. Umzüge, auch wenn sie beruflich bedingt sind,
4. Kleidung,
5. Bewirtung,
6. den Computer in der Wohnung des Steuerpflichtigen, auch wenn dieser teilweise zu Erwerbszwecken genutzt wird.

(2) Abweichend von Absatz 1 können von den Einkünften folgende Kosten abgesetzt werden

1. Kosten für typische Berufskleidung,
2. Kosten für Reisen und Beherbergung, wenn der Erwerbszweck nach objektiven Kriterien (z.B. Zeitanteil) auch für die Reisenden oder beherbergten Personen mindestens 50 vom Hundert beansprucht, mit der Hälfte der Kosten.

(3) Wird ein nicht dem Betriebsvermögen zugeordneter Pkw von einer natürlichen Person zu mehr als der Hälfte zur Erzielung von Erwerbserlösen genutzt, sind als Erwerbskosten 1 vom Hundert der ursprünglichen Anschaffungskosten pro Monat anzusetzen.

§ 16 Abzugsfähigkeit von Geschenken

[1]Kosten für Werbegeschenke können abweichend von § 45 Satz 1 Alt. 2 BStGB von den Einkünften abgesetzt werden. [2]Werbegeschenke sind geringwertige Gegenstände, die ausschließlich für Werbezwecke hergestellt werden und mit einem dauerhaften Aufdruck des Werbenden versehen sind.

§ 17 Übertragung der persönlichen Steuerentlastungsbeträge

(1) [1]Die Übertragung der persönlichen Steuerentlastungsbeträge nach § 51 Abs. 1 und 2 wirkt für ein ganzes Kalenderjahr (Übertragungszeitraum). [2]Sie ist vom Übertragenden mit Zustimmung des Übertragungsempfängers bis zum Ende des Kalenderjahres, das dem Übertragungszeitraum vorangeht, schriftlich oder zur Niederschrift gegenüber der für ihn zuständigen Finanzbehörde zu erklä-

ren. [3]Die Erklärung ist bedingungsfeindlich und kann während des Übertragungszeitraums nicht widerrufen werden.

(2) [1]Entfallen die Übertragungsvoraussetzungen nach Abgabe der Erklärung, aber noch vor Beginn des Übertragungszeitraums, hat der Übertragende dies der Finanzbehörde, die die Übertragungserklärung entgegengenommen hat, unverzüglich schriftlich oder zur Niederschrift mitzuteilen. [2]Entfallen die Übertragungsvoraussetzungen im Übertragungszeitraum, bleibt eine bereits abgegebene Übertragungserklärung davon unberührt.

(3) Sind die Übertragungsvoraussetzungen erstmals während des Übertragungszeitraumes erfüllt, kann der Steuerpflichtige ab diesem Zeitpunkt mit Wirkung für den Rest des Übertragungszeitraumes die Übertragung erklären.

(4) Die Finanzbehörde des Übertragenden übermittelt die beantragten persönlichen Steuerentlastungsbeträge dem Bundeszentralamt für Steuern.

zu Buch 2 Abschnitt 7

§ 18 Rangverhältnis von Erwerbseinnahmen

(1) [1]Aus welcher Einkunftsquelle die höchsten Erwerbseinnahmen zu erwarten sind, bestimmt sich nach den Verhältnissen des Vorjahres. [2]Ist dies nicht möglich, ist den Angaben des Steuerpflichtigen zu folgen.

(2) Endet während des laufenden Veranlagungszeitraums das Rechtsverhältnis zwischen Steuerpflichtigem und einem Entrichtungspflichtigem, der die persönlichen Steuerentlastungsbeträge auf die einzubehaltende Steuer angerechnet hat, werden die noch nicht verbrauchten Steuerentlastungsbeträge von dem nunmehr nach Absatz 1 Pflichtigen berücksichtigt.

(3) Entfallen im laufenden Veranlagungszeitraum die Voraussetzungen für einen persönlichen Steuerentlastungsbetrag, ist dies vorbehaltlich § 39 Abs. 1 Satz 2 BStVO unbeachtlich.

§ 19 Quellensteuerabzugsmerkmale

(1) [1]Das Bundeszentralamt für Steuern hält die Quellensteuerabzugsmerkmale für den unentgeltlichen elektronischen Abruf durch den Entrichtungspflichtigen bereit. Hierzu zählen die Steuernummer, die Anschrift des Steuerpflichtigen, der Tag seiner Geburt und die Merkmale für den Kirchensteuerabzug. [2]Beim Abruf teilt das Amt dem Entrichtungspflichtigen die von ihm zu berücksichtigenden persönlichen Steuerentlastungsbeträge, gegebenenfalls mit dem Wert „Null", mit.

(2) [1]Der Steuerpflichtige hat jedem Entrichtungspflichtigen zu Beginn des Rechtsverhältnisses seine Steuernummer sowie den Tag seiner Geburt mitzuteilen. [2]Der Entrichtungspflichtige ruft die Quellensteuerabzugsmerkmale für den

Steuerpflichtigen beim Bundeszentralamt für Steuern elektronisch ab und überträgt sie auf das Personenkonto des Steuerpflichtigen. [3]Hierzu hat der Entrichtungspflichtige dem Bundeszentralamt seine Identität zu belegen, seine Steuernummer anzugeben, sowie die Steuernummer und den Tag der Geburt des Steuerpflichtigen mitzuteilen. [4]Die Beendigung des Rechtsverhältnisses mit dem Steuerpflichtigen zeigt der Entrichtigungspflichtige dem Bundeszentralamt an.

(3) [1]Die abgerufenen Quellensteuerabzugsmerkmale darf der Entrichtungspflichtige nur für die Einbehaltung der Einkommensteuer verwerten und nur insoweit offenbaren, als dies gesetzlich zugelassen ist. [2]Die Merkmale sind anzuwenden, bis das Bundeszentralamt für Steuern dem Entrichtungspflichtigen die Bereitstellung geänderter Merkmale mitteilt.

(4) [1]Auf Antrag kann die Finanzbehörde den Entrichtungspflichtigen vom elektronischen Abrufverfahren befreien. [2]Der Entrichtungspflichtige teilt hierzu die Steuerpflichtigen, für die er die Einkommensteuer einzubehalten hat, mit Steuernummer und Geburtsdatum mit. [3]Die Finanzbehörde übermittelt hierauf die entsprechenden Quellensteuerabzugsmerkmale.

§ 20 Personenkonto

(1) [1]Der Entrichtungspflichtige hat am Betriebsort für jeden Steuerpflichtigen und jeden Veranlagungszeitraum ein Personenkonto zu führen. [2]In das Konto sind der Name des Steuerpflichtigen und die Quellensteuerabzugsmerkmale zu übernehmen. [3]Im Personenkonto sind die Art und Höhe der Erwerbseinnahmen des Steuerpflichtigen einschließlich der für die Zukunftssicherung geleisteten Beiträge unter Angabe des Versicherungsträgers, die einbehaltene oder übernommene Steuer sowie die beanspruchten persönlichen Steuerentlastungsbeträge einzutragen. [4]

(2) [1]Betriebsort ist der Betrieb oder Teil des Betriebes des Entrichtungspflichtigen, in dem die für die Durchführung des Steuerabzugs maßgebenden Erwerbseinnahmen ermittelt werden. [2]Werden sie nicht im Betrieb oder einem Teil des Betriebs oder nicht im Inland ermittelt, gilt als Betriebsort der Mittelpunkt der geschäftlichen Leitung des Entrichtungspflichtigen im Inland. [3]Als Betriebsort gilt auch der ausländische Heimathafen deutscher Handelsschiffe, wenn die Reederei im Inland keine Niederlassung hat.

§ 21 Anmeldung und Abführung der Steuer

(1) [1]Der Entrichtungspflichtige behält die Steuer ein und hat spätestens am zehnten Tag nach Ablauf eines jeden Steueranmeldungszeitraums bei der Finanzbehörde, in dessen Bezirk sich sein Betriebsort befindet (Betriebsfinanzbehörde), eine Steuererklärung über die Summe der in diesem Zeitraum einbehal-

tenen und übernommenen Steuer sowie der an natürliche Personen ausgezahlten Steuerentlastung einzureichen (Steueranmeldung). [2]Abzuführen ist die einzubehaltende oder zu übernehmende Steuer, vermindert um die ausgezahlte Steuerentlastung.

(2) [1]Steueranmeldungszeitraum ist der Kalendermonat. [2]Hat die abzuführende Steuer im vorangegangenen Veranlagungszeitraum weniger als 10.000 Euro betragen, ist das Quartal Steueranmeldungszeitraum. [3]Die Steueranmeldung ist nach amtlich vorgeschriebenem Datensatz auf elektronischem Weg zu übermitteln. [4]Auf Antrag kann die Finanzbehörde zulassen, die Steuer auf amtlichem Vordruck anzumelden, der vom Entrichtungspflichtigen oder seinem Vertreter zu unterschreiben ist.

§ 22 Elektronische Steuerbescheinigung

(1) [1]Bei Beendigung des Rechtsverhältnisses, spätestens am Ende des Veranlagungszeitraums, hat der Entrichtungspflichtige das Personenkonto abzuschließen. [2]Er hat bis zum 28.2. des Folgejahres der Betriebsfinanzbehörde auf amtlich vorgeschriebenem Datensatz elektronisch die folgenden Daten zu übermitteln (elektronische Steuerbescheinigung):

1. Steuernummer, Name, Geburtsdatum, Anschrift des Steuerpflichtigen;
2. Dauer des Rechtsverhältnisses während des Veranlagungszeitraums;
3. Art und Höhe der Erwerbseinnahmen;
4. die einbehaltene, übernommene und abgeführte Steuer;
5. die berücksichtigten persönlichen Steuerentlastungsbeträge;
6. die steuerfrei für die Zukunftssicherung geleisteten Beiträge unter Angabe des Versicherungsträgers;
7. die Lohnersatzleistungen, die zumindest teilweise aus öffentlichen Kassen an den Steuerpflichtigen gezahlt wurden.

[3]Auf Antrag kann die Finanzbehörde zulassen, die Steuerbescheinigung auf amtlichem Vordruck zu übermitteln.

(2) Der Entrichtungspflichtige stellt dem Steuerpflichtigen die elektronische Quellensteuerbescheinigung auf amtlichem Vordruck aus.

§ 23 Änderungsmöglichkeiten

(1) Unterlaufen dem Entrichtungspflichtigen Fehler bei der Ermittlung der Steuer, oder teilt ihm das Bundeszentralamt für Steuern Daten mit, die auf einen früheren Zeitpunkt zurückwirken, hat er notwendige Berichtigungen vorzunehmen und im Personenkonto zu dokumentieren.

(2) [1]Kommt es infolge der Berichtigung zu einer Steuererstattung, hat der Entrichtungspflichtige diese aus dem Betrag zu entnehmen, den er insgesamt an Steuer einbehalten oder übernommen hat. [2]Reicht dieser dazu nicht aus, wird

ihm der fehlende Betrag auf Antrag von der Betriebsfinanzbehörde ersetzt. [3]Nachträgliche Steuerbelastungen muss er von künftigen Einnahmen des Steuerpflichtigen einbehalten und an die Finanzbehörde abführen.

(3) [1]Hatte der Entrichtungspflichtige bei Entdeckung des Fehlers die maßgebende Steuerbescheinigung bereits übermittelt, hat er die Betriebsfinanzbehörde unverzüglich schriftlich zu informieren. [2]Diese erstattet dem Steuerpflichtigen zuviel einbehaltene Steuer und fordert zuwenig erhobene Steuer von ihm nach. [3]Satz 1 und 2 gelten entsprechend, wenn der Entrichtungspflichtige den Nachzahlungsbetrag nicht mehr von Einnahmen des Steuerpflichtigen einbehalten kann.

§ 24 Anrufungsauskunft

[1]Die Betriebsfinanzbehörde des Entrichtungspflichtigen gibt auf Anfrage eines Beteiligten darüber Auskunft, ob und inwieweit die Vorschriften der §§ 18 bis 33 anzuwenden sind. [2]Sind für einen Entrichtungspflichtigen mehrere Betriebsfinanzbehörden zuständig, erteilt die Behörde die Auskunft, in dessen Bezirk sich die Geschäftsleitung des Entrichtungspflichtigen befindet. [3]Ansonsten ist die Finanzbehörde zuständig, in dessen Bezirk der Betriebsort mit den meisten Steuerpflichtigen liegt. [4]In den Fällen der Sätze 2 und 3 hat der Entrichtungspflichtige sämtliche Betriebsorte, den Sitz der Geschäftsleitung und den Betriebsort mit den meisten Steuerpflichtigen anzugeben. [5]Er muss erklären, für welche Betriebsorte die Auskunft von Bedeutung ist.

§ 25 Erhebung beim Arbeitnehmer und diesem gleichgestellten Personen

(1) [1]Schuldner der Einkommensteuer auf den Arbeitslohn ist der Arbeitnehmer. [2]Arbeitnehmer ist, wer verpflichtet ist, Arbeitsleistungen gegen Entgelt zu erbringen und dabei unter der Leitung des Arbeitgebers steht. [3]Arbeitnehmer sind auch die Rechtsnachfolger dieser Personen, soweit ihnen Arbeitslohn aus dem Rechtsverhältnis ihres Rechtsvorgängers zufließen. [4]Arbeitslohn sind alle Erwerbseinnahmen, die dem Arbeitnehmer aus einem bestehenden oder früheren Rechtsverhältnis zum Arbeitgeber zufließen.

(2) [1]Dem Arbeitslohn stehen Vergütungen gleich, die ein Steuerpflichtiger für die Verwertung seiner künstlerischen, schriftstellerischen, journalistischen, sportlichen, artistischen und ähnlichen Tätigkeit im Inland von einem Dritten erhält oder die im Zusammenhang mit der Nutzung von eigenen Patenten, Urheberrechten und sonstigen gewerblichen Schutzrechten stehen; Nebenleistungen teilen das Schicksal der Hauptleistung. [2]Der Steuerpflichtige kann nach Ablauf des Veranlagungszeitraums für diese Vergütungen einen Antrag auf Veranlagung stellen.

(3) [1]Die Einkommensteuer wird durch Abzug vom Arbeitslohn erhoben, der von einem inländischen oder einem ausländischen Arbeitgeber gezahlt wird. [2]Inländischer Arbeitgeber ist, wer im Inland ansässig ist oder seinen Sitz, eine Betriebsstätte oder einen ständigen Vertreter hat. [3]Ausländischer Arbeitgeber im Sinne des Satzes 1 ist nur, wer einem Dritten Arbeitnehmer gewerbsmäßig zur Arbeitsleistung im Inland überlässt, ohne inländischer Arbeitgeber zu sein. [4]Dem Steuerabzug unterliegt auch der von Dritten für eine Arbeitsleistung gezahlte Arbeitslohn.

(4) [1]Der Arbeitgeber hat die Einkommensteuer für Rechnung des Arbeitnehmers bei jeder Lohnzahlung vom Arbeitslohn einzubehalten. [2]Bei juristischen Personen des öffentlichen Rechts erfüllt die öffentliche Kasse, die den Lohn zahlt, die Pflichten des Arbeitgebers.

(5) [1]Reicht der vom Arbeitgeber geschuldete Barlohn nicht zur Deckung der Einkommensteuer des Arbeitnehmers aus, hat der Arbeitnehmer ihm den fehlenden Betrag zur Verfügung zu stellen. [2]Kommt der Arbeitnehmer dieser Verpflichtung nicht nach, hat der Arbeitgeber einen entsprechenden Teil der anderen Vergütungsteile des Arbeitnehmers einzubehalten. [3]Kann der Arbeitgeber auch daraus den fehlenden Betrag nicht aufbringen, hat er dies der Betriebsfinanzbehörde mit der nächsten Steueranmeldung anzuzeigen. [4]Die Finanzbehörde fordert die zuwenig erhobene Einkommensteuer vom Arbeitnehmer nach.

§ 26 Der Lohnzahlungszeitraum

(1) [1]Laufender Arbeitslohn gilt als in dem Veranlagungszeitraum bezogen, in dem der Lohnzahlungszeitraum endet. [2]Leistet der Arbeitgeber für den Lohnzahlungszeitraum lediglich Abschlagszahlungen und rechnet er den Lohn für einen längeren Zeitraum ab, tritt der Lohnabrechnungszeitraum an die Stelle des Lohnzahlungszeitraums. [3]Der Lohnabrechnungszeitraum darf fünf Wochen nicht übersteigen; spätestens drei Wochen danach muss abgerechnet werden. 4Wenn die Erhebung der Steuer nicht gesichert erscheint, kann die Betriebsfinanzbehörde anordnen, dass die Steuer von den Abschlagszahlungen einzubehalten ist.

(2) Arbeitslohn, der nicht laufend bezahlt wird (sonstige Leistungen), wird in dem Veranlagungszeitraum bezogen, in dem er dem Arbeitnehmer zufließt.

§ 27 Das Beitragsverhältnis

(1) Das Rechtsverhältnis zwischen dem Steuerpflichtigen und seinem Versicherer gliedert sich in die Ansparphase, in der Beiträge an den Versicherer gezahlt werden, und die Auszahlungsphase, in der der Versicherer an den Steuerpflichtigen Leistungen erbringt.

(2) [1]Der Versicherer hat mit Beginn der Ansparphase am Betriebsort für den Steuerpflichtigen ein Personenkonto zu führen. Darin hält er neben den in § 20 Abs 1 BStVO geforderten Merkmalen auch die Versicherungsdaten (Höhe der Anwartschaft unter Bezeichnung von steuerfrei gestellten Beiträgen, Dauer des Versicherungsverhältnisses sowie die jährliche effektive Verzinsung der Anwartschaft) dauerhaft fest. [2]Ein Entrichtungspflichtiger, der die Beiträge für einen Steuerpflichtigen direkt an den Versicherer abführt, hat diesem die für die Führung des Personenkontos nötigen Daten nach Satz 1 zu übermitteln. [3]Ansonsten übermittelt die Finanzbehörde die Daten.

§ 28 Besteuerung in der Auszahlungsphase

In der Auszahlungsphase ist der Steuerpflichtige Schuldner der Einkommensteuer auf die Leistungen der persönlichen Zukunftssicherung; der Versicherer ist Entrichtungspflichtiger.

§ 29 Steuereinbehalt bei Kapitaleinnahmen

(1) [1]Schuldner der Einkommensteuer auf Kapitaleinnahmen ist der Kapitalgläubiger. [2]Kapitalgläubiger ist, wer einem anderem Geld oder Sachmittel für eine Betätigung am Markt überlässt und dadurch planmäßig Erträge erzielt. [3]Als Kapitalgläubiger gilt auch, wer das Recht, das die Kapitaleinnahmen vermittelt, nach seiner Trennung vom Stammrecht an einen anderen veräußert. [4]Im Fall von Satz 3 werden die Kapitaleinnahmen dem Kapitalgläubiger im Jahr der Veräußerung zugerechnet.

(2) Der inländische Kapitalschuldner erhebt die Einkommensteuer als Entrichtungspflichtiger; § 25 Abs. 3 Satz 2 BStVO gilt entsprechend.

§ 30 Kapitaleinnahmen

[1]Kapitaleinnahmen sind der Unterschied zwischen dem Wert des Kapitalrückzahlungsanspruchs am Anfang und am Ende des jeweiligen Ertragszahlungszeitraums zuzüglich der während dieses Zeitraums vom Kapitalgläubiger empfangenen Leistungen. [2]Das die Kapitaleinnahmen vermittelnde Recht ist auch dann zusammen mit dem Stammrecht zu bewerten, wenn es im Veranlagungszeitraum veräußert worden ist; an die Stelle des Endes des Ertragszahlungszeitraums tritt dann der Zeitpunkt der Veräußerung.

§ 31 Veräußerung börsennotierter Anteile

(1) [1]Entrichtungspflichtiger ist, wer für einen Steuerpflichtigen Anteile an börsennotierten steuerjuristischen Personen verwaltet und veräußert. [2]§ 21 BStVO sowie § 25 Abs. 4 und 5 BStVO gelten für die pauschalierte Besteuerung der Veräußerungserlöse entsprechend.

(2) ¹Der Einzelnachweis von höheren als den pauschalierten Veräußerungslasten ist nur im Veranlagungsverfahren möglich. ²Der Entrichtungspflichtige hat die pauschalierte Steuer auf Veräußerungserlöse stets in voller Höhe einzubehalten und abzuführen.

§ 32 Veräußerung sonstiger Anteile

Veranlagt werden Erträge aus der Veräußerung von Anteilen an nicht börsennotierten steuerjuristischen Personen oder solchen im Sinne des § 31 BStVO, bei denen kein Entrichtungspflichtiger vorhanden ist.

§ 33 Persönliche Steuerentlastungsbeträge bei der steuerjuristischen Person

(1) ¹Soweit persönliche Steuerentlastungsbeträge bei der Quellenbesteuerung nicht berücksichtigt werden können, kann der Steuerpflichtige, der Einnahmen aus der Beteiligung an einer steuerjuristischen Person erzielt, die Steuerentlastungsbeträge dieser gegenüber geltend machen, wenn sie oder eine andere steuerjuristische Person, an der sie zumindest mittelbar beteiligt ist, den Bruttobetrag in diesem Jahr oder im Vorjahr als eigene Einnahmen versteuert hat. ²Die Finanzbehörde stellt auf Antrag des Steuerpflichtigen eine Steuerentlastungsbescheinigung aus. ³Auf ihr sind der Name, die Anschrift, das Geburtsdatum, die Steuernummer und die zu berücksichtigenden persönlichen Entlastungsbeträge vermerkt.

(2) Persönliche Steuerentlastungsbeträge werden nur insoweit berücksichtigt, als dem Beteiligten im Veranlagungszeitraum Gewinnübertragungen zugeflossen sind.

(3) ¹Die steuerjuristische Person hat auf der Steuerentlastungsbescheinigung Höhe und Zeitpunkt der Gewinnübertragung, die geltend gemachten persönlichen Steuerentlastungsbeträge sowie eine etwaige Zahlstelle im Sinne des § 35 Absatz 1 BStVO zu vermerken. ²Sie hat die Steuerentlastungsbescheinigung am Ende des Veranlagungszeitraums an die zuständige Finanzbehörde zu senden; besitzt sie die Steuerentlastungsbescheinigung nicht mehr, hat sie die Daten der Finanzbehörde durch eine Steuerbescheinigung zu übermitteln.

(4) ¹Die steuerjuristische Person erstattet ihrem Beteiligten die auf den Einnahmen ruhende Einkommensteuerbelastung (Vorbelastung), soweit seine persönlichen Steuerentlastungsbeträge den Bruttobetrag abdecken. ²Insoweit gehen die Steuerentlastungsbeträge auf die steuerjuristische Person über (Entlastungsübertrag). ³Sie kann den Entlastungsübertrag im Übertragungszeitraum wie betrieblichen Aufwand ansetzen, soweit hierdurch ein Jahresfehlbetrag weder entsteht noch wächst.

(5) Im Falle des Absatzes 1 Satz 1 kann die steuerjuristische Person den Entlastungsübertrag mit Zustimmung ihrer Betriebsfinanzbehörde an diejenige steu-

erjuristische Person weiterreichen, von der sie die Einnahmen steuerfrei bezogen hat; diese kann ihn ihrerseits nach Absatz 4 Satz 3 geltend machen oder weiterreichen.

§ 34 Meldepflichten nicht börsennotierter steuerjuristischer Personen

(1) Eine nicht börsennotierte steuerjuristische Person hat ihre Beteiligten, deren Steuernummer, das Eintrittsdatum und die Anteilshöhe aufzuzeichnen.

(2) [1]Nach dem Veranlagungszeitraum hat sie der Betriebsfinanzbehörde unverzüglich alle Gewinnübertragungen an natürliche Personen mitzuteilen, die pro Person im Kalenderjahr 300 Euro überschritten haben. [2]Dies gilt nicht, wenn ihr eine Steuerentlastungsbescheinigung vorlag, auf der die Gewinnübertragungen aufgezeichnet wurden. [3]Erhält ein Beteiligter erstmals eine Gewinnübertragung, hat die steuerjuristische Person der Betriebsfinanzbehörde zusätzlich anzugeben, wer vorher der Inhaber des Unternehmensanteils war.

§ 35 Meldepflichten börsennotierter steuerjuristischer Personen

(1) [1]Börsennotierte steuerjuristische Personen haben in ihrer Buchhaltung aufzuzeichnen, an welche Zahlstelle Gewinnübertragungen geflossen sind. [2]Zahlstelle ist, wer einem Dritten, der an einer steuerjuristischen Person beteiligt ist, Erträge aus der Beteiligung vermittelt.

(2) § 34 BStVO gilt für die Zahlstellen entsprechend.

§ 36 Erhebung bei der Finanzbehörde

(1) [1]Einkünfte aus erwerbswirtschaftlichem Handeln, die nicht an der Quelle zu besteuern sind, werden veranlagt. [2]Bei der Veranlagung kann der Steuerpflichtige die persönlichen Steuerentlastungsbeträge geltend machen und die Steuerfreistellung von Beiträgen zur persönlichen Zukunftssicherung beantragen. [3]Die Steuer berechnet der Steuerpflichtige selbst auf einem amtlichen Vordruck. [4]Die Berechnung ist bis zum 30. Juni des Folgejahres bei der zuständigen Finanzbehörde einzureichen (Steueranmeldung). [5]Ein Erstattungsanspruch wird einen Monat nach Eingang der Berechnung fällig.

(2) Die Finanzbehörde regelt auf Antrag des Steuerpflichtigen den Verlustausgleich für Einkünfte desselben Veranlagungszeitraums und stellt einen danach verbleibenden Verlust unter Angabe der Erwerbsgrundlage mit Wirkung für die Zukunft bindend fest.

(3) Sind die tatsächlichen Erwerbskosten nachweislich höher als die Vereinfachungspauschale, werden sie bei Ehegatten oder Lebenspartnern nur insoweit angesetzt, als sie auch die Vereinfachungspauschale des anderen Ehegatten oder Lebenspartners übersteigen.

§ 37 Veranlagung durch Bezahlung

(1) [1]Erzielt ein Steuerpflichtiger Erwerbserträge aus der Überlassung von Grundstücken, hat er am 31. März, 30. Juni, 30. September und 31. Dezember die hieraus auf das vorangegangene Kalendervierteljahr entfallende Steuer zu bezahlen (Veranlagung durch Bezahlung). [2]Sind Steuerentlastungsbeträge bei einer Quellenbesteuerung nicht voll ausgeschöpft worden, kann der Steuerpflichtige sie gegenüber der Finanzbehörde mit einer Steueranmeldung geltend machen (§ 36 BStVO).

(2) Der Steuerpflichtige teilt der Finanzbehörde den Beginn und jede Änderung des Miet- oder Pachtverhältnisses mit.

§ 38 Vermeidung der Doppelbesteuerung

(1) Unterliegen Einkünfte nach Auffassung des Steuerpflichtigen auch der Besteuerung in einem anderen Staat, kann er eine korrigierende Veranlagung beantragen, sobald die einbehaltene deutsche Steuer 2.000 Euro übersteigt.

(2) [1]Im Veranlagungsverfahren stellt die Finanzbehörde von Amts wegen fest, welchem Staat das Besteuerungsrecht zusteht. [2]Der Steuerpflichtige hat nachzuweisen:

1. die sachlichen Voraussetzungen, die den Besteuerungsanspruch des anderen Staates begründen, und

2. die Höhe der bisher im Veranlagungszeitraum einbehaltenen Einkommensteuer durch Vorlage einer Steuerbescheinigung.

zu Buch 2 Abschnitt 8

§ 39 Späteres Entstehen und Wechsel zwischen unbeschränkter und beschränkter Steuerpflicht

(1) [1]Ist der Steuerpflichtige während des Veranlagungszeitraums abwechselnd beschränkt und unbeschränkt steuerpflichtig, erhält er die einem unbeschränkt Steuerpflichtigen zustehenden persönlichen Steuerentlastungsbeträge für den gesamten Zeitraum, in dem er steuerpflichtig ist. [2]Für Zeiten, in denen er weder unbeschränkt noch beschränkt steuerpflichtig ist, werden persönliche Steuerentlastungsbeträge nicht gewährt.

(2) Wird jemand erst im Veranlagungszeitraum steuerpflichtig, erhält er die persönlichen Steuerentlastungsbeträge nur für den Rest des Jahres.

§ 40 Betriebsstätte

Jede feste Geschäftseinrichtung, die der Erwerbstätigkeit eines Unternehmens dient, bildet eine Betriebsstätte.

§ 41 Ort der Einkünfteerzielung

Steuerpflichtige, die ihre berufliche oder unternehmerische Tätigkeit an wechselnden Orten ausüben, erzielen ihre Einkünfte in der Gemeinde, die regelmäßig Ausgangspunkt ihrer Tätigkeit ist; lässt sich dieser nicht feststellen, werden die Einkünfte in der Gemeinde erzielt, in der der Steuerpflichtige ansässig ist.

§ 42 Aufteilung der Steuerberechtigung in besonderen Fällen

(1) [1]Bei der Aufteilung gemäß § 70 Abs. 2 Satz 2 BStGB zählen vollbeschäftigte Arbeitnehmer ganz, teilzeitbeschäftigte Arbeitnehmer nach abgerundeten Vierteln. [2]Während des Veranlagungszeitraums ausgeschiedene Arbeitnehmer werden den Gemeinden für das Jahr des Ausscheidens noch zugerechnet.

(2) Erstreckt sich eine Betriebsstätte über mehrere Gemeinden, bestimmt sich der Zerlegungsmaßstab gemäß § 70 Abs. 2 Satz 3 BStGB hälftig nach der Größe der auf die Gemeinde entfallenden Betriebsflächen und hälftig nach der Zugehörigkeit der beschäftigten Arbeitnehmer zu diesen Gemeinden.

§ 43 Auskunfts- und Teilnahmerechte

[1]Die Gemeinden dürfen sich über die für die Kommunale Zuschlagsteuer erheblichen Vorgänge bei den zuständigen Finanzbehörden unterrichten. [2]Sie haben das Recht, Akten einzusehen und Auskunft zu verlangen. [3]Sie sind berechtigt, durch eigene Bedienstete an Außenprüfungen der Finanzbehörden teilzunehmen, soweit diese die Kommunale Zuschlagsteuer betreffen.

Zu Buch 3 Abschnitt 1

§ 44 Erwerb von Todes wegen

Zu den Erwerben von Todes wegen gehören auch

1. der Übergang eines Anteils an einer Gesellschaft beim Ausscheiden eines Gesellschafters bei dessen Tod, soweit sein Steuerwert den Abfindungsanspruch übersteigt;

2. der Übergang des Anteils des erstverstorbenen Ehegatten am Gesamtgut auf die anteilsberechtigten Abkömmlinge, wenn die eheliche Gütergemeinschaft beim Tode dieses Ehegatten fortgesetzt wird. [2]Dabei wird der Anteil so besteuert, als wäre er ausschließlich den anteilsberechtigten Abkömmlingen zu-

gefallen. [3]Beim Tode eines anteilsberechtigten Abkömmlings gehört dessen Anteil am Gesamtgut zu seinem Nachlass. [4]Als Erwerber des Anteils gelten diejenigen, denen der Anteil zufällt.

3. der Übergang von Vermögen auf eine vom Erblasser angeordnete Stiftung oder auf ein sonstiges vom Erblasser gebildetes Zweckvermögen.

§ 45 Gegenleistung bei Schenkung

Gegenleistungen, die nicht in Geld bemessen werden können, schließen die Unentgeltlichkeit nicht aus.

§ 46 Inlandsvermögen, Auslandsvermögen

(1) Zum Inlandsvermögen gehören insbesondere
1. das in der Bundesrepublik Deutschland belegene Grundvermögen;
2. Anteile an einer steuerjuristischen Person, die in der Bundesrepublik Deutschland ansässig ist, ihr Unternehmensvermögen sowie Wirtschaftsgüter, die ihr zum Gebrauch überlassen sind;
3. das Unternehmensvermögen eines sonstigen Unternehmens, das in der Bundesrepublik Deutschland ansässig ist;
4. Forderungen und Rechte, die durch deutsches Grundvermögen, deutsche grund-stücksgleiche Rechte oder in deutsche Schiffsregister eingetragene Schiffe gesichert sind;
5. Kapitalforderungen gegen inländische Schuldner;
6. Spar- und Bankguthaben bei inländischen Geldinstituten;
7. Anteile an Investment- und offenen Immobilienfonds im Inland;
8. Ansprüche auf wiederkehrende Leistungen gegen inländische Schuldner;
9. Erfindungen und Urheberrechte, die im Inland verwertet werden;
10. Versicherungsansprüche gegen inländische Versicherungsunternehmen;
11. bewegliche Wirtschaftsgüter, die sich seit mindestens zwölf Monaten im Inland befinden oder der Ausstattung inländischen Grundvermögens dienen;
12. das Nutzungsrecht an einem der vorgenannten Gegenstände.

(2) Für den Begriff des Auslandsvermögens gilt Absatz 1 entsprechend.

§ 47 Zeitpunkt der Verfügung

Der Erwerber kann über das zugewandte Vermögensgut insbesondere verfügen
1. beim Erwerb von Todes wegen im Zeitpunkt des Todes des Erblassers;
2. bei Schenkungen oder nicht vollzogenen Schenkungen auf den Todesfall im Zeitpunkt der Ausführung der Zuwendung;

3. beim Erwerb durch Vollzug einer Auflage oder Eintritt einer vom Erblasser gesetzten Bedingung im Zeitpunkt des Vollzugs oder des Eintritts der Bedingung;

4. beim Erwerb unter einer aufschiebenden Bedingung, unter einer Betagung oder Befristung oder bei aufschiebend bedingten, befristeten oder betagten Ansprüchen bei Eintritt der Bedingung oder des Ereignisses;

5. beim Erwerb eines Pflichtteilsanspruchs im Zeitpunkt, in dem der Pflichtteilsgläubiger dem Berechtigten das Vermögen übereignet;

6. beim Erwerb eines Vermächtnisanspruchs im Zeitpunkt, in dem der Beschwerte dem Vermächtnisnehmer die Verfügungsmacht über den zugewandten Gegenstand verschafft;

7. beim Erwerb des Nacherben im Zeitpunkt des Nacherbfalls;

8. nach Ausschlagung der Erbschaft im Zeitpunkt, in dem die Ausschlagungserklärung zugeht;

9. nach Anfechtung eines Testaments im Zeitpunkt, in dem die Anfechtungserklärung beim Nachlassgericht zugeht und

10. nach einer Erbunwürdigkeitserklärung im Zeitpunkt, in dem das Anfechtungsurteil rechtskräftig wird.

Zu Buch 3 Abschnitt 2

§ 48 Bewertung von geistigem Eigentum

[1]Der Steuerwert von geistigem Eigentum ist anhand der für die voraussichtliche Nutzungszeit kapitalisierten zukünftigen Erträge aus seiner Verwertung zu schätzen. [2]Die zukünftigen Erträge können aus den durchschnittlich erzielten Erträgen der vergangenen drei Jahre abgeleitet werden. [3]Ist die voraussichtliche Nutzungsdauer nicht bekannt, ist eine Nutzungsdauer von acht Jahren anzunehmen. [4]Der Kapitalisierung ist der marktübliche Zinssatz zugrunde zu legen. [5]Der Zinssatz kann um einen Risikoabschlag von höchstens 50 vom Hundert verringert werden.

§ 49 Bewertung von Kunstgegenständen, Sammlungen und Archiven

(1) [1]Der Steuerwert von Kunstgegenständen, Sammlungen und Archiven ist durch sachverständige Schätzung ihres Händlereinkaufspreises zu bestimmen. Schätzungsgrundlage sind zeitnah zum Bewertungsstichtag erzielte Verkaufspreise geeigneter Vergleichsobjekte. [2]Die Schätzung muss ihre Grundlagen und Maßstäbe darlegen, insbesondere

1. wie geeignete Vergleichsobjekte ermittelt wurden,

2. wie vergleichbare Verkaufspreise dieser Objekte gebildet wurden (Vergleichspreise),

3. wie eine einheitliche Währung der Vergleichspreise erreicht wurde,

4. wie die Vergleichspreise ausgewertet, gewichtet und durch Abschläge wegen besonderer Umstände verringert wurden.

(2) ¹Ist der Aufwand für die Ermittlung des Steuerwertes durch sachverständige Schätzung unverhältnismäßig hoch, kann dieser aus den Anschaffungskosten, dem Versicherungswert oder dem bei einem stichtagsnahen Verkauf erzielten Verkaufspreis hergeleitet werden. ²Dabei ist von den Anschaffungskosten ein Abschlag von 50 vom Hundert, vom Versicherungswert von 35 vom Hundert und vom Verkaufspreis von 50 vom Hundert vorzunehmen.

Zu Buch 3 Abschnitt 2, 1

§ 50 Errichtung eines Gebäudes in Abschnitten

Wird ein Gebäude in Abschnitten errichtet, gilt der bereits fertig gestellte Teil als benutzbares Gebäude.

§ 51 Bruttogrundfläche

(1) ¹Die Bruttogrundfläche ist die Summe der Grundflächen aller Grundrissebenen eines Bauwerkes. ²Nicht dazu gehören die Grundflächen von nicht nutzbaren Dachflächen und von konstruktiv bedingten Hohlräumen, insbesondere in belüfteten Dächern oder über abgehängten Decken.

(2) ¹Für die Berechnung der Bruttogrundfläche sind die äußeren Maße der Bauteile, einschließlich Verkleidung, in Fußbodenhöhe anzusetzen. ²Konstruktive und gestalterische Vor- und Rücksprünge bleiben unberücksichtigt.

§ 52 Wohnungs- und Teileigentum

(1) ¹Der Steuerwert von selbstgenutztem Wohnungs- und Teileigentum ist der Teil des Steuerwertes des bebauten Grundstücks, der auf das Sondereigentum und den zugehörigen Anteil am Gemeinschaftseigentum entfällt, vermindert um einen Abschlag von 10 vom Hundert. ²Sondereigentum und der Anteil am Gemeinschaftseigentum werden getrennt bewertet.

(2) ¹Bei der Bewertung des Sondereigentums ist nur der Teil der Bruttogrundfläche anzusetzen, der zum Sondereigentum gehört. ²Maßgeblich für die Ermittlung des Gebäudesachwertes ist der vorhandene Ausstattungsstandard des Sondereigentums.

(3) ¹Bei der Bewertung des Gemeinschaftseigentums ist nur der Teil der Bruttogrundfläche anzusetzen, der zum Gemeinschaftseigentum gehört. ²Der anzusetzende Anteil entspricht dem Miteigentumsanteil.

(4) ¹Der anzuwendende Altersabschlag bestimmt sich nach dem Jahr der Fertigstellung des Gebäudes. ²Der Zeitpunkt der Teilung ist unbeachtlich. ³§ 85 Abs. 2 Sätze 2 und 3 BStGB gelten entsprechend.

§ 53 Marktübliche Verzinsung des Bodenwertes

[1]Als marktübliche Verzinsung des Bodenwertes sind die von den Gutachterausschüssen ermittelten örtlichen Liegenschaftszinsen anzusehen. [2]Stehen solche nicht zur Verfügung, ist von einer marktüblichen Verzinsung von fünf vom Hundert auszugehen.

§ 54 Nutzungswert des Erbbaugrundstücks

Der Nutzungswert eines Erbbaugrundstücks ergibt sich aus der Differenz zwischen der marktüblichen Verzinsung des Bodenwertes (§ 84 Abs. 2 BStGB) und dem vereinbarten Erbbauentgelt.

Zu Buch 3 Abschnitt 2, 2

§ 55 Aufstellung des Unternehmensvermögens

(1) Führt ein Unternehmen vereinfachte Aufzeichnungen nach § 1 Abs. 1 Satz 3 BilO, hat der Erwerber auf den Bewertungsstichtag eine Vermögensaufstellung nach den für die Bilanz geltenden Vorschriften anzufertigen.

(2) Ob Dritten zur Nutzung überlassenes Grundvermögen ein Unternehmen ist, beurteilt sich nach den Regeln der Bilanzordnung.

§ 56 Schätzung des Steuerwertes von Unternehmen

(1) Der Steuerwert eines Unternehmens ist die Summe aus seinem Vermögenswert und dem Fünffachen des Betrages, um den der Ertragssatz von der Normalverzinsung abweicht.

(2) [1]Vermögenswert ist der Wert des nach ertragsteuerlichen Grundsätzen bewerteten Unternehmensvermögens; Grundstücke im Unternehmensvermögen werden nach den §§ 83 bis 89 BStGB bewertet. [2]Der Ertragssatz ergibt sich aus den bereinigten Gewinnen der gewichteten letzten drei Jahresabschlüsse. [3]Die Normalverzinsung entspricht dem um fünf Punkte erhöhten Basiszinssatz. [4]Bei einer steuerjuristischen Person werden Vermögenswert und Ertragssatz bezogen auf ihr Grundkapital ermittelt.

(3) Der Steuerwert einer Beteiligung an einer steuerjuristischen Person ergibt sich aus

1. den Einlageforderungen,
2. den Entnahmeverbindlichkeiten,
3. dem Betrag, der einem Beteiligten vorab und ohne Verrechnung auf seinen anteiligen Gewinnübertrag entsteht (Vorwegguthaben),
4. dem eingelegte Kapital und

5. dem Anteil am verbleibenden Steuerwert, der der Beteiligung am Grundkapital entspricht. Verbleibender Steuerwert ist der nach Absatz 1 ermittelte Wert abzüglich der in den Nummern 1 bis 4 genannten Positionen.

Zu Buch 3 Abschnitt 2, 5

§ 57 Bestimmung des Jahreswertes von wiederkehrenden Nutzungen und Leistungen

(1) [1]Der Jahreswert einer Leistung in Geld ist ihr Auszahlungsbetrag. [2]Der Jahreswert der Nutzung einer Geldsumme ist mit 5,5 vom Hundert dieser Geldsumme anzusetzen. [3]Der Jahreswert von Nutzungen und Leistungen, die nicht in Geld bestehen (Sachbezüge), ist mit den üblichen Durchschnittspreisen am Verbrauchsort anzusetzen. [4]Der Jahreswert von Nutzungen und Leistungen, deren Beträge unsicher oder schwankend sind, ist mit dem durchschnittlichen zukünftigen Jahresbetrag anzusetzen.

(2) Der Jahreswert der Nutzung eines Wirtschaftsgutes ist höchstens mit dem Betrag anzusetzen, der sich ergibt, wenn der nach diesem Gesetz ermittelte Steuerwert des Wirtschaftsgutes durch den höchsten in Tabelle 6 im Anhang aufgeführten Vervielfältiger geteilt wird.

§ 58 Bestimmung des Kapitalwertes von wiederkehrenden Nutzungen und Leistungen

(1) Der Vervielfältiger zur Ermittlung des Kapitalwertes wiederkehrender Nutzungen und Leistungen ergibt sich in Abhängigkeit von ihrer Dauer aus der Tabelle 6 im Anhang zu dieser Verordnung.

(2) [1]Ist die Dauer einer wiederkehrenden Nutzung oder Leistung unbestimmt, ist die voraussichtliche Laufzeit maßgeblich. [2]Kann eine voraussichtliche Laufzeit nicht bestimmt werden, ist eine Laufzeit von 15 Jahren anzunehmen.

(3) [1]Ist die Dauer einer wiederkehrenden Nutzung oder Leistung durch das Leben einer oder mehrerer Personen bedingt, ergibt sich der Vervielfältiger aus der Tabelle 7 im Anhang zu dieser Verordnung. [2]Erlischt die wiederkehrende Nutzung oder Leistung mit dem Tod des zuletzt Versterbenden, ist der höchste mögliche Vervielfältiger anzuwenden, erlischt die wiederkehrende Nutzung oder Leistung mit dem Tod des zuerst Versterbenden, der niedrigste.

(4) Ist die Dauer einer wiederkehrenden Nutzung oder Leistung neben der Lebenszeit einer Person durch den Eintritt eines weiteren ungewissen Ereignisses bedingt, ist bei Vereinbarung einer Höchstdauer der niedrigere, bei Vereinbarung einer Mindestdauer der höhere Vervielfältiger auf den Jahreswert anzuwenden.

(5) Bei der Bestimmung des Kapitalwertes einer immerwährenden Nutzung oder Leistung ist auf den Jahreswert der höchste in Tabelle 6 im Anhang aufgeführte Vervielfältiger anzuwenden.

Zu Buch 3 Abschnitt 2, 4

§ 59 Bewertung von Kapitalforderungen und Kapitalschulden

(1) Nennwert ist der Betrag, den der Schuldner nach den Verhältnissen am Bewertungsstichtag zu zahlen hätte, wenn die Forderung geltend gemacht würde.

(2) [1]Der Nennwert einer Forderung, die mit mehr als neun vom Hundert verzinst wird, ist um den Übergewinn zu erhöhen. [2]Der Nennwert einer mit weniger als drei vom Hundert verzinsten Forderung ist um den Untergewinn zu mindern. [3]Vom Nennwert einer unverzinsten Forderung mit mehr als einem Jahr Laufzeit sind Zwischenzinsen unter Berücksichtigung von Zinseszinsen abzuziehen. [4]Die anzuwendenden Vervielfältiger ergeben sich aus den Tabellen 1 bis 5 im Anhang zu dieser Verordnung.

(3) Rückkaufswert ist der Betrag, den das Versicherungsunternehmen dem Versicherungsnehmer bei vorzeitiger Aufhebung des Vertragsverhältnisses zu erstatten hat.

(4) Kapitalforderungen und Kapitalschulden, die nicht in Euro ausgedrückt sind, sind nach dem Umrechnungskurs am Bewertungsstichtag in Euro umzurechnen.

Zu Buch 3 Abschnitt 3

§ 60 Anzeigepflichten

(1) Die Anzeige nach § 95 Abs. 2 Nr. 1 und 3 BStGB darf unterbleiben, wenn der Wert der anzuzeigenden Vermögensgüter 5.000 Euro nicht übersteigt.

(2) Nach § 95 Abs. 3 BStGB haben insbesondere anzuzeigen
   1. die Standesämter: die Sterbefälle;
   2. die Gerichte und Notare: die Erteilung von Erbscheinen, Testamentsvollstreckerzeugnissen, die Beschlüsse über Todeserklärungen sowie die Anordnung von Nachlasspflegschaften und Nachlassverwaltungen;
   3. die Gerichte, die Notare und die deutschen Konsuln: die eröffneten Verfügungen von Todes wegen, die abgewickelten Erbauseinandersetzungen und die beurkundeten Schenkungen.

§ 61 Steuererklärungspflichtige

[1]Mehrere Erwerber, die von demselben Erblasser oder Schenker erwerben, können die Steuererklärung gemeinsam abgeben. [2]In diesem Fall ist die Steuererklärung von allen Beteiligten zu unterschreiben.

zu Buch 4 Abschnitt 1

§ 62 Zuordnung von Gegenständen zum Unternehmen

[1]Gegenstände werden für ein Unternehmen erworben, wenn sie überwiegend unternehmerisch genutzt werden sollen. [2]Grundstücke werden entsprechend ihrer unternehmerischen oder außerunternehmerischen Nutzung der Fläche nach aufgeteilt.

§ 63 Gemischte Veranlassung

(1) Leistungen für
 1. die Wohnung;
 2. Fahrten zwischen Wohnung und Unternehmenssitz;
 3. Kleidung mit Ausnahme typischer Berufskleidung;
 4. Verpflegung und Bewirtung;
 5. den Computer in der Wohnung des Unternehmers
 sind gemischt veranlasst.
(2) Leistungen für Reisen und Beherbergung des Unternehmers sind gemischt veranlasst, wenn der unternehmerische Zweck nach objektiven Kriterien (z.B. Zeitanteil) weniger als 50 vom Hundert beansprucht.

Zu Buch 4 Abschnitt 2

§ 64 Gewährkonto

(1) [1]Jeder Unternehmer mit Sitz im Unionsgebiet führt ein Gewährkonto bei einem Kreditinstitut in dem Mitgliedstaat, in dem er seinen Sitz hat. [2]Jeder Unternehmer darf drei Gewährkonten benennen; auf Antrag erlaubt die Finanzbehörde weitere Gewährkonten, wenn der Geschäftsbetrieb dies erfordert.
(2) [1]Ein Gewährkonto darf grundsätzlich nur für Überweisungen von Entgelten für nichtsteuerbare Leistungen verwendet werden. [2]Zulässig sind sonst nur Überweisungen zu oder von anderen Bankkonten des Unternehmers, die als interne Überweisungen kenntlich zu machen sind.
(3) Der Leistungsempfänger hat im Verwendungszweck des Überweisungsträgers die umsatzsteuerliche Identifikationsnummer des leistenden Unternehmers und die Rechnungsnummer anzugeben.
(4) [1]Das Kreditinstitut darf einem Unternehmer ein Gewährkonto nur einrichten, wenn sich dieser mit seiner umsatzsteuerlichen Identifikationsnummer aus-

weist und es sich beim Bundeszentralamt für Steuern vergewissert hat, dass dem Unternehmer die angegebene umsatzsteuerliche Identifikationsnummer zugeteilt wurde. ²Die Finanzbehörde unterrichtet das Kreditinstitut über die Entziehung der umsatzsteuerlichen Identifikationsnummer. ³Das Kreditinstitut stellt daraufhin das Gewährkonto unverzüglich in ein gewöhnliches Konto um.

§ 65 Unternehmerregister

(1) Das Bundeszentralamt für Steuern führt ein zentrales Register über die umsatzsteuerliche Identifikationsnummer, den Namen, die gesetzlichen Vertreter, die Anschrift und die Gewährkonten der Unternehmer sowie die umsatzsteuerliche Identifikationsnummer, den Namen, die gesetzlichen Vertreter und die Anschrift der Verwaltungseinheiten der öffentlichen Hand (Grunddaten).

(2) Das Bundeszentralamt für Steuern bestätigt dem Unternehmer auf Anfrage in elektronischer Form die Grunddaten eines anderen Unternehmers sowie einer Verwaltungseinheit der öffentlichen Hand.

Zu Buch 4 Abschnitt 4

§ 66 Ausfuhrlieferung

(1) Wird ein Gegenstand vom Inland ins Drittland befördert, liegt eine Ausfuhrlieferung nur vor:
1. bei einer Beförderung durch den leistenden Unternehmer;
2. bei einer Beförderung durch den Leistungsempfänger, wenn er seinen Sitz im Ausland hat;
3. bei einer Beförderung durch den Leistungsempfänger im persönlichen Reisegepäck, wenn er ein Verbraucher mit Wohnsitz im Drittland ist, der Gegenstand innerhalb von drei Monaten nach der Lieferung ausgeführt wird und das Entgelt für den Gegenstand mindestens 200 Euro beträgt.

(2) Zum Nachweis der Steuerbefreiung der Ausfuhrlieferung hat der leistende Unternehmer die folgenden Aufzeichnungen zu führen:
1. den Namen und die Anschrift des Leistungsempfängers und des Befördernden,
2. die Menge und die genaue Bezeichnung des gelieferten Gegenstands,
3. den Tag der Lieferung oder Versendung,
4. den Bestimmungsort der Lieferung und
5. das vereinnahmte Entgelt und den Tag der Vereinnahmung.

Zu Buch 4 Abschnitt 5

§ 67 Entgelt in fremder Währung

Entgelt in fremder Währung ist zur Berechnung der Umsatzsteuer und der abziehbaren Vorsteuerbeträge auf Euro nach den Durchschnittskursen umzurechnen, die das Bundesministerium für Finanzen für den Monat öffentlich bekannt gibt, in dem das Entgelt oder ein Teil des Entgelts vereinnahmt wird.

§ 68 Gesamtbetrag

[1]Ist in einer Rechnung keine Umsatzsteuer ausgewiesen, enthält der Preis im Zweifel einen Gesamtbetrag aus Entgelt und Umsatzsteuer. [2]Zur Ermittlung der Bemessungsgrundlage ist der Umsatzsteueranteil herauszurechnen.

§ 69 Tausch

Gibt der Leistungsempfänger als Gegenleistung nicht Geld, sondern einen anderen wirtschaftlichen Vorteil (Tausch), sind die wechselseitigen Leistungen nach dem Angebotspreis der jeweils empfangenen Leistung zu bemessen.

§ 70 Sonderregeln zur Bemessungsgrundlage

(1) [1]Der Angebotspreis ist das Entgelt, das bei einem vergleichbaren entgeltlichen Leistungstausch mit fremden Dritten gewöhnlich entrichtet wird. [2]Gibt es einen solchen Preis nicht, gelten der Einkaufspreis oder mangels eines Einkaufspreises die Selbstkosten, abzüglich einer Wertminderung für vorangegangene unternehmerische Nutzung, als Angebotspreis. [3]Selbstkosten sind alle für die Entnahme oder Leistung im Unternehmen entstandenen Kosten.

(2) Die Bemessungsgrundlage bei der Nutzung eines Pkw beträgt pro Monat ein vom Hundert des Bruttolistenneupreises.

Zu Buch 4 Abschnitt 8

§ 71 Vorsteuervergütungsverfahren

[1]Der Antrag auf Vergütung der Vorsteuern ist vom Unternehmer eigenhändig unterschrieben beim Bundeszentralamt für Steuern für den vollen Kalendermonat oder das volle Kalenderjahr innerhalb von sechs Monaten nach Ablauf des Kalendermonats oder Kalenderjahres zu stellen. [2]Die Vergütung setzt die Vorlage des Originals der Rechnung oder des Einfuhrbelegs voraus. [3]Der Unternehmer hat seine Unternehmereigenschaft und seinen Sitz im Ausland durch eine Bescheinigung des Staates, in dem er ansässig ist, nachzuweisen. [4]Die beantragte Vergütung wird gewährt, wenn sie mindestens 200 Euro beträgt. [5]Sie wird zwei Monate nach Antragstellung fällig.

§ 72 Vereinfachung der Steuererhebung

[1]Solange der Unternehmer den umsatzsteuerlichen Freibetrag nicht überschreitet, sind die Vorschriften über die Erteilung der umsatzsteuerlichen Identifikationsnummer (§ 106 Abs. 2 BStGB), die Bezahlung über Gewährkonten (§ 106 Abs. 1 BStGB), die Zahllast (§ 123 BStGB), die Pflicht zur Abgabe von Monatsanmeldungen (§ 124 Abs. 1 BStGB) und den Ausweis der Steuer in der Rechnung (§ 74 Abs. 1 Nr. 6) nicht anwendbar. [2]Unterschreitet der Unternehmer in drei aufeinander folgenden Jahren den umsatzsteuerlichen Freibetrag, ist auf Grundstücke die Vorschrift über die Entnahme (§ 101 Nr. 2 BStGB) anzuwenden.

Zu Buch 4 Abschnitt 9

§ 73 Inhalt der Rechnung

(1) [1]Eine Rechnung muss folgende Angaben enthalten:
1. den Namen, die Anschrift und die umsatzsteuerliche Identifikationsnummer des leistenden Unternehmers,
2. das Ausstellungsdatum,
3. eine fortlaufende Nummer, die zur Identifizierung der Rechnung vom Rechnungsaussteller einmalig vergeben wird,
4. die Menge und die genaue Bezeichnung des gelieferten Gegenstands oder den Umfang und die Art der Dienstleistung,
5. das Entgelt für die Leistung sowie im Voraus vereinbarte Entgeltsminderungen,
6. den Steuersatz sowie den Steuerbetrag und
7. für den Fall einer Steuerbefreiung oder der Differenzbesteuerung anstelle des Steuersatzes und des Steuerbetrages einen Hinweis auf die Steuerbefreiung oder Differenzbesteuerung.
[2]Ein Vertrag, der diesen Anforderungen genügt, gilt als Rechnung.

(2) [1]Eine Rechnung über eine Leistung, deren Entgelt 200 Euro übersteigt, berechtigt zum Vorsteuerabzug nur, wenn sie auch den Namen und die Anschrift des Leistungsempfängers enthält. [2]Bei einem Entgelt von über 2.000 Euro sind Name und Anschrift des Leistungsempfängers stets auf der Rechnung anzugeben.

(3) Eine Rechnung über eine Leistung, deren Entgelt 200 Euro nicht übersteigt, aber zum Vorsteuerabzug berechtigen soll, muss abweichend von Absatz 1 mindestens folgende Angaben enthalten:
1. den Namen, die Anschrift und die umsatzsteuerliche Identifikationsnummer des leistenden Unternehmers,
2. das Ausstellungsdatum,

3. die Menge und die Art (handelsübliche Bezeichnung) der gelieferten Gegenstände oder den Umfang und die Art der Dienstleistung,
4. das Entgelt sowie im Voraus vereinbarte Entgeltsminderungen und
5. den Steuersatz sowie den Steuerbetrag.

§ 74 Begriff und Form der Rechnung

(1) Der Unternehmer braucht keine Rechnung zu erteilen, wenn das Entgelt nicht mehr als 200 Euro beträgt, mit Bargeld bezahlt wird und der Leistungsempfänger hiermit einverstanden ist.

(2) [1]Nach vorheriger Vereinbarung kann auch der eine Leistung empfangende Unternehmer dem Leistenden eine Rechnung erteilen. [2]Der Leistende kann der Rechnung unverzüglich widersprechen, wenn er sogleich seine Pflicht nach § 127 BStGB erfüllt. [3]Hierdurch verliert das Dokument seine Eigenschaft als Rechnung.

§ 75 Inhalt der Rechnung bei nichtsteuerbarer Leistung zwischen Unternehmern und an die öffentliche Hand

Eine Rechnung über eine nichtsteuerbare Leistung zwischen Unternehmern und an die öffentliche Hand hat folgende Angaben zu enthalten:
1. den Namen, die Anschrift und die umsatzsteuerliche Identifikationsnummer des leistenden Unternehmers und des Leistungsempfängers,
2. das Gewährkonto des leistenden Unternehmers für die Zahlung des Entgelts,
3. das Ausstellungsdatum,
4. eine fortlaufende Nummer, die zur Identifizierung der Rechnung vom Rechnungsaussteller einmalig vergeben wird,
5. die Menge und die genaue Bezeichnung des gelieferten Gegenstands oder den Umfang und die Art der Dienstleistung und
6. das Entgelt sowie im Voraus vereinbarte Entgeltsminderungen.

§ 76 Übermittlung der Rechnung

Rechnungen sind auf Papier, mit Zustimmung des Leistungsempfängers auf elektronischem Weg zu übermitteln, wenn die elektronische Übermittlung die Herkunft und die Unversehrtheit des Inhalts ebenso verlässlich gewährt.

§ 77 Berichtigung einer Rechnung

[1]Eine Rechnung muss von ihrem Aussteller berichtigt werden, wenn sie unrichtige oder unvollständige Angaben nach § 114 BStGB enthält. [2]Auf die Berichtigung der Rechnung finden die Vorschriften über deren erstmalige Erteilung Anwendung. [3]Die Berichtigung muss die berichtigte Rechnung und den Inhalt der Berichtigung ausweisen.

§ 78 Gefährdung des Steueraufkommens

Das Steueraufkommen ist nicht gefährdet (§ 129 BStGB), soweit aus der unrichtigen Rechnung keine Vorsteuer abgezogen oder der Abzug rückgängig gemacht worden ist.

Zu Buch 4 Abschnitt 10

§ 79 Inhalt der Aufzeichnung

(1) [1]Die Aufzeichnung hat für eine Ausgangsleistung ersichtlich zu machen:
1. die Höhe des Entgelts und den Zeitpunkt der Vereinnahmung; dabei ist kenntlich zu machen, ob das Entgelt auf eine steuerpflichtige oder steuerfreie Leistung entfällt und wie es sich bei der Differenzbesteuerung auf die einzelnen Gegenstände verteilt;
2. die Bemessungsgrundlage der Entnahme;
3. eine nachträgliche Änderung des Entgelts.

[2]Bei einer Leistung mit einem Entgelt von über 2.000 Euro sind auch der Name und die Anschrift des Leistungsempfängers aufzuzeichnen. [3]Hat der Unternehmer Name und Anschrift des Leistungsempfängers im Zusammenhang mit der Ausführung der Leistung ohnehin in elektronischer Form erfasst, sind diese Daten immer mit aufzuzeichnen. [4]Im Versandhandel kann auf dieses Erfordernis bei einer Lieferung mit einem Rechnungsbetrag von unter 500 Euro verzichtet werden, wenn die Finanzbehörde einem Antrag des Unternehmers zustimmt.

(2) [1]Die Aufzeichnung hat für eine Eingangsleistung ersichtlich zu machen:
1. die Höhe des Entgelts, den Zeitpunkt der Bezahlung, sowie den darauf bezahlten Steuerbetrag; bei der Differenzbesteuerung ist die Verteilung des Entgelts auf die einzelnen Gegenstände aufzuzeichnen;
2. die Bemessungsgrundlage für die Einfuhr von Gegenständen sowie die dafür entrichtete Einfuhrumsatzsteuer;
3. eine nachträgliche Änderung des Entgelts.

[2]Erwirbt der Leistungsempfänger eine Leistung nur teilweise unternehmerisch, hat er diese Leistung getrennt von den übrigen Eingangsleistungen aufzuzeichnen.

§ 80 Inhalt der Aufzeichnung bei nichtsteuerbarer Leistung zwischen Unternehmern und an die öffentliche Hand

Die Aufzeichnung einer nichtsteuerbaren Leistung hat ersichtlich zu machen:
1. die Höhe des vereinnahmten Entgelts für die vom Unternehmer ausgeführte Leistung, den Zeitpunkt der Vereinnahmung sowie Name, Anschrift und die umsatzsteuerliche Identifikationsnummer des Leistungsempfängers;

2. die Höhe des Entgelts für die an den Unternehmer und an die öffentliche Hand ausgeführte Leistung, den Zeitpunkt der Bezahlung sowie Name, Anschrift und die umsatzsteuerliche Identifikationsnummer des Leistenden;
3. eine nachträgliche Änderung des Entgelts.

§ 81 Form der Aufzeichnung

Die Aufzeichnung kann in elektronischer Form geführt werden; eine nichtsteuerbare Leistung zwischen Unternehmern und an die öffentliche Hand ist in dieser Form aufzuzeichnen.

zu Buch 5 Abschnitt 1

§ 82 Herstellungsbetrieb

(1) Ein Herstellungsbetrieb ist eine Einrichtung, in der ein Gut gewonnen, hergestellt oder bearbeitet wird.

(2) ¹Der Inhaber eines Herstellungsbetriebs hat gegenüber der Finanzbehörde
1. zu erklären, welche verbrauchsteuerpflichtigen Waren hergestellt werden sollen;
2. Herstellungsräume, Herstellungsanlagen, Lagerstätten und Zapfstellen zu benennen;
3. das Herstellungsverfahren, die zu bearbeitenden Rohstoffe, die herzustellenden Erzeugnisse sowie die Neben- und Abfallerzeugnisse zu beschreiben;
4. die Mengenermittlung und die Fabrikationsbuchführung darzustellen.
²Der Inhaber muss der Finanzbehörde vor der erstmaligen Inbetriebnahme die Unterlagen überlassen, die sie zur Überprüfung der Angaben benötigt; dies sind insbesondere Raum-, Lage- und Rohrleitungspläne sowie Registerauszüge. ³Der Inhaber hat jede Änderung vor ihrer Durchführung der Finanzbehörde anzuzeigen.

(3) ¹Der Herstellungsbetrieb und die Fabrikationsbuchführung sind so einzurichten, dass die Finanzbehörde den Gang der Herstellung und den Verbleib der Erzeugnisse jederzeit nachvollziehen kann. ²Lagertanks müssen eichamtlich vermessen, Entnahmestellen mit geeichten Messeinrichtungen versehen sein.

(4) ¹Der Inhaber eines Herstellungsbetriebs hat ein Belegheft sowie jährlich ein Herstellungsbuch über den Zugang und Abgang von verbrauchsteuerpflichtigen Waren und anderen Stoffen zu führen, die zum 31.1. des folgenden Jahres abzuschließen sind. ²Die abgeschlossenen Aufzeichnungen sind der Finanzbehörde jederzeit zur Einsichtnahme auszuhändigen. ³Der Inhaber hat jährlich den Bestand aller vorhandenen verbrauchsteuerpflichtigen Waren und sonstigen Stoffe aufzunehmen und die festgestellten Bestände einschließlich der je-

weiligen Sollbestände der Finanzbehörde unverzüglich mitzuteilen. [4]Die Finanzbehörde kann an der Bestandsaufnahme teilnehmen; der Termin ist vom Inhaber drei Wochen vorher bekannt zu geben. [5]Die Finanzbehörde kann jederzeit zusätzliche Bestandsaufnahmen anordnen.

§ 83 Lagerstätte

(1) Eine Lagerstätte ist ein Ort, an dem ein verbrauchsteuerpflichtiges Gut aufbewahrt wird, ohne dass es dort hergestellt oder typischerweise zum Verbrauch oder zur Abgabe zum Verbrauch bereit gehalten wird.

(2) [1]Der Inhaber einer Lagerstätte hat
   1. zu erklären, welche verbrauchsteuerpflichtigen Waren gelagert werden sollen;
   2. Lagerstätten und Zapfstellen zu benennen;
   3. die Mengenermittlung und Buchführung darzustellen.

[2]Der Inhaber muss der Finanzbehörde vor der erstmaligen Inbetriebnahme die Unterlagen überlassen, die sie zur Überprüfung der Angaben benötigt. [3]Dies sind insbesondere Raum-, Lage- und Rohrleitungspläne sowie Registerauszüge. [4]Der Inhaber hat jede Änderung vor ihrer Durchführung der Finanzbehörde anzuzeigen.

(3) Verbrauchsteuerpflichtige Waren müssen übersichtlich und nach steuerlich unterschiedlichen Arten getrennt voneinander gelagert werden. [2]Lagertanks müssen eichamtlich vermessen, Entnahmestellen mit geeichten Messeinrichtungen versehen sein. [3]Im Lager dürfen verbrauchsteuerpflichtige Waren miteinander oder mit anderen Stoffen vermischt werden, wenn das Gemisch ein verbrauchsteuerpflichtiges Gut ist. [4]Verbrauchsteuerpflichtige Waren dürfen in einem Lager umgepackt oder umgefüllt werden.

(4) [1]Der Lagerinhaber hat ein Belegheft sowie jährlich ein Lagerbuch über den Zugang und Abgang von verbrauchsteuerpflichtigen Waren und anderen Stoffen zu führen, die zum 31.1. des folgenden Jahres abzuschließen sind. [2]Die abgeschlossenen Aufzeichnungen sind der Finanzbehörde jederzeit zur Einsichtnahme auszuhändigen. [3]Der Inhaber hat jährlich den Bestand aller vorhandenen verbrauchsteuerpflichtigen Waren und sonstigen Stoffe aufzunehmen und der Finanzbehörde einschließlich des jeweiligen Sollbestandes unverzüglich mitzuteilen. [4]Die Finanzbehörde kann an der Bestandsaufnahme teilnehmen; der Termin ist vom Inhaber drei Wochen vorher bekannt zu geben.

§ 84 Form der Aufzeichnungen

Die Aufzeichnungen sind elektronisch zu führen.

§ 85 Aufzeichnungen

(1) Die Aufzeichnungen über den Versand unversteuerter Güter haben ersichtlich zu machen:

1. Name und Anschrift des Empfängers, dessen verbrauchsteuerliche Identifikationsnummer sowie den Lieferort,
2. Name und Anschrift eines vom Versender abweichenden Beförderers,
3. die Menge und genaue Bezeichnung der beförderten Güter,
4. das Datum des Versandbeginns,
5. die eine Beförderung identifizierende Versandnummer sowie das Versanddatum.

(2) Die Aufzeichnungen über den Empfang unversteuerter Güter haben ersichtlich zu machen:

1. Name und Anschrift des Versenders sowie dessen verbrauchsteuerliche Identifikationsnummer,
2. die Menge und genaue Bezeichnung der empfangenen Güter,
3. die eine Beförderung identifizierende Versandnummer sowie das Empfangsdatum.

(3) Die Aufzeichnungen über die Abgabe versteuerter Güter haben ersichtlich zu machen:

1. die Menge und genaue Bezeichnung der abgegebenen Güter,
2. das Datum der Abgabe.

§ 86 Versteuernder Empfänger

(1) Der versteuernde Empfänger hat den Gegenstand seines Unternehmens sowie die Art, Menge und Herkunft der zu beziehenden verbrauchsteuerpflichtigen Güter zu erklären und darzustellen, wie er über den Bezug und die Verwendung der Güter Buch führen wird.

(2) [1]Der versteuernde Empfänger hat ein Belegheft sowie ein Empfangsbuch zu führen. [2]Diese Aufzeichnungen sind bis zum 31.1. des folgenden Jahres abzuschließen und der Finanzbehörde auf Verlangen vorzulegen. [3]Bei Verdacht auf Unregelmäßigkeiten kann die Finanzbehörde verlangen, den Bestand aufzunehmen und das Empfangsbuch zum Verdachtzeitpunkt abzuschließen.

§ 87 Berechtigter Verwender

(1) [1]Der berechtigte Verwender hat der Finanzbehörde zu erklären, welche verbrauchsteuerpflichtigen Güter er zu welchem Zweck und auf welche Art verwenden möchte. [2]Er hat die Betriebs- und Lagerräume zu beschreiben und auf einem Plan der Betriebsanlage kenntlich zu machen. [3]Über die Verwendung sind Aufzeichnungen zu führen; der Verwender hat darzustellen, wie er Buch führen wird.

(2) [1]Der berechtigte Verwender hat ein Belegheft zu führen. [2]Er hat bis zum 31.1. eines jeden Jahres der Finanzbehörde eine Aufstellung über den Bezug von steuerfrei zu verwendenden Gütern, eine Bestandsaufnahme sowie den Sollbestand jeweils zum 31.12. des Jahres zu überlassen. [3]Einen Verlust von Gütern hat der steuerfreie Verwender der Finanzbehörde unverzüglich anzuzeigen.

(3) Absätze 1 und 2 finden auf die steuerfreie Verwendung von Alkohol und Tabak in vergälltem Zustand sowie von Gütern des § 132 Abs. 1 Nr. 1 keine Anwendung.

§ 88 Elektronisches Begleitverfahren

(1) [1]Der Versender hat das Begleitdokument nach amtlich vorgeschriebenem Muster in elektronischer Form der für ihn zuständigen Finanzbehörde (Versenderbehörde) zu übermitteln (Versandmeldung). [2]Diese prüft die Angaben und erteilt bei deren Richtigkeit eine einmalige Versandnummer; anderenfalls sendet sie die Versandanmeldung an den Versender zurück. [3]Die Versandnummer bleibt gültig, falls die Beförderung innerhalb von drei Tagen ab Erteilung begonnen und in angemessener Zeit bestimmungsgemäß beendet wird.

(2) Die Versenderbehörde übermittelt das Dokument in elektronischer Form der für den Empfänger zuständigen Finanzbehörde (Empfängerbehörde) oder im Falle der Ausfuhr der für diese nach den zollrechtlichen Bestimmungen zuständigen Behörde (Ausfuhrbehörde).

(3) Die Empfängerbehörde leitet das Dokument an den Empfänger weiter, nachdem sie seine Berechtigung zum Empfang unversteuerter Güter geprüft hat; falls dieser eine solche Berechtigung nicht besitzt, teilt sie dies unverzüglich der Versenderbehörde mit.

(4) Der Beförderer hat stets ein Exemplar des Begleitdokuments, aus dem die Versandnummer hervorgeht, mitzuführen und auf Verlangen den zuständigen Finanzbehörden vorzuzeigen.

(5) [1]Der Empfänger hat das Begleitdokument, nachdem er hierauf den Empfang der Ware quittiert hat, in elektronischer Form der Empfängerbehörde zu übermitteln. [2]Diese prüft die Angaben, bestätigt dem Empfänger den Eingang der Meldung und leitet die Empfangsmeldung der Versenderbehörde weiter, falls die Angaben korrekt sind; andernfalls verlangt sie vom Empfänger die Korrektur der Angaben.

(6) [1]Bei der Ausfuhr bestätigt die Ausfuhrbehörde aufgrund des Sichtvermerks der Ausgangszollstelle, dass die Güter das Verbrauchsteuergebiet verlassen haben (Ausfuhrbestätigung). [2]Die Bestätigung leitet sie der Versenderbehörde weiter.

(7) Die Versenderbehörde übermittelt dem Versender die Empfangsmeldung oder die Ausfuhrbestätigung.

§ 89 Steuerzeichen

(1) [1]Der Schuldner hat die Steuerzeichen nach amtlich vorgeschriebenem Vordruck zu bestellen, in dem er die Steuerzeichenschuld selbst berechnet (Steueranmeldung). [2]Der Schuldner hat mitzuteilen, welchen Steuerwert die Steuerzeichen haben sollen; die dem Steuerwert entsprechende Menge an Tabak wird von der Finanzbehörde auf dem Steuerzeichen benannt.

(2) Werden die Steuerzeichen von der Finanzbehörde übersendet, gelten sie zwei Tage nach deren Aufgabe als bezogen.

(3) [1]Die Steuerzeichen müssen zum Zeitpunkt des Steuerentstehens an den Kleinverkaufsverpackungen angebracht sein. [2]Sie sind so anzubringen, dass sie weder entfernt noch die Kleinverkaufspackungen geöffnet werden können, ohne das Steuerzeichen zu beschädigen.

(4) Der Steuerschuldner entwertet ein Steuerzeichen durch das Anbringen seiner verbrauchsteuerlichen Identifikationsnummer in dem dafür vorgesehen Leerfeld.

§ 90 Energiegehalt

[1]Der standardisierte Energiegehalt beträgt für
1. Motorbenzin 33 Megajoule (MJ) je Liter;
2. Gasöle und Heizöle 35 MJ je Liter;
3. Marinediesel 38 MJ je Liter;
4. Flugturbinenkraftstoff (Kerosin) 35 MJ je Liter;
5. Flüssiggas 25 MJ je Liter;
6. Erdgas 35 MJ je Liter;
7. Holz 18 MJ je Kilogramm;
8. Braunkohle 20 MJ je Kilogramm;
9. Steinkohle 31 MJ je Kilogramm.

[2]Für sonstige Stoffe ist der Heizwert des Kraftstoffes anzuwenden, welchen er ersetzt.

§ 91 Vergällung von Alkohol

(1) Zur Vergällung von 100 Litern reinen Alkohols werden folgende Vergällungsmittel zugelassen:
1. 1,0 l Methylethylketon, bestehend aus 95 bis 96 % mas MEK, 2,5 bis 3 % mas Methylisopropylketon und 1,5 bis 2 % mas Ethylisoamylketon (5-Methyl-3-heptanon);
2. 6,0 kg Schellack;
3. 1,0 kg Fichtenkolophonium;
4. 2,0 l Toluol;
5. 2,0 l Cyclohexan.

(2) Zur Herstellung von kosmetischen Mitteln sind für die Vergällung von 100 Litern reinen Alkohols zu verwenden:
1. 0,5 kg Phthalsäurediethylester;
2. 0,5 kg Thymol;
3. 0,8 g Denatoniumbenzoat und 78,0 g Tertiärbutanol;
4. 5,0 kg Isopropanol und 78,0 g Tertiärbutanol.

(3) Zur Herstellung von wissenschaftlichen Präparaten zu Lehrzwecken, zur Vornahme von chemischen Untersuchungen aller Art, zum Ansetzen von Chemikalien und Reagenzien für den eigenen Laborbedarf, zur Herstellung, Aufbewahrung und Sterilisation von medizinischem Nahtmaterial und zur Herstellung von Siegellack ist zur Vergällung von 100 Litern reinen Alkohols ein Liter Petrolether zu verwenden.

(4) Zur Herstellung von Emulsionen und ähnlichen Zubereitungen für photographische Zwecke, Lichtdruck- und Lichtpausverfahren und zur Herstellung von Verbandstoffen mit Ausnahme von Kollodium sind zur Vergällung von 100 Litern reinen Alkohols fünf Liter Ethylether zu verwenden.

Stichwortverzeichnis

Diskussionsteilnehmer

Professor Dr. Peter Bareis, Universität Hohenheim

Professor Dr. Dieter Birk, Universität Münster

Richter am BFH a.D. RA Dr. Wolfram Birkenfeld, München

Rechtsanwalt Dr. Joachim H. Borggräfe, Frankfurt

Gerhard Bruckmeier, Steuerberater und Wirtschaftsprüfer, München

Professor Dr. Marc Desens, Universität Leipzig

Professor Dr. Klaus-Dieter Drüen, Universität Düsseldorf

Professor Dr. Dieter Dziadkowski, Technische Universität Chemnitz

Professor Dr. Stefan Homburg, Universität Hannover

Professor Dr. Ulrich Hufeld, Helnut-Schmidt-Universität Hamburg

Professor Dr. Lorenz Jarass, Hochschule Rhein-Main, Wiesbaden

Professor Dr. Dres. h.c. Paul Kirchhof, Universität Heidelberg

Armin Knauer, Geschäftsführer, Wendlingen

Professor Dr. Joachim Lang, Universität Köln

Professor Dr. Moris Lehner, Universität München

Professor Dr. Jens-Peter Meincke, Universität Köln

Professor Dr. Rudolf Mellinghoff, Präsident, Bundesfinanzhof München

Professor Dr. Ekkehart Reimer, Universität Heidelberg

Professor Dr. Wolfram Reiß, Universität Erlangen

Ministerialdirigent Eckehard Schmidt, Bayrisches Finanzministerium, München

Ministerialdirigent Professor Dr. Michael Schmitt, Ministerium für Finanzen und Wirtschaft Baden-Württemberg, Stuttgart

Ministerialrat a.D. Dr. Matthias Schürgers, Berlin

Rechtsanwalt Professor Dr. Wilfried Schulte, Essen

Professor Dr. Susanne Sieker, Universität Halle-Wittenberg

Professor Dr. Christoph Spengel, Universität Mannheim

Ministerialdirigent Erwin Tartler, Finanzministerium Thüringen, Erfurt

Dr. Horst Vincken, Präsident der Bundessteuerberaterkammer

Vizepräsident Hermann-Ulrich Viskorf, Bundesfinanzhof, München

Ministerialdirigent Werner Widmann, Finanzministerium Rheinland-Pfalz, Mainz